유아교육개론 ^{2판}

| 조형숙 · 김현주 · 김명하 · 김명정 공저 |

Introduction to
Early Childhood Education

학지사

머리말

유아교육개론은 유아교육학이 어떤 학문인지를 총체적으로 보여 주는 교과입니다. 교수-학습의 주요 원리 중 하나는 학습할 주제가 어떠한 순서와 체계로 진행될 것인지 전체적인 모습을 교수자뿐 아니라 학습자도 함께 인지하고 있어야 한다는 것입니다. 그러한 의미에서 유아교육을 시작하는 학생들이 유아교육이 누구를 대상으로 하는지, 어떤 물리적 · 심리적 공간에서 이루어지는지, 어떠한 내용을 어떠한 방법으로 교육해야 하는지, 평가는 어떠한 방식으로 이루어지는지 등 유아교육을 구성하는 요소를 전체적으로 조망하는 것은 중요합니다. 유아교육개론은 유아교육학을 전체적으로 바라볼 수 있도록 돕는 교과로, 유아교육학의 지도와 같은 교과인 셈입니다.

이 책에서는 유아교육학을 총 11개의 분야로 나누어 유아교육의 전체 모습을 조망해 보고자 합니다. 제1장 '유아교육의 개념 및 중요성'에서는 유아교육의 정의, 대상, 중요성 등에 대해 알아봅니다. 특히 유치원과 어린이집 등 유아교육기관의 유형에 대해 살펴봅니다. 제2장 '우리나라 유아교육의 역사'에서는 해방 전, 해방 후, 근대를 거치며 오늘에 이르기까지 유아교육이 어떠한 과정을 통해 발전하게 되었는지를 살펴봅니다. 제3상 '유아교육의 철학적 기초'에서는 유아교육의 주요한 근간인 자연주의 철학, 실용주의 철학, 구성주의 철학의 기본 개념을 살펴보고, 이러한 철학적 기초가 유아교육학에 어떻게 접목되고 실현되는지를 살펴봅니다. 제4장 '유아교육과 발달이론'에서는 인간의 신체적 · 심리적 · 정서적 발달이 어떠한 과정을 거치며 이루어지는지 성숙주의 이론, 정신분석 이론, 행동주의 이론, 인지이론에 기초하여 알아봅니다. 제5장 '유아교육과 교육과정'에서는 유아교육과정의 개념 및 2019 개정 누리과정에 대해 알아봅니다. 제6장 '유아교육과 놀이'에서는 유아교육에서 놀이가 왜 중요한지, 유아의 놀이가 확장될 수 있도록 하는 데 교사는 어떠한 역할을 할 수 있을지 등을 알아봅니다. 제7장 '유아교육과 교사'에서는 유아교사의 개념 및 역할, 교사양성체제, 유아교사 윤리 등에 대해 살펴봅니다. 제8장 '유아교육과 부모교육'에서는 유아교육에서 부모의 역할이 왜 중요한지, 유아교육기관에서 부모들을 어떠한 방식으로 지원해 줄 수 있을지 생각해 봅니다. 제9장 '유아와 교육복지'에서는 교육복지의 개념 및 유아교육에 적용될 수 있는 다양한 교육복지정책을 살펴봅니다. 제10장 '유아교육기관 운영 관리'에서는 유아교육기관의 물적 요소, 관계 기관 등을 살펴봅니다. 제11장 '우리나라 주요 유아교육정책'에서는 유아교육의 다양한 정책과 유아교육의 발달을 위한 향후 과제에 대해 생각해 봅니다.

추후 각각의 장은 유아교육철학, 유아발달, 유아교육과정, 유아놀이지도, 유아교사론, 부모교육 등 독립된 하나의 교과로 학제에 따라 3년 혹은 4년간 이론과 실습을 병행하며 좀 더 구체적으로 학습하게 될 것입니다.

유아교육학은 하나의 학문이면서 매일의 일상에서 실현되는 실제입니다. 교사는 한 개인의 세계에 초대받고 그 세계가 점차 가족과 이웃을 넘어 더 큰 세계로 확장될 수 있도록 손잡아 주며 서로의 손을 이어 주는 사람입니다. 그런 의미에서 교육학은 학문이나 이론에 그칠 수 없습니다. 실제적인 삶과 경험을 통해 우리가 배우는 긍정적인 가치들이 우리 몸에 문신처럼 각인되어야 합니다. 그래야 우리가 배운 학문과 이론이 언어로만 맴도는 것이 아니라, 우리가 만나게 될 교실 속 독특한 우주로서의 개개인의 삶에 맞닿게 됩니다.

유아교육개론에서 배우는 이론과 실천사례들이 여러분의 삶 속에서도 실현되며 깊이 새겨질 수 있기를 희망하겠습니다. 같은 길을 먼저 걸어온 선배로서 여러분을 응원하겠습니다.

2022년

조형숙, 김현주, 김명하, 김명정 드림

차례

🌸 머리말 _ 3

제3장 유아교육의 철학적 기초　　　51

제4장 유아교육과 발달이론　　　67

제10장 | 유아교육기관 운영 관리 · 255

제11장 | 우리나라 주요 유아교육정책 · 281

제1장

유아교육의 개념 및 중요성

1. 유아교육의 개념
2. 유아교육의 중요성
3. 유아교육기관의 유형

유아교육을 이해하기 위한 지도, 유아교육의 개념!

유아교육이란 무엇일까요? 누가, 누구를 대상으로, 무엇을, 어디에서, 어떻게 가르치는 교육일까요?
다음의 대화를 읽으면서 유아교육의 개념과 의미에 대해 생각해 보세요.

> 학습자: 유아교육이란 뭔가요?
>
> 교수자: 유아교육은 취학 전 아동을 대상으로 이루어지는 교육을 의미해요.
>
> 학습자: 여러 학원에서 유아들을 대상으로 이루어지는 교육도 모두 유아교육인가요?
>
> 교수자: 유아교육과 관련된 두 법률, 「유아교육법」과 「영유아보육법」에 의하면 유아교육은 유
> 치원과 어린이집에서 이루어지는 교육을 의미해요. 영어, 수학, 언어 등을 가르치는
> 유아 대상 기관들이 있지만, 유아의 발달을 고려할 때 교과목 중심의 교육은 이 시기
> 유아에게 적합하지 않다는 지적이 있어요. 유아교육학에서는 유아교육을 유치원과
> 어린이집에서 이루어지는 교육으로 한정해서 정의한답니다.
>
> 학습자: 유아교육은 꼭 해야 하나요?
>
> 교수자: "인생에서 배워야 할 모든 것은 유치원에서 배웠다."라는 말을 들어 본 적이 있지요?
> 혹은 "세 살 버릇 여든까지 간다."라는 속담을 들어 본 적 있을 거예요. 유아기는 인
> 간의 성장 방향을 결정한다는 점에서 중요한 시기예요. 이 시기에 유아가 바람직한
> 신체적·정서적·사회적·인지적 발달을 할 수 있도록 교육 환경을 만들고 상호작
> 용하는 것은 중요한 일이에요.

유아기는 인생에서 가장 중요한 시기로, 신체·정서·사회·인지 발달이 가장 활발하게 이루어지는
시기입니다. 이 장에서는 유아교육의 개념 및 중요성, 유아교육기관의 유형 등을 알아보며 유아교육을
개괄해 보고자 합니다.

1. 유아교육의 개념

> "유아교육이란 설계도이다. 건축의 시작이 설계도인 것처럼 유아교육도 모든 교육의 시작이기 때문이다."
>
> "유아교육이란 부모의 마음이다. 어떤 아이든지 내 아이처럼 부모의 마음으로 사랑과 관심을 주는 것이 필요하기 때문이다."

앞의 문장은 유아교육과 학생들이 내린 유아교육에 대한 정의이다. 사람들은 유아교육에 대한 정의를 하나씩 내릴 수 있다. 대부분 어린 시절에 어린이집이나 유치원을 다녀 본 경험이 있고, 그러한 경험에 기반해 유아교육에 대한 이미지를 가지고 있기 때문이다.

여기 보세요!

- 유아교육은 무엇일까요? 여러분이 경험하고 생각하는 유아교육은 무엇인지 다음의 문장을 채워 그 개념을 정의해 보세요.

유아교육은 _____이다.

왜냐하면 _____(이)기 때문이다.

전통적인 개념으로 단순히 유아를 보호하고 유아의 정상적인 발달을 도와주는 활동을 유아교육이라 보기도 하고, 남보다 이른 성취를 강조하는 조기교육을 유아교육이라 생각하기도 한다. 누군가는 초등학교 준비 과정으로 유아교육을 보기도 하고, 저소득층 자녀를 대상으로 그들의 문화적 결손을 보충하는 보상교육의 형태로 유아교육을 보는 관점도 존재한다. 최근에는 여성의 사회 참여가 늘어나면서 가정의 기능을 대행하는 것을 유아교육이라 보기도 한다. 이러한 관점들은 유아교육의 성격을 부분적으로는 드러내고 있지만, 그 자체를 유아교육이라 보기는 어렵다. 이러한 한계를 염두에 두고 유아의 발달적 특성과 교육에 대한 관점, 유아교육에 대한 사회의 요구 등을 포함하는 본질적 개념으로서의 유아교육에 대한 정의를 살펴보면 다음과 같다.

유아교육은 유아의 발달 및 학습에 대한 이해를 바탕으로 유아의 건강한 성장과 발달을 돕는 것이며, 유아와 가족의 요구를 반영한 가족지원 및 가정-기관 연계를 포함한 포괄적인 서비스 체계이다(박찬옥, 조형숙, 엄은나, 2007). 이러한 정의는 유아의 전인 발달을 위해 유아뿐 아니라 유아를 둘러싼 가족지원을 모두 포함하여 유아교육의 개념을 폭넓게 정의하는 제도적 측면을 강조한 관점이라 볼 수 있다.

또한 유아교육은 출생에서 만 8세까지의 유아를 대상으로 지적 · 정의적 · 신체적 발달을 도와주며 이들의 타고난 잠재력을 바람직한 방향으로 변화할 수 있도록 계획적으로 돕는 과정이다(이기숙, 장영희, 정미라, 엄정애, 2021). 이러한 정의는 유아교육의 시기적 측면을 강조하며, 유아교육을 통해 유아의 전인적 발달과 무한한 가능성을 바람직한 방향으로 지원하려는 교육 목적을 포함한다.

유아교육은 유아교육기관뿐 아니라 일상의 삶을 통해 유아가 경험하는 다양한 현상을 이해하고 배워 가는 과정이다(신옥순, 2013). 이러한 정의는 유아교육의 비형식적 · 과정 중심적 교육을 강조하는 교수-학습방법적 측면을 강조한 관점이라 볼 수 있다.

이러한 정의를 참고로 하여 유아교육의 개념을 몇 가지로 요약 · 정리하면 다음과 같다.

첫째, 유아교육은 취학 전 유아를 대상으로 하고, 유아와 부모 그리고 때에 따라 가족 구성원까지를 대상으로 하는 포괄적 성격을 갖는 교육이다.

둘째, 유아교육은 유아의 신체적 · 정서적 · 사회적 · 인지적 발달을 모두 포함하는 전인교육이다.

셋째, 유아교육은 유아의 관심과 욕구를 최대한으로 반영하고자 하는 아동 중심 교육이다.

넷째, 유아교육은 유아교육기관에서 진행되는 형식적 교육뿐 아니라 유아가 일상에서 경험하는 다양한 현상을 이해하고 경험하는 비형식적 교육을 포함한다.

다섯째, 유아교육의 궁극적 목표는 유아의 행복한 삶이다.

2. 유아교육의 중요성

유아교육의 중요성에 대한 논의는 철학적으로 유아의 본질을 논하였던 20세기 이전의 이론적 형성기를 지나 과학의 발달에 힘입어 실험을 통한 객관적인 연구 결과로 이론을 뒷받침하고 새로운 이론을 정립해 나갔던 20세기 이후부터 현재에 이르기까지 계속되어 오고 있다. 과거 철학자들과 이론가들의 업적은 오늘날 '아동권리협약'의 근간을 이루었다고 해도 과언이 아니다. 전 세계 모든 인류가 경험하였고 다시는 돌아갈 수 없는 유아기를 대상으로 한 교육이 왜 이토록 중요한가에 대해 다시 한번 되새겨 볼 필요가 있다.

1) 유아에 대한 관점의 변화

유아교육의 중요성에 대한 인식은 역사적으로 살펴볼 때 고대 그리스로 거슬러 올라간다. 고대 그리스의 대표적 도시국가인 스파르타는 강력한 군대를 형성하기 위한 강인한 시민 양성이 교육의 목표였다. 스파르타에서는 만 7세가 되면 '아고게(Agoge)'라는 특수교육기관에서 공동 병영 생활을 하면서 군인이 되기 위한 혹독한 훈련을 받도록 하였다. 반면, 스파르타와 쌍벽을 이루는 도시국가였던 아테네는 인본주의적인 관점에서 인간을 바라보았다. 특히 플라톤은 이상적인 국가 건설을 위해서는 교육이 중요함을 강조하며, 3세부터 습관과 성격이 형성되므로 이 시기 놀이를 통한 교육의 중요성을 강조하기도 하였다. 고대 그리스는 유아의 존재에 대해 본질적으로 탐색하기보다는 유아를 이상적인 국가 건설을 위한 수단으로 치부하였다는 한계가 있었다. 자녀는 성인의 성적 욕망의 결과물로 간주되었으며, 장애가 있거나 허약한 신생아의 경우 버려지거나 계획적으로 살해되기도 하였다.

봉건제도와 종교의 영향을 받은 중세시대에는 부모의 신분이 낮을 경우 태어날 때부터 귀족의 소유물로 취급되기도 하였고 매매의 대상이 되기도 하였다. 비위생적인 환경과 빈곤 속에서 유아는 가장 먼저 고통받았다. 이러한 시대적 상황에서 기독교는 엄격함과 평등함이라는 두 가지의 다른 얼굴을 보였다. 종교의 영향으로 행해진 엄격한 양육 방식은 가혹한 체벌을 정당화하였고, 유아에게 '성인의 축소판'으로서 어른과 똑같이 행동할 것을 요구하기도 하였다.

　반면, 종교의 영향으로 인간 존재에 대한 평등의식이 확대되면서 인간 본질에 대한 철학적인 탐구가 활발해져 초기 유아교육철학의 기반이 마련되었고, 만연했던 영아 살해가 법으로 금지되기도 하였다. 기록상 귀족 계급 아동을 위한 묘비가 세워지기도 하였고, 초기 영아 보살핌에 대해 조언을 하는 의학 서적들이 등장하기도 하였다. 이러한 변화는 그림 속에서 가장 명확하게 드러났는데, 이전까지 그림에 등장하던 어른 같은 아이의 모습에서 벗어나 성화 속 아기 예수를 실제 아기와 흡사한 비율과 표정으로 그리기도 하였고 유아들이 장난감을 가지고 놀이하는 모습을 그리는 등 유아를 그들만의 욕구를 가진 존재로 인식하기도 하였다.

　17세기 코메니우스(Comenius)의 등장으로 유아교육의 기반이 마련되었다. 코메니우스는 유아를 하나님의 가장 귀중한 선물로 지칭하면서 감각교육을 통해 유아를 교육해야 함을 설파하며 최초의 그림책인 『세계도회(Orbis pictus)』를 출판하였다. 또한 6세 이전의 유아교육은 가정, 특히 '어머니 무릎'에서 이루어져야 한다고 보고 가정에서 이루어지는 어머니의 자녀교육을 중요시하였다.

　이어 로크(Locke)는 "건강한 신체에 건강한 정신이 깃든다."라는 유명한 말을 남기며 유아의 발달 가능성을 '백지 상태'에 비유하였고, 조기 습관 형성이 중요하며 체벌이 필요하지 않다는 주장을 하였다. 루소(Rousseau)는 유아에게 내재된 자연 그대로의 속성을 발견하고 각 발달단계마다 적합한 교육의 내용과 방법을 제안하기도 하였다. 19세기 유치원의 창시자인 프뢰벨(Fröbel)은 유아교육의 중요성을 강조하며 직접 만지고 놀이하는 가운데 개념을 익힐 수 있도록 여섯 가지 '은물(Gabe)'을 구안하여 체계적인 교육 프로그램을 개발하였다. 그는 놀이가 유아에게 가장 고귀한 활동임을 강조하면서 놀이를 통한 교육의 필요성을 제창하였다.

　이처럼 고대부터 19세기에 이르기까지 시대적 상황에 따라 유아를 바라보는 관점은 변화해 왔다. 특히 중세시대 기독교의 영향을 받은 이후, 이전 시대에 비해 유아의 본질 자체에 주목하게 되었다. 그렇다 하더라도 차별받고 살해되고 버려지거나 매매를 당하는 존재로서 그 시대를 살아간 유아들이 있음을 부인할 수는 없을 것이다. 그러나 그 이후 유아의 존재에 대한 철학적 관심은 유아에 대한 사회적 관심을 촉발시켰고, 교육의 필요성이 더욱 강조된 계기가 되었다. 과학의 발달은 20세기 이전의 철학적인 관심을 뒷받침할 수 있는 객관적인 자료로 활용되었다.

 여기 보세요!

유아는 성인의 축소판?

중세시대 명화 중 유아가 등장하는 그림을 가만히 살펴보면 중세시대에 유아에 대한 특정 개념이 나타나고 있음을 알 수 있어요. 그림 속에 서 있는 어른과 앉아 있는 유아를 비교해 보세요. 서 있는 어른과 크기의 차이만 날 뿐 유아라고 믿을 수 없을 만큼 근엄하고 진지한 표정을 짓고 있네요. 복장도 성인과 거의 같고요. 중세시대에 유아는 크기가 작은 어른이라고 보았답니다. 이 밖에도 상점이나 마당 등에서 유아가 성인과 함께 파티에 참석하여 술을 마시며 노는 모습을 그린 그림이 발견되기도 하였어요. 심지어 아동에 대한 차별을 두지 않아 물건을 훔친 10세 아동을 교수형에 처했다는 기록이 남아 있기도 해요.

더 알고 싶다면?

필립 아리에스(Philippe Aries)의 『아동의 탄생(Centuries of childhood)』을 참고하세요. 중세시대의 아동과 가족에 대한 다양한 이야기가 그림과 함께 소개된 책이랍니다.

〈Portrait of a Lady and Her Daughter〉
(Bartholomäus Bruyn)

〈Portrait of a Man and His Three Sons〉
(Bartholomäus Bruyn)

1500년대 명화에 나타난 유아의 모습

2) 발달심리학과 뇌과학 연구의 결과

20세기 이후 발달심리학자들을 중심으로 프로이트(Freud) 등으로 대표되는 정신분석 이론, 스키너(Skinner) 등으로 대표되는 행동주의 이론, 게젤(Gesell)로 대표되는 성숙주의 이론, 피아제(Piaget) 등으로 대표되는 인지발달이론 등 여러 이론이 생겨나면서 유아의 존재에 대한 탐구에 다각적으로 접근하게 되었다. 부모-자녀 관계를 통한 인생 초기 경험의 중요성이 강조되었고, 유아가 가진 내적 가능성에 주목하였다. 이러한 연구의 결과로 발달의 누적성, 발달의 적기성 등 인간 발달의 원리들이 규명되었고, 현재까지 적용되고 있다. 특히 유아기는 신체, 언어, 인지, 사회, 정서 등 각 영역의 발달이 이루어지는 결정적 시기이자 최적의 시기이므로 이 시기 교육의 중요성이 강조되었다.

최근 뇌과학 연구 결과는 유아교육의 중요성을 다시 한번 뒷받침하고 있다. 뇌는 다양한 정보나 명령을 전기자극으로 변환하여 전달하는 뇌세포, 즉 '뉴런'으로 구성되어 있다. 뉴런과 뉴런을 연결해 주는 부분을 시냅스라고 부르는데, 시냅스가 많으면 많을수록 정보는 빨리 전달된다. 유아기는 이러한 시냅스의 수가 급격히 증가하는 시기이다. 특히 시냅스를 통해 운동기능을 조절하고 새로운 것을 탐색하도록 하는 마음, 즉 내적 동기를 활성화시키는 도파민, 기분을 관장하고 행복감에 관여하는 세로토닌 등과 같은 신경전달물질이 전달되므로 시냅스의 증가는 뇌로 하여금 정보를 더 빨리 전달하여 대처하게 하며 더욱 복잡한 활동이 가능하도록 도와주는 연

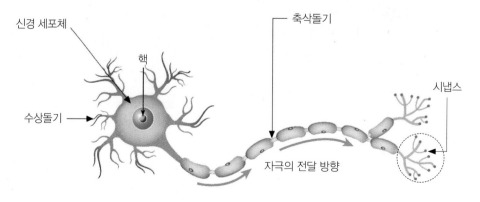

신경 세포체

핵

축삭돌기

시냅스

수상돌기

자극의 전달 방향

[그림 1-1] 뉴런과 시냅스

결고리가 된다(양옥승, 2008; 조부경, 김영실, 신은수, 2006; Kathy et al., 2003).

　인간의 뇌 발달은 전 생애에 걸쳐 이루어지지만 최적의 시기가 있으며, 뇌의 부분마다 최적의 시기가 다르다. 즉, 뇌의 부위마다 민감기가 존재한다(김유미, 2002). 예를 들어, 생명기능의 가장 기본이 되는 호흡·혈압·심장 박동 등을 담당하는 뇌간은 15개월까지 현저하게 발달하며, 정서·수면·호르몬·냄새 등을 담당하는 변연계는 15개월~4세에, 단기기억에서 장기기억으로 전환하는 일을 담당하는 해마는 4세 전후에 발달한다. 또한 뇌의 부분 중 충동을 조절하고 이성적으로 정서를 조절하는 전두엽은 3~6세 무렵 가장 활발히 발달한다(김유미, 2006). 이처럼 인간을 인간답게 해 주는 뇌의 기본적인 기능부터 이성적인 판단과 기억을 관장하는 복잡한 기능까지 모두 영유아기 전후에 가장 많이 발달하는 것을 볼 수 있다. 이 시기의 영양 문제, 부모-자녀 간 애착 문제, 스트레스, 학대, 외상, 나아가 빈곤한 양육 환경 등은 뇌의 조절능력에 손상을 주며, 이런 상태가 지속되면 회복이 불가능한 상태가 된다. 따라서 이 시기의 영양, 주변 환경과의 적절한 상호작용, 안전, 인성과 도덕성 등은 교육의 중요한 이슈로 다루어져야 한다.

여기 보세요!

인간의 뇌 발달과 관련된 동영상이에요. 아래 동영상을 감상하고 어린 시기 뇌 발달의 중요성에 대해 이야기 나누어 보세요.

－전두엽의 중요성 https://www.youtube.com/watch?v=llOZvimoEts
－아이의 뇌 발달 https://www.youtube.com/watch?v=JSvOqln4jRk

 여기 보세요!

유아기 뇌 발달을 위해서 무엇을 고려해야 할까요?

1. 풍부한 환경을 제공해 주세요.

   유아기 뇌 발달은 감각적 자극으로부터 시작되지요. 청각, 시각, 촉각, 미각, 후각을 자극하는 다양한 교재교구뿐만 아니라 교사와 함께하는 음악, 미술, 게임, 이야기 나누기 등 다양한 활동을 경험하도록 해 주세요.

2. 유아의 다양성을 고려해 주세요.

   모든 유아는 고유의 학습 양식, 경험, 관심 분야가 달라요. 획일적인 방법을 강요한다면 스트레스가 증가하고, 스스로 하고자 하는 내적 동기는 감소한답니다. 따라서 유아의 다양성을 인정하는 분위기를 제공해 주세요.

3. 유아의 정서를 고려해 주세요.

   유아에게 주도적인 선택의 기회를 주세요. 타인에 의한 행동만을 강요받거나 위협받을 때 결과를 도출하는 능력이나 창의성이 줄어들어요. 따스한 분위기에서 선택의 기회를 가지고 자신의 정서에 대해 이야기하며 다른 사람의 정서 표현에 귀 기울일 수 있도록 해 주세요.

4. 의미 형성의 기회를 제공해 주세요.

   유아의 호기심에서 유발된 다양한 아이디어를 공유하고 자기의 사고를 검증할 수 있는 기회가 필요해요. 이러한 경험을 서로 관련지어 세계에 대해 의미 있는 자신의 지식을 구성해 간답니다.

출처: 김유미(2008).

이처럼 유아교육의 중요성은 역사적으로 각 시대가 추구하는 시대적 가치에 따라 달라져 왔음을 알 수 있다. 또한 과학의 발달로 인해 객관적인 연구가 실시되면서 유아의 내면에 대한 탐구와 생물학적 유기체로서의 탐구가 동시에 이루어져 왔다. 이러한 연구가 거듭될수록 유아기와 이 시기 교육의 중요성이 강조되었고 교육과정이 구성되어 유아교육의 실재로 자리 잡게 되었다.

3) 양육의 사회화와 인재 양성을 통한 국가 경쟁력 강화

전통적으로 양육은 가정의 중요한 기능이었다. 특히 가족 구성원 중에서도 어머니의 주된 일로 간주되어 왔다. 그러나 도시화와 산업화로 대변되는 현대사회가 도래함에 따라 여성의 사회 진출 증가와 맞물려 결혼 연령 상승, 출산율 저하 등의 여러 사회적 현상이 나타났으며, 이제 자녀 양육은 사회 공동의 책임이 되었다. 특히 우리나라의 저출산 문제는 심각한 수준인데, 2019년 기준 합계 출산율이 0.91명으로 세계 최하위에 머무르고 있다(e나라지표 홈페이지).

저출산 문제는 미래사회의 구성원 손실과 직결되며 국가 경쟁력 약화의 주된 원인이 되므로 심각하다고 볼 수 있다. 물론 이러한 문제는 사회경제적 복합요인에 의해 발생한 현상임은 분명하다. 그러나 출산과 양육을 담당하는 모성 고유의 기능적 측면에서 볼 때 여성의 사회 진출은 저출산 문제의 주된 원인 중 하나일 것으로 본다. 2019년 기준 여성 경제활동 참가율은 53.5%로, 해마다 증가하는 추세이다(e나라지표 홈페이지). 여성의 사회 참여가 증가함에 따라 가정과 일의 양립 문제가 발생하였는데, 취업모들은 자녀의 양육을 분담할 양육 대안이 불안정하거나 불충분하고 유아교육기관의 운영체계는 현실과 거리가 있다고 느끼고 있으며 양육에 있어서 도움을 받는 경우 상당한 금액을 지불하고 있는 것으로 나타났다. 또한 '직장인'과 '어머니'라는 정체성 사이에서 상당한 심리적 갈등을 겪고 있으며, 나아가 자녀와 함께하지 못한다는 죄의식까지 가지고 있는 것으로 나타났다(양소남, 신창식, 2011; 한국여성정책연구원, 2015).

여성의 사회 진출을 장려하고 일과 가정의 양립을 돕기 위해서는 양육을 분담하는 가족 내의 역할 인식 개선부터 직장 구성원의 인식 개선, 유아교육기관의 운영체계 다양화, 실질적인 정부 정책 지원에 이르기까지 다각인 접근이 필요할 것으로 보인다. 이러한 체계적인 접근은 결국 여성의 사회 진출 및 출산율 증가에 기여할 것이다. 문제 해결의 일환으로 정부는 정책 차원에서 '새로마지 플랜'을 수립하고 범국가적인 차원에서 임신 및 출산 지원 정책뿐 아니라 일−가정 균형 일상화, 결혼·출산·양육 부담 경감 등 다양한 분야를 지원하고 있다. 임신 및 출산 진료비를 지원하는 고운맘 카드, 누리과정 지원, 0~2세 보육료 전액 지원 대상 확대 등은 임신 및 출산 지원 정책의 대표적인 사례이다.

최근 문재인 정부의 대통령 직속 저출산고령사회위원회에서는 2018년 7월 관계부처 합동으로 '일하며 아이 키우기 행복한 나라를 위한 핵심과제'를 확정 발표하였다. 기존 정책이 출산율 향상을 목표로 한 반면, 이번 정책은 부모와 자녀 모두의 삶의 질 개선에 중점을 두고 2040세대의 출산과 돌봄 부담을 줄이는 데 초점을 두고 있다. 이에 2018년 12월 기존의 '제3차 저출산 기본계획(2016~2020)'을 재구조화한 '저출산·고령사회 정책 로드맵'을 발표하면서 함께 돌보고 함께 일하는 사회를 만들기 위해 출산·양육비 부담을 최소화하고 자녀와 함께하는 시간을 최대화하며 촘촘하고 안전한 돌봄체계 구축에 초점을 맞추고 있다. 이는 2040세대의 안정적인 삶의 기반을 조성하기 위한 정책으로서 기존 정책과의 차별점이 있다고 볼 수 있다.

여성의 사회 진출로 인해 교육을 중심으로 수행되던 유아교육기관 고유의 역할이 확대되어 보육기능이 강화되었다. 이를 위해 유아교육기관의 운영 측면에서는 전문적인 인력과 기관의 확충, 기관 운영체계의 다양화, 교육비 지원 확대 등이 순차적으로 진행되고 있다. 또한 교육 내용 측면에서는 대가족 환경에서 자연스럽게 경험하던 사회문화적 전통과 예절이 유아교육기관을 통해 학습해야 하는 중요한 가치관이 되어 유아기부터 보다 체계적인 창의인성교육이 강조되고 있다.

이에 세계 여러 국가에서 국가별로 사회문화적 환경에 적합한 유아교육제도를 구축하고 있는데, 유아교육의 경제적 효과를 연구한 연구 결과들, 예를 들어 유아기에 대한 투자 효과는 다른 시기에 투자하는 것에 비해 경제적이라는 헤크만(Heckman, 2006)의 연구와 한 명의 유아가 유아교육기관에 다니도록 약 2,500파운드를 지원하면 가난한 가정의 수입을 약 1만 7,000파운드 지원하는 것과 동일한 효과를 낸다는 보고(Kathy et al., 2003) 등을 근거로 경제 투자를 확대하고 있는 추세이다. 우리나라 역시 국공립 유치원 및 어린이집을 확충하고 보육료를 지원하는 등 다양한 제도를 확대해 가고 있다. 이러한 세계적인 추세는 결국 유아교육이 미래 세대를 준비하기 위한 과업으로서 매우 중요하고, 국가 경쟁력을 높이고 사회적인 문제를 예방하는 기능을 가진다는 점에 동의하고 있는 것으로 볼 수 있으며, 나아가 교육을 통해 계층 간의 갈등과 빈곤의 악순환에서 벗어날 수 있는 다리를 마련하려는 시도로 볼 수 있다. 또한 최근 보건복지부에서는 2016년 7월부터 맞춤형 보육제도를 시행하고 있다. 맞춤형 보육제도는 맞벌이 가정 등 장시간 어린이집 이용이 필요한 가구에게 필요한 만큼 충분한 보육 서비스를 제공하여 일-가정 양립을 지원하기 위한 제도로, 종일반과 맞춤반으로 운영되고 있다(보건복지부 홈페이지 참조).

이처럼 미래사회의 중요한 인적 자원이나 국가 경쟁력의 척도가 되는 유아교육은 현대사회의 가장 중요한 관심사가 되었다. 미래학자 핑크(Pink, 2007)가 언급한 바와 같이 서로 관계없는 아이디어를 결합하여 새로운 것을 창조하거나 반복되는 패턴을 감지하여 예술적인 아름다움으로 표출하고 더불어 다른 사람과의 공감을 형성하는 능력이 중요시되는 미래사회의 구성원이 될 유아를 교육하는 일은 어느 때보다 중요하다. 정재승(2016. 8. 29.)은 기업 CEO를 대상으로 한 강연에서 인공지능이 중심적 역할을 수행하는 4차 산업혁명 시대에는 이 시대를 주도할 새로운 리더가 필요하며, 리더는 인간에 대한 이해와 사회에 대한 통찰, 자연과학적 근본 원리에 대한 이해, 공학적 능력, 예술적이고 직관적인 능력, 세상에 없는 것을 상상하는 능력 등을 고루 갖춘 전뇌적 사고를 하는 사람이어야 한다고 주장했다. 더불어 이러한 창의적인 인재는 다양성과 사회성을 반드시 갖추어야 한다는 점을 강조했다. 기존의 교육 방식에서 벗어나 자신의 주변에서 일어나는 문제 상황을 해결하기 위해 주도적으로 참여하고 창의적인 방식으로 해결하는 능력을 길러야 하는데, 이를 위해 유아가 가진 고유의 창의성과 인성을 발현하기 위한 교육적 시도가 계속되어야 할 것이다. 결론적으로 '독특한 개인으로서의 유아'의 존재는 더욱 강조되어야 한다.

3. 유아교육기관의 유형

1) 유아교육기관의 정의

유아교육기관이란 유아의 전인적 성장과 발달을 목적으로 체계적인 보호와 교육을 실시하기 위하여 설치된 법적 · 제도적으로 공인된 기관이다(박순례, 2012). 우리나라의 유아교육기관은 「유아교육법」에 의해 공인된 유치원과 「영유아보육법」에 의해 공인된 어린이집으로 구분된다. 유치원은 만 3세부터 만 5세까지(취학 전)의 유아가 다닐 수 있는 유아교육기관으로, 우리나라 최초의 유치원은 1897년에 설립된 부산유치원이다. 그러나 부산유치원은 당시 우리나라에 살고 있던 일본인 자녀들을 위한 유치원이었고, 우리나라 유아를 대상으로 한 최초의 유치원은 1914년에 선교사 브라운리(C. Brownlee)가 기독교 정신을 바탕으로 설립한 이화유치원이라고 할 수 있다. 하지만 이 역시 외국인이 설립한 유치원이라는 한계가 존재하며, 우리나라 사람이 우리나라의 유아들을 위해 최초로 세운 유치원은 3 · 1운동을 주도한 33인 중의 일원인 박희도 선생과 유양호 선생이 1916년 9월 20일에 설립한 중앙유치원이다. 그 후 1969년에 「유치원교육과정령」이 공포되면서 유치원 교육이 체계적으로 자리를 잡게 되었고, 1981년 이후 각 시 · 군 · 읍 · 면 단위로 주로 만 3~5세 유아를 대상으로 한 새마을유아원이 설치되면서 유아교육기관이 양적으로 확대되었다.

태화기독교 사회복지관 무산아동운동장
출처: 태화복지재단 홈페이지.

어린이집은 보호자의 위탁을 받아서 출생 시부터 초등학교 저학년까지의 영유아를 보육하는 시설을 말한다. 초창기에는 '탁아소(託兒所)'라 불렸으나 1968년 정부 방침에 의하여 '어린이집'으로 명칭을 바꾸어 부르게 되었다. 1982년부터 한동안 '새마을유아원'으로 지칭하기도 하였으나, 1991년에 제정된 「영유아보육법」에 의해 '어린이집'으로 명칭이 통일되었다.

2) 우리나라 유아교육기관의 체제

유아교육기관은 유치원과 어린이집의 이원화 체제에서 이를 통합한 일원화 체제로 가는 것이 세계적 추세이다. 교육과 보육의 기능을 교육부로 통합하여 유치원과 어린이집에 대한 격차를 줄이고 교육의 질을 상향 평준화하여 영유아에 대한 차등 없는 교육복지를 실현하는 것이 주요 이유이다. 뉴질랜드, 스웨덴, 영국, 노르웨이, 덴마크, 핀란드 등 유럽연맹과 OECD 국가 대부분이 0~5세 교육부로의 통합을 추진하고 있고, 일본 또한 2021년 일원화 방안을 발표하며 OECD 가입국 중 한국만이 유일한 유보 분리 국가로 남았다. 한국은 2013년 누리과정 제 · 개정을 통해 3~5세 유아교육과정을 통합하였으나, 그 이외 소속 부처, 관련 법령은 여전히 이원화된 채 운영되고 있으므로, 여기서는 유치원과 어린이집으로 구분하여 살펴보고자 한다.

(1) 유치원

유치원은 「유아교육법」에 따라 설립 · 운영되는 학교기관으로서 국가가 설립 주체가 되는 국립유치원, 지방자치단체가 설립 주체가 되는 공립유치원, 시 · 도 교육감의 인가를 받은 법인이나 개인이 설립 주체가 되는 사립유치원으로 구분된다. 연간 180일 이상 운영을 원칙으로 하고, 국가 수준의 교육과정을 운영하여야 하며, 교육과정 이후에는 방과 후 과정을 운영할 수 있다. 2010년부터는 맞벌이 부모를 위해 야간 돌봄을 실시하여 오후 10시까지 운영하는 기관도 있다. 유치원에서는 유아의 전인적 성장과 발달을 위해 국가 수준의 교육과정인 누리과정을 기반으로 유아의 발달적 요구, 부모 및 지역사회의 특성 등을 반영하여 자율적인 교육과정을 운영한다. 이를 정리하면 〈표 1-1〉과 같다.

🦕 〈표 1-1〉 유치원 분류

설립 유형에 따른 분류(「유아교육법」 제7조 유치원의 구분)	
국립유치원	국가가 설립 · 경영하는 유치원
공립유치원	지방자치단체가 설립 · 경영하는 유치원(설립 주체에 따라 시립 · 도립 유치원으로 구분 가능)
사립유치원	법인 또는 사인(私人)이 설립 · 경영하는 유치원
운영에 따른 분류(「유아교육법」 제13조 교육과정 등)	
• 유치원은 교육과정을 운영하여야 하며, 교육과정 운영 이후에는 방과 후 과정을 운영할 수 있다. • 방과 후 과정: 제13조 제1항에 따른 교육과정 이후에 이루어지는 그 밖의 교육활동과 돌봄활동을 말한다.	

① 국공립유치원

국공립유치원은 중앙 정부 및 지방 정부가 설립한 유치원을 말하는데, 국공립유치원 중 국립유치원은 교육부에서 직접 지도 · 관장하는 곳으로 우리나라에는 한국교원대학교부설유치원, 공주대학교사범대학부설유치원, 강릉원주대학교부설유치원 등 3곳뿐이다. 공립유치원은 다시 병설유치원과 단설유치원으로 구분된다. 1976년에 우리나라에서 최초로 공립유치원 5개원이 설립되었는데, 서울에는 4개 교육구청 관할 구역에 각 1개원씩 4개원, 부산에는 1개원이 설립되었다. 서울특별시 교육위원회가 최초로 설립한 4개의 서울시 소재 공립국민학교 병설유치원은 신천국민학교병설유치원(동부교육구청), 공덕국민학교병설유치원(서부교육구청), 신용산국민학교병설유치원(남부교육구청), 삼선국민학교병설유치원(북부교육구청)으로 모두 국민학교의 교정에 병설되었다(서울특별시교육청 편, 1996). 병설유치원은 초등학교에 부설되어 있는 유치원으로 기존의 초등학교 시설을 유치원 환경에 맞게 개조한 형태가 많다. 대개 병설유치원의 원장 및 원감은 초등학교 교장과 교감이 담당하는 경우가 많고, 일부 3학급 이상의 병설유치원에서는 유아교육을 전공한 원감을 두어 교육행정 등의 업무를 전담하고 있다. 병설유치원은 유치원이 초등학교와 나란히 있는 형태로 운영되는 기관이다. 단설유치원은 초등학교 병설유치원과는 달리 단독으로 유치원 건물을 세우고 운영 · 관리하며, 행정에 있어서도 초등학교 교장과 대등한 위치의 유아교육 전공 원장에 의해 전문적으로 운영되는 유치원을 말한다. 단설유치원은 전용 건물이 있고 전임 원장 · 원감이 배치되어 있으며, 학급 수가 5학

신천초등학교병설유치원

출처: 신천초등학교병설유치원 홈페이지.

급 이상이다. 「유아교육법 시행령」에 따르면, 도시·택지 개발지역에 공립유치원을 설립할 때 초등학교 정원의 1/4 이상의 유아를 수용하되 해당 시·도 교육감에게 정원 일부를 조정할 수 있도록 해서 인근 유아교육기관과 향후 원아 수 추이 등을 고려해 설립하도록 하고 있다.

② 사립유치원

사립유치원은 개인이나 법인 단체에 의해 설립된 유치원을 말하며, 운영 비용이 정부의 지원, 법인의 기금 또는 유치원 수업료로 충당되는 유아교육기관이다. 개인이 운영하는 사립유치원, 대학에서 운영하는 대학부속 사립유치원, 종교나 기타 법인 단체에서 운영하는 법인 사립유치원 등 설립 주체에 따라 다양하다. 사립유치원 현장의 소리를 대변하는 교섭단체인 한국유치원총연합회 홈페이지(http://www.yoochiwon.or.kr)에서 다양한 정보를 접할 수 있다.

③ 특수 유치원

◆ 북한이탈주민 유치원

북한이탈주민은 북한을 탈출한 북한 주민을 지칭하는 정부 공식 용어이다. 2021년 9월 현재, 한국에 거주하는 북한이탈주민은 33,800명에 이르고 있다. 통일부 자료(2021년 9월 현재)에 의하면 북한이탈주민 중 남성이 28%, 여성이 72%로 여성의 비율이 더 높다. 더 높은 여성 비율은 여성과 함께 들어오는 자녀 수의 증가로 이어질 수 있고, 전체 북한이탈주민 중 20대가 28.4%, 30대가 28.7%, 40대가 17.7%로 전체 북한이탈주민의 70%를 넘는다는 점도 북한이탈주민의 자녀 수 증가를 예측 가능하게 한다. 북한이탈주민 자녀인 유아를 위한 유치원으로는 하나원 내에 있는 하나둘학교가 있다. 이 기관은 유치원으로 따로 설립된 것은 아니고 탈북 후 우리 사회에 적응하기 위한 곳인 하나원에 있는 3개월 동안 임시로 머무는 교육기관이다. 하나둘학교는 유아반, 유치반, 초등반, 청소년반으로 편성되어 있고, 3개월 과정의 교육을 마친 아이들은 일반학교나 대안학교로 옮겨 교육을 받을 수 있다.

◆ 유아특수학교

장애를 진단받아 특수한 교육적 지원이 필요한 유아가 다니게 되는 특수학교인데, 특수학교의 유형은 유 · 초 · 중 · 고등학교가 여러 조합으로 통합되어 다양한 형태로 존재한다. 예를 들면, 유 · 초등학교 통합 특수학교, 초등 · 중학교 통합 특수학교, 유 · 초등 · 중학교 통합 특수학교 등으로 다양한 형태가 있는데, 유치원 과정만 운영하는 특수학교는 장애영아를 포함하면 2021년 현재 전국 10개 기관에서 유치원 연령의 장애아동을 교육한다. 전국 10개 유아특수학교 중 전라북도에 있는 전주유화학교만 공립이고 나머지 9개 기관(광성하늘빛학교, 누리학교, 수도사랑의학교, 서울효정학교, 부산두례학교, 부산천사의학교, 한우리학교, 밝은학교, 희망학교)은 모두 사립이다. 지역별로는 서울이 4개, 부산이 2개, 경기도가 3개, 전라북도가 1개이고, 장애 영역별로는 경기도에 위치한 한우리학교가 청각장애 유아를 대상으로, 서울효정학교가 시각장애 유아를 대상으로 하고 있으며, 나머지 8개 기관은 지적장애 유아를 대상으로 하고 있다. 이렇듯 장애 영역별로 구성된 유아특수학교는 많지 않고, 일반 유치원에 특수학급을 두거나 일반학급에 특수유아를 통합하는 형식으로 운영되는 경우가 일반적이다.

◆ 외국인 유치원

외국인 유치원이란 우리나라에 살고 있는 외국인 유아를 위한 유치원을 말한다. 외국인을 위한 유치원이지만 일정 비율의 내국인이 입학할 수 있는 기관이 있어 조기 영어교육을 위해 많은 학부모가 관심을 갖는 기관이기도 하다. '외국인 유치원'이라는 명칭보다는 '국제유치원'이라는 명칭으로 더 친숙하게 사용되기도 한다. 2021년 11월 현재 외국인 유치원으로 설립 운영하는 곳은 2개교(남산국제유치원, 프란치스코 외국인 유치원)이고, 외국교육기관으로 설립 운영하는 곳이 2개교(채드윅 송도국제학교, 대구국제학교), 외국인 학교로 설립 운영하는 곳은 38개교(서울외국인학교, 서울독일학교 등)이다. 대부분 서울 지역(강남)에 밀집해 있고, 영어권의 외국인 유치원이 다수이다. 외국인 유치원의 지속적인 증가 추세는 어릴 적부터 외국어(특히 영어)를 사용하는 상황을 접하면서 자연스럽게 외국어와 국제 문화를 습득할 수 있다는 학부모의 기대가 반영된 결과라 할 수 있다. 자세한 사항은 외국교육기관 및 외국인 학교 종합안내 사이트(https://www.isi.go.kr)에 제시되어 있다.

(2) 어린이집

어린이집이란 친권자 · 후견인, 그 밖의 사람으로서 영유아를 사실상 보호하고 있는 보호자의 위탁을 받아 보육하는 기관(「영유아보육법」 제2조 제3호 및 제4호)으로, 운영 주체에 따라 국공립어린이집, 사회복지법인 어린이집, 법인 · 단체 등 어린이집, 직장어린이집, 가정어린이집, 부모협동어린이집, 민간어린이집으로 구분된다(「영유아보육법」 제10조). 어린이집은 주 6일 이상, 하루 12시간 이상 운영하여야 한다. 천재지변이나 감염성 질병의 발생 등 정상적인 운영이 불가능한 상황이 아니면 휴원할 수 없다. 다만, 보호자의 근로 시간 등을 고려하여 보호자 및 그 영유아에게 불편을 주지 않는 범위에서 어린이집의 운영 시간을 조정하여 운영할 수는 있다. 어린이집에서는 국가 수준의 보육과정인 표준보육과정과 누리과정을 기반으로 영유아의 신체 · 정서 · 언어 · 사회성 및 인지적 발달을 도모할 수 있는 보육 내용을 포함한 보육과정을 운영한다.

① 국공립어린이집

국가와 지방자치단체가 설치 · 운영(위탁 포함)하는 어린이집을 말한다. 상시 11명 이상의 영유아를 보육할 수 있는 시설을 갖추어야 하며 정원을 300명 이하로 두어야 한다. 국공립어린이집을 설치한 국가나 지방자치단체는 법인 · 단체 또는 개인에게 어린이집을 위탁하여 운영할 수 있다. 국공립어린이집의 경우 '시립○○어린이집' '구립○○어린이집'으로 명명하여 설립 주체를 표시한다.

② 사회복지법인 어린이집

「사회복지사업법」(「노인복지법」「아동복지법」「한가족지원법」「장애인복지법」등)에 따른 사회복지법인이 시장·군수·구청장의 인가를 받아 설치·운영하는 어린이집으로 상시 21명 이상의 영유아를 보육하여야 한다. 장애인종합복지관을 운영하는 법인이 어린이집을 운영할 경우 사회복지법인 어린이집으로 명명한다. 사회복지법인 어린이집의 경우 유치원 부설 어린이집, 미술·영어 어린이집 등 사설학원으로 오인할 수 있는 명칭을 사용하면 안 된다.

③ 법인·단체 등 어린이집

각종 법인(사회복지법인을 제외한 비영리법인)이나 단체 등이 설치·운영하는 어린이집으로서 학교법인, 종교단체, 근로복지공단, 교육훈련시설에서 설치·운영하는 어린이집을 말한다. 교회 부설 어린이집, 성당 부설 어린이집, 불교종파 부설 어린이집 등이 대표적인 예이다.

④ 직장어린이집

사업주가 사업장의 근로자를 위하여 단독 또는 공동으로 사업장 내 또는 그에 준하는 인근 지역과 사원주택 등 사업장 근로자 밀집 거주 지역에 설치·운영하는 어린이집을 말한다. 상시 여성 근로자 300명 이상 또는 근로자 500명 이상을 고용하고 있는 사업장은 직장어린이집을 반드시 설치해야 할 의무가 있다. 시청 직장어린이집, 구청 직장어린이집, 청사 어린이집 등이 대표적인 예이다.

⑤ 가정어린이집

개인이나 가정 또는 그에 준하는 곳에 설치·운영하는 어린이집으로 개인주택이나 아파트, 가정에서 어린이집에 필요한 설치 기준과 요건을 갖추어 시장·군수·구청장의 인가를 받아 운영하는 어린이집을 말한다. 상시 5명 이상 20명 이하의 영유아를 보육할 수 있다.

⑥ 부모협동어린이집

영유아를 둔 보호자 15명 이상이 「민법」의 조합을 결성하여 설치·운영하는 어린이집으로 상시 11명 이상의 영유아를 보육해야 한다. 우리나라에서는 1990년대부터 부모들이 스스로의 힘으로 육아의 터전을 만들고, 서로의 기대와 가치관을 나누고 절충하며 함께 주도적으로 운영할 수 있는 협동조합 방식을 고안하였는데, 그것이 공동육아이다. 현재 보육을 하는 것뿐만 아니라 자라나는 아이들을 공동체적으로 키우자는 뜻의 부모협동어린이집의 한 형태로 공동육아 어린이집이 운영되고 있다. 관련 내용은 '공동육아와 공동체교육' 홈페이지(http://www.gongdong.or.kr)를 참고할 수 있다.

⑦ 민간어린이집

국공립어린이집, 법인 어린이집, 직장어린이집, 가정어린이집, 부모협동어린이집이 아닌 어린이집으로 상시 21명 이상 300명 이하의 영유아를 보육할 수 있는 어린이집을 말한다. 민간어린이집이지만 보육의 질적 수준 향상을 위해 국가의 지원이 주어지는 어린이집도 있다. 공공형 어린이집이 그것인데, 공공형 어린이집은 2011년부터 추진된 국가사업으로, 우수한 민간어린이집을 선정하여 운영비를 지원하고 양질의 보육을 영유아에게 제공하는 등 보육인프라로서 기능할 수 있도록 하는 제도이다. 2020년 10월 말 현재 전국(서울 제외)에서 2,341개소의 공공형 어린이집이 운영되고 있다. 자세한 현황은 〈표 1-2〉에 제시되어 있다.

〈표 1-2〉 공공형 어린이집 유지 현황(2020년 10월 말 기준)　　　　　　　[단위: 개소(%)]

시도	부산	대구	인천	광주	대전	울산	세종	경기	강원	충북	충남	전북	전남	경북	경남	제주	합계
개소	185 (7.9)	106 (4.5)	138 (5.9)	90 (3.8)	142 (6.1)	102 (4.4)	106 (0.7)	646 (27.6)	109 (4.7)	91 (3.9)	87 (3.7)	103 (4.4)	86 (3.7)	148 (6.3)	169 (7.2)	123 (5.3)	2,341 (100.0)

 여기 보세요!

유아교육기관 유형에 따른 임용 방법

앞서 살펴본 다양한 유아교육기관 중에 어느 곳에 취직하고 싶나요?

1. 국공립유치원에 취업하고 싶다면 임용고시를 준비해야 합니다. 국공립유치원의 경우 국가에서 실시하는 교육공무원(유치원 교사) 임용고시에 합격해야 유치원 교사로 근무할 수 있습니다. 교육공무원 임용고시는 1년에 한 번 정도 실시되고 모집 인원은 교원 수급 계획에 따라 해마다, 지역마다 다를 수 있습니다. 유치원 교사 임용고시에 관련된 자세한 사항을 알고 싶다면 한국교육과정평가원 홈페이지(http://www.kice.re.kr)를 방문해 보세요.

2. 국공립어린이집의 경우 육아종합지원센터, 시청이나 구청 홈페이지, 개별 어린이집 홈페이지 등에 공개 모집 공고를 내고 공식적인 채용 절차에 따라 선발하게 되어 있습니다. 국공립어린이집별로 서술 시험을 치르기도 하고 면접만으로 선발하기도 합니다. 국공립어린이집에 취업하기를 원할 경우 지역 육아종합센터 홈페이지를 적극 활용하시기 바랍니다.

3. 직장어린이집의 경우 대개 공개 모집을 하고 제시된 채용 절차에 따라 교사 선발이 진행됩니다. 직장어린이집별로 전형과 선발 일시가 다를 수 있으므로 관심 있는 직장어린이집의 홈페이지를 자주 방문하는 것이 좋겠지요.

4. 그 이외의 기관에서는 공개 모집을 하기도 하고, 지인의 소개나 추천으로 면접을 진행하기도 합니다. 사립유치원이나 민간어린이집이 공개 모집을 할 경우 유아교사 구인구직 사이트를 주로 활용합니다. 이러한 구인구직 사이트의 정보는 정보가 게시된 날짜를 잘 확인할 필요가 있습니다. 최신의 정보인지를 확인해야 하고 불특정 다수에게 전체 공지되는 내용임을 감안하여 공지된 정보를 꼼꼼히 살펴보아야 할 것입니다.

참고문헌

김유미(2002). 뇌를 알고 가르치자. 서울: 학지사.

김유미(2006). 뇌 발달 접근에서 본 유아교육의 방향. 유아교육연구, 26(4), 31-49.

박순례(2012). 학부모의 유아교육기관 선택 요인 및 만족도 조사. 금오공과대학교 대학원 석사학위논문.

박찬옥, 조형숙, 엄은나(2007). 한국 유아교육의 질 제고를 위한 정책 방향 탐색. 2007 환태평양 유아교육연구학회 한국학회 국제세미나 미간행 보고서.

서울특별시교육청 편(1996). 서울교육사. 서울: 서울특별시교육청.

신옥순(2013). 유아교육학개론(개정판). 서울: 학지사.

양소남, 신창식(2011). 어린 자녀를 둔 일하는 어머니의 일가족 양립 고충. 보건사회연구, 31(3), 70-103.

양옥승(2008). 유아교육과정 탐구. 서울: 학지사.

이기숙, 장영희, 정미라, 엄정애(2021). 유아교육개론(제4판). 경기: 양서원.

정재승(2016. 8. 29.). AI시대, 공감력 갖춘 인재 절실. 기호일보(http://www.kihoilbo.co.kr?mod=news&act=articleView&idxno=663515).

조부경, 김영실, 신은수(2006). 어린이 삶의 관점에서 본 바람직한 유아교육학제 개편. 유아교육연구, 26(3), 5-33.

통계청(2016a). 경제활동인구조사. 미간행 보고서.

한국여성정책연구원(2015). 2015년 여성가족패널조사. 서울: 한국여성정책연구원.

Heckman, J. (2006). Skill formation and the economics of investing in disadvantaged children. *Science, 312*(5782), 1900-1902.

Kathy, S., Edward, M., Pam, S., Iram, S. B., Brenda, T., & Karen, E. (2003). *The effective provision of pre-school education (EPPE) project: Finding from the pre-school period*. London: The Institute of Education University of London.

Pink, D. (2007). 새로운 미래가 온다 [*A whole new mind: Moving from the information age to the conceptual age*]. (김명철 역). 서울: 한국경제신문. (원저는 2005년에 출판).

Shore. R. (1997). *Rethinking the Brain: New insights into early development*. New York: Families and Work Institute.

Sousa, D. A. (2008). 장애아의 뇌는 어떻게 학습하는가 [*How the special needs brain learns* (2nd ed.)]. (김유미 역). 서울: 시그마프레스. (원저는 2007년에 출판).

공동육아와 공동체교육 http://www.gongdong.or.kr

교육부 https://www.moe.go.kr

보건복지부 http://www.mohw.go.kr

신천초등학교병설유치원 https://www.서울신천병설유치원.com:456/home/

외국교육기관 및 외국인 학교 종합안내 https://www.isi.go.kr

중앙대학교사범대학부속유치원 http://www.cau-kindergarten.or.kr

태화복지재단 http://www.taiwhafound.org

한국교육과정평가원 http://www.kice.re.kr

한국보육진흥원 공공형 어린이집 https://www.kcpi.or.kr

한국유치원총연합회 http://www.yoochiwon.or.kr

e나라지표 http://www.index.go.kr/potal/main/EachDtlPageDetail.do?idx_cd=1428 (2020년
    1월 10일 인출)

우리나라 유아교육의 역사

역사를 통해 오늘을 바라보기, 유아교육의 역사 이해!

유아교육을 공부하는데 왜 우리는 지난 과거의 시간을 돌아보아야 할까요? 다음의 대화를 읽으며 왜 우리나라 유아교육의 역사를 살펴보아야 하는지 그 이유에 대해 생각해 보세요.

> 학습자: 유아교육을 공부하는데 왜 과거의 유아교육에 대해 알아야 할까요?
>
> 교수자: 역사는 현재를 비추는 거울이라는 말이 있잖아요.
>
> 학습자: 하지만 배울 것도 많은데 꼭 우리나라 유아교육의 역사를 공부해야 하나요?
>
> 교수자: 역사는 반복된다는 말이 있어요. 과거에서 현재로 시간이 흐른다는 것이 꼭 진보했
> 다거나 진화했다는 것을 의미하지는 않아요. 어떤 것은 오히려 시간이 흐르며 그 가
> 치와 본질이 퇴색되기도 한답니다. 유아교육을 배우는 학생으로서 그리고 미래의 예
> 비유아교사로서 유아교육의 역사를 살펴보고 오늘날 우리가 놓치고 있는 것이 무엇
> 인지, 과거의 것이지만 지켜야 하는 것이 무엇인지 생각해 보는 것은 중요하답니다.
> 나아가 최선의 선택이라고 생각되는 것들이 과연 최선의 선택인지 역사를 통해 고민
> 하는 시간이 필요합니다.

전통사회부터 일제강점기를 거쳐 현대사회까지 우리나라의 유아교육은 어떤 흐름을 통해 발전했을까요? 이 장에서는 우리나라의 유아교육을 전통사회의 유아교육, 해방 이전의 유아교육, 해방 이후부터 현대사회의 유아교육에 이르기까지 그 발전 과정을 살펴보고자 합니다.

1. 전통사회의 유아교육

삼국시대에서 고려시대와 조선시대에 이르기까지 전통사회의 유아교육은 제도적 교육기관을 통해 이루어지기보다는 비형식적 가정교육을 통해 이루어졌다(신옥순, 2013; 유안진, 1980). 삼국시대에는 유교와 불교의 가르침을 기반으로 한 가정 중심의 교육이 이루어졌다. 고려시대에 와서도 큰 변화는 없었으나 7, 8세 남자아이를 위한 향교라는 지방학교와 여러 연령대의 평민 남자아이를 위한 서당이 소수 존재했던 것으로 추측되고 있다(신옥순, 2013). 조선시대의 유아교육도 비형식적인 가정교육이 주를 이루었으며, 형식적인 유아교육기관으로는 고려시대부터 이어져 온 서당이 있었다. 서당의 입학 대상은 대체로 만 6세 이후의 남자아이였다(유안진, 1980). 서당은 본질적인 의미에서 유아교육기관은 아니지만 그 속에서부터 형식적인 유아교육의 기초가 다져졌다고 볼 수 있다. 이처럼 전통사회의 유아교육은 대부분 가정에서 부모가 모방과 훈련을 통해 예절을 가르치고 가정생활을 전수하는 비형식적 교육으로 실시되었으며, 제도에 기반한 체계적 유아교육기관은 서양의 영향으로 근대 이후에 형성되었다.

여기 보세요!

서당에서의 유아교육

서당은 한국 전통사회의 유일한 형식적인 유아교육기관이었어요. 서당은 서양의 근대교육이 도입되기 전 1900년대 초까지 유아교육기관으로서의 역할을 했답니다.

그림 출처: 도심재생문화재단 홈페이지.

2. 해방 전 유아교육

1) 초기 유아교육기관의 도입(1921년 이전)

우리나라의 형식적 유아교육은 근대화와 함께 일본에서 시작되었다. 동양, 특히 한국과 중국의 근대화는 '도둑처럼 온 근대'라고 표현될 만큼, 우리나라는 주체적으로 근대를 맞이한 것이 아니라 일본 등의 외세에 의해 수동적이고 폭력적인 방식으로 근대화를 요구받았다. 개화를 통해 일찍이 서구의 문물을 받아들인 일본은 청일 전쟁을 승리로 이끌며 식민지배에 대한 야욕을 한국에도 드러내기 시작했다. 1897년 3월, 우리나라에 처음으로 설립된 사립유치원인 부산유치원은 이러한 배경에서 설립된 유치원이다. 내정간섭과 경제식민전략을 위해 일본인들은 부산의 항구를 통해 조선에 드나들었고, 이러한 이유로 부산에 거주하는 일본인의 수가 점차 불어났다. 부산유치원은 일본인이 '조선진언부인회'라는 이름으로 개설한 사립유치원으로, 부산에 거주하는 일본인 자녀들을 위한 유치원이었다. 조선진언부인회는 일본인 교사가 일본의 말과 문화를 가르치는 사실상 조선에 있는 일본 유치원인 셈이었다. 조선진언부인회는 1945년에 일본으로부터 해방될 때까지 48년간 운영되었다.

1900년에는 일본 황태자의 결혼을 축하하기 위해 인천에 인천기념공립유치원이 설립되었고, 같은 해 경성에 경자기념경성공립유치원이 설립되었다. 이 유치원들 역시 일본인 자녀만 교육받을 수 있었다. 그 후 1908년에 대한제국정부가 칙령 제22호 「고등여학교령」의 규정에 따라 관립한성고등여학교 부속유치원을 설립하였다.

한국인 유아가 교육받을 수 있었던 최초의 유치원은 1909년 함경북도 나남에 세워진 사립 나남유치원이었다. 그러나 이 유치원은 1905년 을사조약 체결 후에 정토종 포교를 목적으로 설립된 것으로, 일본인 교사에 의해 일본의 말과 글, 일본의 문화를 가르치는 유치원이었다. 최초로 한국인이 설립한 유치원은 1913년 백인기(1882~1942, 민족문제연구소가 정리한 친일인명사전 수록 예정자 명단에 포함된 일제강점기의 금융인)가 서울의 인사동에 세운 사립 경성유치원이었다. 이 유치원은 한국인 교사 3명, 일본인 원장 1명으로 구성되었으나, 친일파 인사들의 자녀를 일본화하기 위한 목적으로 설립되었다는 점에서 일본계 유치원으로 볼 수 있다. 이후 식민지배

계층의 자국민거주정책이나 일본문화동화정책의 일환으로 1929년까지 일본계 유
치원은 총 42개로 확장 운영되었다.

　　1914년에 설립된 이화유치원은 미국의 기독교 선교사 브라운리(C. Brownlee)가
우리나라 최초의 부인병원인 보구여관 자리에서 원아 16명으로 시작한 유치원으
로, 서민층의 자녀를 대상으로 하여 우리말로 교육한 남한 최초의 유치원이다. 이화
유치원은 친일파 인사 등 기득권 계층의 자녀를 대상으로 한 유아교육에서 탈피하
여 서민의 자녀를 대상으로 했다는 점에서 유아교육 대중화를 이루는 데 공헌했다
고 평가받는다. 이듬해인 1915년에는 우리나라 최초의 유치원 교사 양성 기관인 이
화유치원 사범과가 설치되었다. 이때의 교육 내용은 수공, 은물, 유희, 교육학, 아동
심리학, 성경, 한문 등이었다.

 여기 보세요!

서민층 자녀를 대상으로 우리말로 교육한 이화유치원

개화기 이후 서양의 의술이 국내에 들어왔으나, 남녀의 구별이 엄격한 우리 사회의 풍속 때문에
남성 의사가 여성 환자를 치료할 수 없었어요. 보구여관은 이를 안타까워하던 의료 선교사 윌리엄
스크랜튼(William B. Scranton, 1856~1922) 목사의 요청에 따라 1887년에 한국 최초로 만들어진
부인병원입니다. 보구여관이라는 명칭은 고종황제가 내린 이름이에요. 여성 환자들을 진료하면서
자연스럽게 어린이 환자를 진료하고 돌보게 되며, 이화유치원의 전신이 되었어요.

보구여관 전경
그림 출처: 한국콘텐츠진흥원 홈페이지.

선교사 브라운리는 1914년부터 1940년까지 이화유치원의 원장을 역임했어요.

브라운리(C. Brownlee)

1920년대 이화유치원 원아 단체 사진

그림 출처: 이화여자대학교 사범대학 부속 이화유치원 홈페이지.

1916년에는 중앙대학교 사범대학 부속유치원의 모태가 된 중앙유치원이 3 · 1운동의 민족 대표 33인 중 한 명이었던 박희도와 유양호에 의해 설립되었다. 중앙유치원은 우리나라 아이들에게 어린 시절부터 독립정신을 강하게 심어 주기 위한 목적으로 설립된, 조선인에 의한, 조선인을 위한 교육기관이자 우리나라 최초의 유치원으로 평가받는다(박혜정 편, 1986).

여기 보세요!

조선인에 의한, 조선인을 위한 '중앙유치원'

박희도 선생님은 1919년 3 · 1운동의 민족 대표 33인 중 한 명으로, 독립선언문에 서명한 독립운동가였어요. 민족주의 정신과 기독교 정신을 바탕으로 '장래의 조선을 위하여 잘 일하고 잘 싸울 용사를 양성하는 기관을 세워 국민의 앞길을 열어 줌을 목적으로' 유양호 선생님과 함께 민족사학 중앙유치원을 설립하여 교감으로 취임하고, 어린이 교육에 힘쓰셨어요.

박희도(1889~1952)

그림 출처: 한국민족문화대백과사전 홈페이지.

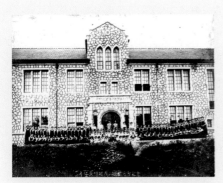 

중앙유치원 원아 단체 사진 및 전경
그림 출처: 중앙대학교 사범대학 부속유치원 홈페이지.

중앙유치원은 민족사학 유치원으로 '취미 있는 방법' '쉬운 교육과정' '부드러운 사랑'으로 원아를 가르치며, '규칙적인 유치원 생활을 통해 원아들을 건실한 사회인으로 양성하는 것'이 교육 목표였어요.

그 외에 배화유치원(1917년), 아현유치원(1918년), 동·남·북 유치원(1919년) 등이 설립되며 유치원 수가 급증하였다. 1920년에는 35개, 1921년에는 47개의 유치원이 설립되었다(김규선, 1993). 이 시기에 우리나라에 세워진 유치원을 연도별로 살펴보면 〈표 2-1〉과 같다(이경희 외, 2014; 최민수 외, 2016).

🦕 〈표 2-1〉 초기 유치원 설립 연표

연도	유치원명	특징	비고
1897	사립 부산유치원	부산의 일본 거류민단이 설립	일본계 유치원
1900	경자기념경성공립유치원	일본 황태자 성혼 기념으로 설립	
	인천기념공립유치원		
1904	진남포 심상고등소학교 부설유치원	1908년에 진남포유치원으로 개명	
1907	사립 원산유치원	원산의 일본 거류민단이 설립	
	공립 대구유치원	대구의 일본 거류민단이 일시 거주하며 설립	

1909	사립 군산심상소학교	1909년에 경자기념경성공립유치원에 통합	
	사립 나남유치원	소재지 불명	
1910	사립 경성유치원	소재지 불명	
1913	경성유치원	한국인이 한국인의 자녀를 위해 설립하였지만, 조선총독부의 지원하에 한국인을 일본인으로 동화시키기 위해 운영	
1914	이화유치원	선교사 프레이(L. E. Frey)가 설립하여 브라운리가 첫 교사로 부임	
1916	중앙유치원	최초의 한국 유치원 교육기관(한국인 아이들을 위해 박희도와 유양호가 민족독립정신을 교육목표로 설립)	한국계 유치원
1917	배화유치원	선교사 에드워드(L. Edward)가 설립	
	덕수궁유치원	고종 승하 2년 전 덕수궁 내에 설립하여 운영	
1918	아현유치원	선교사 밴 플리트(E. Van Fleet)가 설립	
1919	동·남·북 유치원	선교사 와그너(E. Wagner)가 설립하여 선교사 하워드(C. Howard)가 운영	

출처: 이경희 외(2014); 최민수 외(2016).

2) 조선교육령과 유아교육(1922~1945년 해방 전)

1920년대는 교육으로 나라를 구하자는 교육구국주의 정신을 계승하여 많은 유치원이 설립된 시기였다. 유치원 수가 1930년에는 222곳으로 늘어났고, 1945년 해방 전까지는 총 277곳으로 확대 운영되었다. 그러나 열의만 앞서고 유아교육의 참뜻을 인식하지 못한 채 운영하는 곳이 많아지면서 유치원에 대해 회의와 자성의 움직임이 나타났으며, 1930년대에 들어서는 유치원 무용론이 제기되기에 이르렀다. 이에 유아교육계에서는 유치원 교육의 의의를 규명하고 내적 충실을 기하고자 하는 새로운 움직임이 시작되었다(김영옥, 진명희, 김혜경, 1995).

그런 의미에서 1922년은 유아교육 역사상 중요한 변화가 나타난 시기였다. 1922년 2월 16일에 「개정 조선교육령」과 「소학교령」이 공포되면서 유치원 설립 인가 절차 및 시설 기준 등 기관 설립에 대한 최초의 법적 근거가 마련되었다. 이러한 법률은 1919년 3·1운동 후 일본 정부의 조선에 대한 지배 노선의 변화, 즉 식민지 정치에서 융화 정치로의 변화를 의미한다. 변화는 표면상이기는 하지만 식민지 조선과 일본 지배계급 간의 차별대우를 없애고 일본 본토의 교육제도에 준하는 교육을 진행하겠다는 의지를 나타낸다. 「개정 조선교육령」과 「소학교령」은 일본인이 제정한 법이지만 한국 유치원에 관한 규정이며, 해방 후 우리나라 「교육법」이 제정되기 전까지 유치원의 유일한 법적 근거가 되었다는 점에서 중요한 의미가 있다(심성경 외, 1998; 한임순, 1997).

한편, 교사 양성 기관에도 변화가 생겼는데, 1926년에 경성보육학교가 서울 수소동에 설립되었고, 중앙유치원을 설립한 박희도가 1922년에 세운 유치원 사범과는 1928년 9월에 중앙보육학교로 승격되며 전문교육을 받은 유치원 교사를 배출하였다.

이후 전국적으로 유치원 수가 급증하였으나 1938년 이후로는 제2차 세계대전의 영향으로 유치원 수가 감소해 1945년에는 165곳, 원아는 1만 3,534명에 불과하였다(이경희 외, 2014; 최민수 외, 2016).

탁아소도 빈민아동 구제를 목적으로 이 시기에 개설되었다. 1921년에 태화기독교사회관에서 빈민아동 구제사업의 일환으로 탁아 프로그램을 개발하였고, 1926년에는 부산과 대구에 우리나라 최초의 탁아시설인 '공생탁아소'와 '대구탁아소'가 세워졌다. 그 후 1939년까지 국공립 탁아소가 11개소로 늘어났으며, 이 시설들은 해방 때까지 남아 있었다(최민수 외, 2016).

이와 같이 해방 이전의 유아교육은 일본의 식민지 정책의 일환 및 기독교 선교를 목적으로 주로 일본인과 미국 선교사들이 주도해 온 유치원과 빈민 구제를 목적으로 운영된 탁아소에서 이루어졌다고 볼 수 있다.

3. 해방 후부터 2003년까지의 유아교육

1) 유아교육기관의 제도적 기반 확립(1945~1962년)

1945년 해방 후 대한민국 정부가 수립되었지만, 교육계는 일제의 황민화 정책의 후유증과 해방 이후의 혼란, 정부의 무관심 등으로 발전의 기틀을 다지지 못했다.

이 시기에는 '구국의 길은 교육의 길'이라는 신념하에 교육 발전을 위해 1945년에 「교육법」을 제정 · 공포하였으며 제5장 제10절의 제146, 147, 148조에 유치원에 관한 내용을 규정하였으나, 구체적인 법이나 시행규칙은 없었다(신의숙, 2004; 심성경 외, 1998). 「교육법」은 해방 후 외세의 힘을 빌리지 않고 우리나라에서 제정한 최초의 유아교육 관련 법이라는 데 의의가 있지만, 구체적인 시행령이나 시행규칙이 없었다는 점은 한계로 지적받는다. 그러나 이러한 작은 시도가 이후 「유아교육법」 「영유아보육법」과 같은 법률로 태동하는 시금석이 되었다는 점에서 중요한 역사적 시도라 볼 수 있다.

1950년 5월에 국가가 '국립유치원 설치 계획'을 발표하여 유치원 발전의 발돋움을 시작하려 할 때, 한국전쟁이 일어나 모든 계획이 수포로 돌아갔다. 한국전쟁으로

「교육법」 제5장 제10절
(시행 1949. 12. 31. 법률 제86호, 1949. 12. 31. 제정)

제146조 유치원은 유아를 보육하고 적당한 환경을 주어 심신의 발육을 조장하는 것을 목적으로 한다.

제147조 유치원 교육은 전조의 목적을 실현하기 위하여 다음 각 호의 목표를 달성하도록 노력하여야 한다.
1. 건전하고 안전하고 즐거운 생활을 하기에 필요한 일상의 습관을 기르고 신체의 모든 기능의 조화적 발달을 도모한다.
2. 집단생활을 경험시키어, 즐기어 이에 참가하는 태도를 기르며 협동자주와 자율의 정신을 싹트게 한다.
3. 신변의 사회생활과 환경에 대한 바른 이해와 태도를 싹트게 한다.
4. 말은 바르게 쓰도록 인도하고 동화 그림책 등에 대한 흥미를 기른다.
5. 음악 · 유희 · 회화 · 수기 기타 방법에 의하여 창작적 표현에 대한 흥미를 기른다.

제148조 유치원에 입원할 수 있는 자는 만 4세부터 국민학교 취학시기에 달하기까지의 유아로 한다.

고아와 기아, 미아 등 요보호 아동의 수가 급증하자, 외국의 원조에 의해 각종 보호 시설이 설치되었다. 많은 피난민이 몰린 부산에 시립탁아소(1953년)와 사화탁아소 (1955년)가 설립되었고, 탁아소는 여러 지역으로 확산되었다. 해방 이후부터 한국전쟁 사이에 설치된 탁아소는 국립탁아소 1개소, 지방탁아소 67개소, 농번기계절 탁아소 10개소로 총 78개가 운영되었다(김의영, 1997). 이 시기는 전쟁 직후로, 교육을 담당하는 유치원은 감소하고 임시구호적 기능을 갖춘 탁아소가 증설되던 시기이다 (이경희 외, 2014; 이기숙, 장영희, 정미라, 엄정애, 2014).

1952년부터는 「교육법 시행령」이 공포되어 유치원에 관한 설립 인가와 원아 수, 보육과목, 보육일수 등이 정해졌다(한임순, 1997). 또한 1961년 「아동복리법」이 제정되며 무질서하게 운영되던 탁아소는 법정 아동복지시설로 구분되었고, 설치 기준, 종사자 배치 기준, 보육시간, 보호 내용 등이 법제화되었다. 이후 보육사업은 종래의 구빈사업적 성격에서 벗어나 아동복리를 증진시키고 보장하기 위한 시설로 그 성격이 변화되었다(이기숙 외, 2014).

이 시기는 전쟁이 끝나고 사회가 안정되면서 교회를 비롯한 여러 단체와 개인이 유치원을 설립하기 시작하였으나 정부 수준의 행정적 지도 및 감독은 없던 시기이다. 반면, 탁아소는 「아동복리법」이 제정되며 본격적인 보육사업을 위한 기반을 다졌다.

2) 유아교육기관의 내적 기반 확립(1963~1980년)

1963년에는 「유치원 설치 기본령」을 공포하여 그동안 무질서하게 운영되던 유아교육기관의 시설 설치 기준을 정함으로써 유치원의 교육적 환경이 개선되었다.

1969년에 최초로 우리나라 '유치원 교육과정'이 「교육부령」(제207호)으로 정해지면서 유치원 교육이 활기를 띠기 시작했다. 교육부에서는 유아교육에 대한 장기 계획을 세워 취학 전 교육의 교육적 의의를 중요시하고 가정에 의존해 오던 취학 전 교육을 보다 의도적이고 조직적으로 전환한다는 내용을 설정하였다.

1970년대는 민간 주도형의 유치원 교육이 정부 주도형으로 전환되기 시작한 시점이다. 이는 유아교육의 기회 확대와 균등화를 위해 정부가 공교육을 추진하기 시작했다는 것을 의미한다. 즉, 정부의 복지국가 구현 정책에 부응하여 국가에서 유아교육의 공교육화 추진의 일환으로 1975년에는 부산에 1개, 1976년에는 서울에 4개의 공립유치원을 설립하였다. 이후 1981년까지 총 20개의 공립유치원이 서울 시내에 설립되었다.

1979년에는 유치원 교육과정 제정 후 10년 만에 제1차 유치원 교육과정이 개정되어 제2차 유치원 교육과정이 공포되었다.

3) 유아교육기관의 확장(1981~2003년)

1981년에 제5공화국이 출범하면서 낙후된 유아교육 부문을 육성하기 위해 행정조직을 강화하고 유아교육기관을 정비하며 전국 각지에 유아교육기관을 설치하여 저소득층 유아까지 교육받을 수 있도록 장기계획을 수립하였다. 이것을 기점으로 우리나라의 유아교육은 민간 주도형에서 관 주도형으로 바뀌었다(이경희 외, 2014).

먼저, 문교부(현 교육부)와 내무부(현 행정자치부)는 여러 형태로 존재하던 내무부 산하의 새마을 협동유아원, 보건사회복지부(현 보건복지부) 산하의 어린이집, 농촌진흥청 산하의 농번기 상설유아원을 흡수·통합하여 내무부 산하의 '새마을유아원'으로 통합하고 1982년에는 전국에 공립유치원을 설립하였다.

한편, 1981년 12월에 제3차 유치원 교육과정이 개정·공포되었다. 제3차 유치원 교육과정은 이전과는 달리 처음으로 초·중등학교 교육과정의 개정에 발맞추어 상호 연계성 속에서 함께 개정되었다는 데 의의가 있다. 그동안 유치원 교육은 항상 특수한 교육 영역으로 취급되거나 소외된 영역으로 전문적인 연구가 부족한 상태였으나, 초·중등학교 교육과정과 함께 집중적으로 연구되고 개정되었다는 사실은 유아교육 80년 역사를 통해 커다란 발전의 기초가 되는 사실이라고 할 수 있다(이기숙, 1992).

1991년 1월 14일에 「영유아보육법」이 제정·공포되어 내무부가 관장하던 새마을유아원은 1993년까지 교육부 산하의 유치원이나 보건사회부 산하의 어린이집으로 전환되었다. 이로써 유아교육은 교육부 유치원과 보건사회부의 어린이집으로 이원화되었다.

1997년 6월 2일 교육개혁위원회에서는 유아교육을 공교육 체제로 확립하기 위한 유아교육개혁안을 제시하였다. 이에 1997년 12월에 「초·중등교육법」에 5세 아동 무상교육의 근거가 마련되었다. 구체적인 내용은 다음과 같다.

첫째, 3세 이상 초등학교 취학 전 유아에 대한 교육을 유아학교체제로 구축

둘째, 유아교육에 대한 국가와 지방자치단체의 지원 확대

셋째, 초등학교 취학 전 유아에 대한 무상교육 수혜 권리 보장

넷째, 2005년까지 유치원 취원율이 100%가 되도록 추진

다섯째, 광역자치단체와 기초자치단체에 유아교육 진흥위원회 설치·운영

4. 2004년 이후의 유아교육

1) 유아교육기관의 공교육화

유아교육 공교육화를 위한 노력으로 정부는 2000년에 교육부 장관 자문기구로 '유아교육발전추진위원회'를 구성하여 '유아학교법'을 추진하였으나, 보건복지부의 반대로 무산되었다. 그러나 2004년 1월 8일에 「유아교육법」이 국회 본회의를 통과하며 유아교육에 대한 공교육 체제의 기반을 마련하였다. 「유아교육법」 제정은 유아교육에 대한 독립적인 법체계를 정비한 것으로서 1995년에 유아교육 공교육화 추진이 논의된 이래 수차례의 입법화 시도 끝에 제정되어 그 의미가 매우 크다. 「유아교육법」 제정의 의의를 살펴보면 다음과 같다(이기숙 외, 2014).

첫째, 유치원을 유아학교로, '유아교육-초·중등교육-고등교육-평생교육'에 이르는 대등한 법체계를 확립하여 출발점 단계의 유아교육에 대한 국가 및 사회의 책무성을 규정하였다.

둘째, 유아교육의 공교육화 기반 구축에 관한 법제화로 국가 및 자치단체의 유아교육에 대한 책임을 명확히 하여 보다 질 높은 교육을 제공할 수 있다.

셋째, 만 5세 아동의 무상교육에 대한 의무 조항을 규정하고, 만 3, 4세 유아에게도 저소득층 자녀부터 점진적으로 무상교육을 실시하는 법적 근거를 마련함으로써 교육의 기회 균등에 기여하였다.

넷째, 학부모의 선택에 따라 유치원에서도 반일제, 시간연장제, 종일제로 다양한 프로그램을 운영할 수 있도록 지원 근거를 마련하여 여성의 경제적·사회적

활동을 높이는 데 기여하였다.

다섯째, 사립유치원의 설립 및 유치원 교사의 인건비 등 운영에 소요되는 경비의
전부 또는 일부를 보조하는 법적 근거를 마련하였다.

2) 유아교육기관의 통합을 위한 노력

「유아교육법」제정을 앞두고 유치원과 어린이집 종사자 간의 입장 차이는 큰 걸
림돌로 작용해 왔다. 1991년에 「영유아보육법」이 제정되며 유치원은 교육부, 어린
이집은 보건복지부로 이원화된 이래, 두 기관은 유아에 대한 교육이라는 공동의 목
표에도 불구하고 여러 입장 차와 사적 이윤이 맞물리며 갈등을 지속해 왔다. 관련
부처에서도 예산과 인력의 낭비는 물론, 유아의 중복 관리로 인한 갈등이 심화되었
다. 사회문화적으로도 조기교육이 열풍을 일으키며 유아 영어 학원을 비롯한 다양
한 유아 사교육기관이 범람하였고, 유치원과 어린이집의 차이를 모호하게 하여 유
아교육기관에 대한 학부모들의 선택에 혼란을 초래하였다.

특히 각 기관에서 시행되는 교육과정 역시 이원화되어 만 3~5세의 동일 연령 유
아에게 유치원은 유아교육과정을, 어린이집은 표준보육과정을 적용하여 교육해 왔
다. 이에 동일 연령의 유아에게 동등한 질적 수준의 교육 및 보육 서비스를 보장하
기 위해 유치원교육과정과 표준보육과정의 통합이 필수적인 선결과제라는 주장이
제기되었으며(문무경, 권미경, 황미영, 2011), 결국 교육부와 보건복지부의 위탁으로
육아정책연구소가 주축이 되어 2012년에 만 5세 누리과정이, 2013년에 만 3, 4세 누
리과정이 제정·적용되었다. 누리과정은 2019년 7월에 개정 누리과정으로 변경되
어 2020년 3월부터 유치원과 어린이집에 적용되었다.

이후 유치원과 어린이집을 통합하여 유아학교로 일원화하고자 하는 시도가 진
행되고 있으나, 현재까지 교사 양성 과정의 통일 및 자격 기준의 통합, 각 정부 부처
통합 등 현실적인 문제로 여전히 논의 중이다. 앞으로의 유아교육 발전을 위해 유치
원과 어린이집 통합이 주요한 과제로 남는다.

「유아교육법」 제정을 둘러싼 유치원과 어린이집 교사들 간의 갈등

2004년에 「유아교육법」 제정을 앞두고 견해차로 대립하고 있는 유치원과 어린이집 교사들에 관한 기사를 참고하세요. 이런 시절도 있었는데, 어느새 만 3, 4, 5세 유아교육과정이 누리과정(2019년 7월 개정되어 현재는 개정 누리과정)으로 통합되고 유치원과 어린이집의 일원화에 대한 논의가 진행 중입니다. 요원할 것만 같았던 유아교육기관의 통합은 더디지만 한 걸음씩 앞으로 나아가고 있는 듯합니다.

※ 참고 기사: 오마이뉴스(2004. 1. 6.). 어린이집-유치원 교사들, 한나라당사 앞 '맞불 집회'. http://news. naver.com/main/read.nhn?mode=LSD&mid=sec&sid1=102&oid=047&aid=0000040796

 참고문헌

김규선(1993). 한국 유치원교육의 변천과정 연구. 건국대학교 교육대학원 석사학위논문.

김영옥, 진명희, 김혜경(1995). 한국 현대 유아교육사. 서울: 양서원.

김의영(1997). 아동보육론. 서울: 동문사.

문무경, 권미경, 황미영(2011). 유치원교육과정과 표준보육과정의 통합 추진을 위한 단ㆍ중기 전략. 육아정책연구소 연구정책 세미나 연구보고서. 서울 :육아정책연구소.

박혜정 편(1986). 한국의 유아교육. 서울: 교학사.

신옥순(2013). 유아교육학개론(개정판). 서울: 학지사.

신의숙(2004). 한국 유아교육 제도의 발전 과정 및 개선 모색. 중부대학교 교육대학원 석사학위논문.

심성경, 조순옥, 이정숙, 이춘자, 이선경, 이효숙(1998). 유아교육개론. 서울: 창지사.

유안진(1980). 한국전통사회의 유아교육. 제주: 경민사.

이경희, 이순옥, 이옥임, 이태영, 임미혜, 정정옥(2014). 유아교육개론. 서울: 교육아카데미.

이기숙, 장영희, 정미라, 엄정애(2014). 유아교육개론. 경기: 양서원.

최민수, 곽노의, 김규수, 김덕건, 김정주, 서현, 서혜전, 양진희, 유구종, 이경민, 이대균, 정아란, 정영희, 정지현(2016). 유아교육개론. 서울: 학지사.

한임순(1997). 새유아교육개론. 서울: 동문사.

뉴시스(2004. 1. 6.). 유아교육법 제정하라. http://news.naver.com/main/read.nhn?mode=L
  SD&mid=sec&sid1=001&oid=003&aid=000001800
오마이뉴스(2004. 1. 6.). 어린이집-유치원 교사들, 한나라당사 앞 '맞불 집회'. http://news.
  naver.com/main/read.nhn?mode=LSD&mid=sec&sid1=102&oid=047&aid=0000040796

도심재생문화재단 http://djdrcf.or.kr
이화여자대학교 사범대학 부속 이화유치원 http://ewhakids.cafe24.com
중앙대학교 사범대학 부속유치원 http://www.cau-kindergarten.or.kr
한국민족문화대백과사전 http://encykorea.aks.ac.kr
한국콘텐츠진흥원 http://www.culturecontent.com

유아교육의 철학적 기초

들어가기에 앞서

세계화 현상을 이해하는 관점, 유아교육철학에 대한 이해!

유아교육을 공부하면서 철학적 기초가 필요한 이유에 대해 다음의 대화를 읽으며 생각해 보세요.

> 학습자: 철학이 뭔가요?
>
> 교수자: 철학은 영어로 philosophy라고 말해요. Philosophy라는 말은 philosophia라는 그리스 어에서 유래했는데, philo는 '사랑하다' '좋아하다'라는 뜻의 접두사이고 sophia는 '지 혜'라는 의미예요. 결국 철학은 '지혜를 사랑한다.'는 의미로, 인간과 세계에 대한 근본 원리와 삶의 본질에 관심을 갖고 연구하는 학문이지요.
>
> 학습자: 그런데 유아교육과 철학은 어떠한 관련이 있나요?
>
> 교수자: 철학은 인간과 삶의 근본 원리, 즉 삶의 본질에 관해 탐구하는 학문이에요. 그러니까 인간을 어떻게 볼 것인가, 누구를 교육하고, 교육의 내용은 어떠해야 하는가와 같은 판단이 철학으로부터 나오게 되는 것이지요. 그런데 철학에는 하나의 정답이 있는 것 이 아니라, 시대와 학자에 따라 여러 개의 다른 관점이 있답니다. 우리는 여러 개의 철 학 사조 중에서 어떠한 관점을 기본으로 유아를 이해하고 교육해야 하는가를 고민해 야 합니다. 그래서 유아교육자로서 철학을 이해하고, 유아교육에 적합한 철학을 선택 해 그에 입각한 교육행위를 할 수 있어야 한답니다.

이 장에서는 유아와 유아교육을 바라보는 철학적 관점을 자연주의 철학, 실용주의 철학, 구성주의 철 학으로 나누어 살펴보고자 합니다.

1. 자연주의 철학과 유아교육

1) 기본 관점

자연주의(naturalism)는 눈에 보이는 구체적 대상, 감각으로 느낄 수 있는 실존적 존재, 인위적 가공을 더하지 않은 있는 그대로의 자연을 유일한 실재로 여기는 철학이다. 자연주의는 만물의 근원을 물로 본 탈레스(Thales, B.C. 624~B.C. 545)로부터 시작되어, 사회문화적 규범에 의해 억압된 인간성을 자연 속에서 다시 찾아야 한다고 주장한 루소(Rousseau, 1712~1778), 자유롭고 자발적인 선택을 통해 아동의 발달이 이루어진다고 주장한 몬테소리(Montessori, 1870~1952), 학생들의 자유로운 선택과 판단을 최우선에 둔 섬머힐 학교를 설립한 니일(Neill, 1883~1973) 등을 통해 교육 현장에 영향을 미쳤다(김정환, 강선보, 2005).

자연주의 철학이 지향하는 이상적 인간상은 '자연인'이다. 자연인으로서의 인간은 인위적 규칙이나 법칙이 아닌, 자연의 질서와 변화에 맞추어 생활할 때 가장 아름답고 행복하다. 루소는 "자연인이란 야만인을 의미하는 것이 아니다. 자연인이란 사회제도의 법칙보다는 자신의 본성에 의해 행동하고 행위하는 인간이다."라고 하였다. 즉, 자연인은 인위적인 악습에 의해 변질되기 이전의 상태로서, 태어나면서부터 가지고 있던 선한 감성과 이성을 지닌 상태를 말한다. 따라서 자연인은 본성에 의해 행동하지만 이 본성은 기본적으로 선하고, 선하기 때문에 윤리적이다. 자연인은 본성에 충실하면서도 이성과 양심에 귀를 기울여 행하므로, 본능적 욕구를 적절히 억제하면서도 자유와 행복을 느끼는 상태라고 정의할 수 있다. 자연주의 철학에 기반한 유아교육의 목적은 유아가 이러한 자연인으로 성장할 수 있는 환경을 조성하는 데 있다.

 여기 보세요!

자연주의 철학자, 루소

장 자크 루소
(Jean-Jacques Rousseau,
1712~1778)

루소는 1712년에 스위스 제네바에서 태어났습니다. 어머니는 루소가 태어난 뒤 열흘 만에 출산 후유증으로 사망했고, 아버지는 죽은 아내를 떠올리게 하는 루소를 돌보지 않았습니다. 루소는 부모의 보살핌을 받지 못한 채 불운한 어린 시절을 보냈습니다. 그는 청년 시절에 방황하며 다양한 경험을 하는데, 이 과정에서 평소 동경하던 상류계층 귀족들이 실은 가식적 교양과 귀족적 허영으로 뒤덮인 사람들이라는 생각을 하게 됩니다. "인간은 자유롭게 태어났지만, 도처에서 사슬에 얽매여 있다. 스스로 다른 사람들의 주인이라고 믿는 사람조차 그 사람들보다 더 노예이다." 루소가 쓴 『사회계약론(Du Contrat Social ou Principes du Droit Politique)』(1762) 1권 1장의 이 구절은 인위적으로 만들어 낸 각종 사회계약과 사적 소유가 불평등을 유발하는 악덕이 된다는 의미를 담고 있습니다. 루소는 모든 동물이 자기보존에 주의를 기울이면서도 평화롭고 호혜적인 관계를 창출하는 자기사랑(amour de soi-meme)을 지니고 있다고 주장하는데, 이러한 자기사랑은 자연 상태에서 자연스럽게 지니게 되는 감정이라고 말합니다. 이러한 루소의 철학은 이후 『에밀(Emile)』이라는 교육 소설을 통해 자연인으로의 회귀, 자연주의에 입각한 교육의 중요성을 강조하게 됩니다.

출처: 김용민(2004).

2) 자연주의 철학에 기반한 유아교육원리

자연주의 철학에 기반한 유아교육의 원리는 다음과 같다.

첫째, 자연법칙에 기반한 교육과정의 구성이다. 이는 자연법칙에 따라 자연을 안내자로 삼아 교육해야 한다는 의미이기도 하다. 한 예로, 자연은 쉬운 것에서부터 점점 더 어려운 것을 향해 나아간다. 유아교육 역시 유아가 이해하기 쉽도록 자신의 감각을 통해, 일상에서 자주 마주치는 것들로부터 교육이 시작되어야 한다. 추상적이고 어려운 내용을 교육의 주제로 삼는 것은 자연의 법칙을 벗어나는 교육 행위로 간주될 수 있다. 따라서 유아의 교육은 교사의 일방적 설명이나 교재 등과 같은 언어적 활동에 의해 이루어지기보다는 유아의 주변 환경과의 직접적이고 감각적인 경험을 통해 이루어질 수 있어야 한다. 또한 유아에게 모든 절차와 해답을 미리 제시해 주는 방식은 유아로 하여금 다른 사람이 가진 경험만을 받아들이게 만들 뿐이므로, 교육의 과정은 유아가 환경과의 적극적 상호작용을 통해 능동적으로 경험과 지식을 구성할 수 있도록 하는 것이 중요하다.

둘째, 자연법칙과 조화를 이루는 인간 발달이다. 자연주의 철학에서는 인간도 자연의 일부로 보아 인간이 성장하는 자연법칙에 따라 교육하는 것이 중요하다. '어린이의 발견자'라고 불리는 루소는 아동의 발달단계에 따라 교육할 것을 주장한다. 루소는 『에밀』 서문에서 "우리는 어린이에 대해서 전혀 모른다. …… 한결같이 어린이 속에서 어른을 찾고 있으며, 어린이가 어른이 되기 이전에는 어떤 존재인가 하는 것은 생각하지 않고 있다."(Rousseau, 1988)라고 지적한다. 전통적인 아동관은 어린이를 청결하지 못하고 소란스럽고 심술궂고 나태하며 악한 경향성을 가진 작은 어른으로 취급하였다. 그러므로 아동기는 되도록 빨리 지나가 버려야 할 필요악의 시기로 간주되었다. 반면, 훌륭한 어린이는 의무감이 강하고 정숙하고 순종을 잘하는 어린이로 간주되었다. 그러나 루소는 어린이를 순수한 존재로 보고, 정숙하고 순종을 잘하는 어린이는 그 시기의 본성에 따른 특성이 아닌 어른에 의해 만들어진 특성을 지닌 것으로 보았다. 그는 어린이 시기를 인간 발달에 있어서 가장 자연스럽고 가치있는 시기로 보며, 어린이가 지닌 자연스러운 특성들을 인정하는 것이 중요하다고 여겼다(주영흠, 2001). 그는 자연주의 철학에서 자연이 어떤 형태이든지 각각 독특하고 가치가 있는 것처럼, 자연의 일부인 유아 역시 미숙하거나 결핍된 존재가 아닌 그 자체로 완성된 존재임을 강조하였다. 따라서 유아교육은 이러한 어린이의 특성에 맞는 교육을 실시하고 발달을 돕는 환경이 되어야 한다.

3) 교육사적 의의와 한계

자연주의 교육철학은 인간을 내부로부터 자발적으로 성장하고자 하는 적극적 의지가 있는 존재로 보았다는 점, 따라서 교육은 인간의 성장 과정에 따른 발달 특성을 인정하고 수용하는 것으로부터 출발해야 한다는 점, 그리고 무엇보다도 이러한 과정을 통해 유아는 그 자체로 존중받아야 하는 존재이며 유아기는 그 자체가 가치 있는 시기라는 것을 강조했다는 점에서 의미가 있다.

그러나 자연주의 교육철학은 인간의 본성이 이미 자연적으로 결정되어 있는 것이라고 본다는 점에서 교육의 능동적 역할을 포기한다는 지적을 받는다(정영근, 1996). 즉, '교육은 자연이 준 인간의 본성이 잘 성장하도록 하는 것으로만 보아야 하는가?' '학습자에게 없던 소질과 능력을 교육을 통해 새롭게 만들어 줄 수는 없는가?'와 같은 의문이 제기되고, 또한 '루소가 주장한 대로 학습자의 개성과 소질, 능력에 맞는 교육을 한다는 것이 현재 우리나라 현실, 예를 들어 교사 대 유아의 높은 비율, 인지교육에 대한 맹신 등과 같은 상황에서 가능한 것인가?'와 같은 의문이 제기된다. 이와 같은 의문은 자연주의 교육철학이 앞으로 고민해야 할 한계이기도 하다.

여기 보세요!

자연주의 철학에 기반한 숲 유치원

숲 유치원은 일반 유치원과 달리, 특별한 교재나 교구도 없고 특별한 하루 일과 프로그램도 없답니다. 심지어 유치원 건물도 없어요. 교사와 아이들은 숲에 모여 숲을 오르고, 숲을 오르다 만나는 곤충, 나뭇잎, 벌레, 새소리, 바람, 햇빛, 가끔은 눈과 비를 관찰하고 그러한 자연을 장난감 삼아 놀아요. 말과 글자로 무언가를 인위적으로 가르치지 않는 건 태어나면서부터 가지고 있는 아이들의 선한 본성을 믿기 때문이랍니다. 숲 유치원의 이러한 자연스럽고 자유로운 활동에서 있는 그대로의 본성을 믿는 자연, 아무것도 가미하지 않은 자연, 실제로 감각할 수 있는 대상으로서의 자연을 강조한 자연주의 철학을 찾아볼 수 있어요.

2. 실용주의 철학과 유아교육

1) 기본 관점

실용주의를 의미하는 프래그머티즘(pragmatism)은 실천(practice), 실제적인 (practical)이라는 의미의 그리스어 'pragma'에서 유래된 단어이다. 어원에서도 알 수 있듯이 실용주의는 행동과 실천을 중시한다. 전통적인 철학에서는 참된 지식 또는 진리가 영원히 변하지 않는 절대적인 것이라고 규정하지만, 실용주의 철학에서는 이 세상에 고정불변한 사물은 하나도 없으며, 변화 자체가 만물의 속성이라고 여긴다. 따라서 실용주의에서 지식은 절대적인 것, 불변하는 자연의 법칙으로부터 파생하는 것이 아니라 끊임없이 변화하는 세계 속에서 매 순간 변화하는 유기체라고 생각한다. 즉, 진리는 절대적이지 않고 상대적이므로, 오늘의 진리는 내일의 진리가 될 수 없다.

대표적인 실용주의 철학자 듀이(Dewey, 1859~1952)는 모든 생물은 환경의 변화에 적응하면서 조금씩 진화한다는 다윈(Darwin)의 진화론에 영향을 받아 인간도 매번 변화하는 환경과의 상호작용, 즉 경험을 통해 성장한다고 본다. 이처럼 실용주의자들은 경험과 관련하여 인간을 정의한다. 즉, 인간은 자신이 성장한 환경에 따라 개별적인 욕망, 소망, 흥미, 욕구 등을 가지고 있으며, 동일한 상황에서도 각자의 특성에 적합한 목표와 대상을 선정하고 그것을 획득하기 위해 노력하는 유기체라고 설명한다.

또한 인간은 사회적 존재이기도 한데, 어떤 사람과 어떤 관계를 맺는가에 따라 동일한 사람도 각기 다른 방식의 성장을 하게 된다. 다시 말해, 인간을 둘러싼 환경에는 부모, 교사, 또래 등 다른 사람들이 포함되며, 그들과의 상호작용, 즉 경험을 통해 인간은 성장해 간다. 이러한 점에서 듀이는 인간이 다른 사회적 존재와 더불어 조화롭게 살아갈 때 자신의 흥미와 욕구를 가장 잘 촉진할 수 있다고 생각한다.

여기 보세요!

실용주의 철학자, 듀이

존 듀이
(John Dewey, 1859~1952)

듀이는 1859년에 미국의 작은 도시인 벌링턴에서 태어났습니다. 부모는 영국 이주민의 후예였습니다. 식료품 상인의 아들인 듀이는 어린 시절부터 농장 일과 신문 배달, 목재 세는 일 등을 하며 부모를 도왔는데, 당시에는 어린이가 부모를 도와 이러한 일을 하는 것이 특별한 일은 아니었습니다. 뒷날 듀이는 삶을 배우는 데는 노동하는 일상적 환경이 중요하다고 주장하는데, 삶과 연결되어 있는 지식의 중요성을 강조하는 그의 철학은 이러한 경험에서 비롯되었습니다. 이후 듀이는 여러 대학에서 교수로 일하며 철학자로서의 삶을 다져 갑니다. 듀이는 지식이 일상생활에 도움을 주는 도구일 때만 가치가 있다고 주장합니다. 도구는 시간이 지나면서 개선되고 진보하기 마련인데, 마찬가지로 지식이라는 도구도 절대적으로 참되고 변하지 않는 것이 없다고 이야기합니다. 이후 듀이는 이러한 교육철학을 바탕으로 1894년에 시카고 대학교의 교수로 재직하며 학교 안에 초등교육기관인 '실험학교 (Laboratory School)'를 열었습니다. 민주주의의 신봉자이기도 했던 듀이는 이 학교에서 평등한 의사소통을 통한 '아동 중심 교육' '경험 중심 교육'을 실천하며 사회의 점진적 개혁을 시도했습니다. 그러나 안타깝게도 보수적인 시카고 대학교 당국은 듀이의 시도를 못마땅해했고, 학생 17명과 교사 2명으로 이루어진 이 소규모 학교는 결국 7년 만에 문을 닫게 됩니다. 듀이는 실험학교로 인해 생긴 학교와의 갈등을 견디지 못해 이후 시카고 대학교를 떠납니다. 이후에 컬럼비아 대학교 사범대학으로 자리를 옮겨 그의 교육철학을 담은 여러 권의 저서를 남깁니다. 82세가 된 해에도 직접 닭을 길러 아침마다 달걀을 거두었다는 이야기는 유명합니다. 삶과 이어진 지식의 중요성을 강조한 그의 철학은 그의 삶 속에서도 행동으로 계속 이어진 셈입니다.

출처: 안광복(2007).

2) 실용주의 철학에 기반한 유아교육원리

실용주의 철학에 기반한 유아교육원리는 다음과 같다(김정환, 강선보, 2005).

첫째, 교육은 가장 넓은 의미에서 생명을 사회적으로 지속시키는 일이다. 따라서 유아교육기관은 지역사회의 중심이 되어야 한다. 교사는 유아교육기관에서의 교육을 통해 아이들이 사회에 적응하고, 나아가서 그 사회를 진보시키며 자신의 생활을 개척할 수 있도록 정신적·도덕적 경향을 길러 줄 수 있어야 한다.

둘째, 유아교육기관은 변화하는 세계에 아동이 대처할 수 있게 하는 사회적 기관이 되어야 한다. 유아교육기관은 본질적으로 가정의 연장이어야 하며, 그리하여 기관 및 가정에서의 아동의 경험이 서로 연계되고 계속 이어질 수 있도록 해야 한다. 또한 유아교육기관은 지역사회의 한 부분일 뿐만 아니라 그 자체로 소규모의 공동체이며, 아동은 그 안에서 집단생활과 협동학습 활동을 경험할 수 있어야 한다.

셋째, 아동은 미숙하지만 잠재적 능력을 갖춘 성장하는 존재로 보아야 한다. 유아는 성인의 관점에서 미숙한 존재이지만, 미숙하다는 것은 부정적 전제가 아니라 성장을 위한 긍정적 조건으로 인식되어야 한다.

넷째, 교사는 수업활동의 참여자로서 아동의 경험을 안내하고 지원하는 역할을 수행해야 한다. 교사는 아동의 관심과 욕구 그리고 자유를 존중하면서 경험을 제공하고 안내할 수 있어야 한다. 교사는 유아가 경험을 통해 문제해결 능력을 발달시킬 수 있도록 자극하고, 그들의 인지능력 발달을 촉진하는 환경을 제공하고, 학습활동에 있어 관찰자가 아니라 참여자로서의 역할을 수행할 수 있어야 한다.

다섯째, 교육의 목적은 고정되어서는 안 되며, 아동의 외부로부터 주어져서도 안 된다. 교육의 목적은 교육받을 개인의 내재적 능력을 토대로 세워야 한다. 따라서 유아의 능력을 무시하고 성인이 소중하다고 생각하는 바를 고정적으로 정해 주어서는 안 된다.

여섯째, 교육의 과정은 경험의 끊임없는 재구성 과정이다. 이것은 듀이의 유명한 명제이다. 그는 "교육은 경험의 끊임없는 재조정과 재구성"의 과정이라고 정의했다. 경험의 재조정과 재구성은 그때그때 경험의 의미를 이해하고, 뒤에 올 경험에 적응하고 이를 해결할 능력을 더한다는 뜻이다. 교육은 개인의 내재적 힘을 드러내기 위한 수단도 아니고, 밖에서 어떤 힘을 넣어 주기 위한 수단도 아니다. 교육은 생활의 매 장면에서 얻은 경험을 소화하고, 새롭게 마주치는 상황에 과거의 경험을 활용해 창의적으로 대처하는 일이다. 따라서 생활의 모든 장이 교육이며, 교육은 평생 계속된다.

일곱째, 교육 방법은 아동 중심의 경험과 활동이 주축이 되어야 한다. 일반적으로 실용주의 교육철학에서 강조하는 교수법은 다음과 같다.

① 교수는 아동 중심이어야 한다. 즉, 아동이 현재 지니고 있는 욕구, 흥미, 능력을 최대한 고려해야 한다.
② 아동을 수업에 활동적으로 참여시켜야 한다. 활동학습은 아동이 문제해결로부터 추상적인 이론적 지식을 획득하게 하는 방법이다. 그러므로 실제적인 활동 또는 실제적인 적용을 아동이 경험할 수 있도록 해야 한다.
③ 집단활동 혹은 협동학습이 촉진되어야 한다. 구안법(project-method)은 집단활동을 촉진할 수 있는 가장 좋은 방법이다. 이 방법은 문제를 해결함에 있어 아동으로 하여금 자유롭게 독창력을 발휘하고 지력을 사용할 수 있게 하는 이점을 지닌다.

3) 교육사적 의의와 한계

실용주의 교육철학은 교육을 관념적이고 추상적인 이상에 대한 추구로부터 인간의 실제적인 삶으로 이끌어 냈다는 점에서 그 가치를 인정받는다. 특히 경험 중심의 교육은 아동 중심·감각 중심 교육관으로 이어지며, 현대의 유아교육관 정립에 많은 영향을 미쳤다.

그러나 1929년 미국의 대공황 이후 이러한 낙천적 교육관은 흔들렸다. 실용주의 교육철학이 아동의 흥미와 경험에 중점을 두는 동안 공황의 시기에 일어난 여러 사회적 문제에 대처하지 못했다는 점에서 실용주의 교육관은 사회적 목적과 목표가 부족하다는 지적을 받게 된다. 이후 실용주의 교육철학에 대한 비판은 1957년 구소련에서 발사한 인공위성 스푸트니크(Sputnik) 1호로 인해 그 절정을 맞게 된다. 실용주의 교육철학자들은 미국과 경쟁관계에 있던 구소련의 교육을 비민주적이고 강압적이라는 점에서 진보의 여지가 없다고 비판했으나, 구소련은 미국보다 앞서 인공위성을 쏘아 올린 것이다. 이에 실용주의 교육철학은 지나치게 아동의 흥미와 경험을 강조한 나머지 정작 필요한 기술적 교육은 소홀히 했다는 지적을 받게 되고, 이것이 미국의 학력 저하의 원인이 되었다는 비판을 받게 되며, 뒤이어 지식의 전달

여기 보세요!

나무에 사포질, 톱질하며 '살아가는 힘' 다진다

발도르프 학교인 강원도 고성군에 자리한 공현진초등학교의 이야기를 소개할게요. 발도르프 학교는 지식이 고정되어 있는 교과서를 통한 교육보다는 일상에서 부대끼는 다양한 문제를 직접 경험하고 해결하는 교육을 강조한답니다. 공현진초등학교에서는 나무 숟가락 만들기, 뜨개질, 텃밭 가꾸기부터 학교에 필요한 공간 만들기까지 아동이 직접 기획하고 자신의 노동력을 사용하여 만들어요. 이러한 과정을 통해 아동이 얻게 되는 지식은 교과서에 쓰인 고정불변의 것이 아니라, 매 상황과 조건에 따라 달라지고 움직이는 지식이랍니다. 앞에서 살펴본 숲 유치원 역시 매일 같은 숲에 올라도 아이들이 만나는 풀, 벌레, 바람, 햇볕, 공기 등 자연은 매 순간 다르다는 점에서, 그리고 아이들이 자연과 상호작용하며 얻게 되는 지식도 유동적이라는 점에서 실용주의 철학이 녹아 있는 교육 형태라고 볼 수 있어요.

을 강조하는 교육철학이 등장하게 된다.

3. 구성주의 철학과 유아교육

1) 기본 관점

구성주의(constructivism)는 '인간이 지식을 어떻게 습득하는가?'라는 질문에 대해 사고하는 철학이다. 인간의 지식 습득 과정에 대한 철학은 크게 두 가지로 나뉜다. 하나는 지식은 객관적으로 존재하는 것이어서 인간은 이미 존재하는 객관적 지식을 학습과 훈련을 통해 획득한다고 보는 '객관주의 지식관'이다. 또 다른 하나는 객관적 지식이란 존재하지 않고 각각의 사람이 외부의 환경과 상호작용하며 지식을 만들어 간다고 보는 '구성주의적 지식관'이다. 구성주의 철학에 입각한 지식을 예로 들면, 우리는 사람이 등장하는 네모난 상자를 TV라고 인식한다. 네모난 상자에서 우리는 TV라는 지식을 만들어 가진 것이다. 그러나 원시부족 사람들에게 TV는 악마의 상자로 인지될 수 있다. 이들은 TV를 악마의 상자라는 지식으로 구성하여 만들어 가진 것이다. 이처럼 지식이란 원래 존재하는 객관적인 것이어서 모든 사람이 동일하게 습득하고 획득해야 하는 것이 아니라, 시대와 사회적 · 문화적 배경 등의 외부 환경과의 상호작용을 통해 개인이 경험한 것을 중심으로 구성된다고 보는 관점이다.

구성주의 철학은 개인의 경험에 의해 지식이 구성된다고 보는 관점에서 개인의 활동이나 경험만을 강조하는 것처럼 보이기도 하지만, 개인이 사회에 속해 있다는 점에서 사회적 맥락의 영향을 받는다는 점을 강조한다. 즉, 지식은 그 시대와 문화가 제공하는 환경적 토대하에 각 개인이 환경과 상호작용하며 만들어 갖는 개인적이면서도 사회적인 차원을 모두 반영하여 구성되는 것이다.

구성주의 철학 안에서도 지식 형성 과정에 각 개인의 능동적 작용을 좀 더 강조할 것인가, 사회적 맥락을 좀 더 강조할 것인가에 의해 인지적 구성주의와 사회적 구성주의로 관점이 나뉜다. 인지적 구성주의의 대표적 사상가는 피아제(Piaget, 1896~1980)이며, 사회적 구성주의의 대표적 사상가는 비고츠키(Vygotsky, 1896~1934)이다(목영해, 2009).

여기 보세요!

인지적 구성주의 철학자, 피아제

피아제는 스위스의 뇌샤텔 대학교에 다니는 동안 전공인 생물학뿐 아니라 철학, 사회학, 심리학, 종교학 등 다양한 분야에 관심을 갖고 공부했습니다. 생물학으로 박사학위를 받았으나, 이후 심리학에 흥미를 가지고 어린이의 정신 발달, 논리적 사고 발달에 대해 연구했습니다. 1921년, 제네바 루소 연구소의 부속유치원에서 유아의 발달을 관찰하며 어린이의 사고가 자기중심적으로 이루어진다는 사실을 밝혔고, 이러한 주장은 전 세계 심리학자들의 주목을 끌었습니다. 피아제는 자신의 세 자녀의 성장을 관찰하여 영유아기의 인지발달단계를 규명하는 구체적 사례를 제시하기도 했어요. 피아제는 지능이나 지식은 선천적으로 가지고 태어나거나 외부 세계에 의해 주입되는 것이 아닌, 개인과 환경의 상호작용 결과로 구성된 것이라고 주장합니다. 피아제는 이를 '도식(schema)' '동화(assimilation)' '조절(accommodation)' '평형화(equilibrium)'의 개념으로 설명합니다.

장 피아제
(Jean Piaget, 1896~1980)

출처: 김연진, 박해미, 연미희, 최은숙, 한은경(2014); 철학사전편찬위원회 편(2009).

사회적 구성주의 철학자, 비고츠키

비고츠키는 20세기 옛 소련이 낳은 가장 위대한 심리학자 중 한 사람으로 평가받습니다. 비고츠키는 피아제와 같은 해인 1896년에 출생하여 1934년, 37세의 나이에 결핵으로 사망했습니다. 10년 정도의 짧은 연구 기간에 발달심리학 분야를 시작으로 폭넓은 분야에서 수많은 실험적·이론적 연구를 진행하며 '심리학계의 모차르트(The Mozart of Psychology)'라고 불리기도 합니다. 유아는 자기 주변 세계를 스스로 구조화하고 발견할 수 있는 존재라고 생각한 피아제와는 달리, 비고츠키는 유아가 타인과의 관계에서 영향을 받으며 성장하는 사회적 존재임을 강조하였고, 유아를 이해하기 위해서는 유아가 속한 사회, 문화 및 관습적 맥락을 함께 이해해야 한다고 주장합니다. 그의 주장은 스탈린 정부에 의해 부인되었지만 제자들에 의해 명맥이 유지되었고, 1980년대 이후에는 유아발달에 영향을 미치는 사회문화적 요인의 중요성을 설명하는 이론으로 주목을 받습니다. 발달심리학에

레프 비고츠키
(Lev Semenovich Vygotsky, 1896~1934)

있어 개척자적인 비고츠키의 연구는 러시아의 학교교육에 깊은 영향을 주었고, 그의 이론에 대한 관심은 계속해서 전 세계에 퍼져 나가고 있습니다.

출처: 위키백과, 두산백과.

2) 구성주의 철학에 기반한 유아교육원리

구성주의 철학에 기반한 유아교육원리는 다음과 같다.

첫째, 유아는 능동적이고 주체적으로 지식을 구성하는 존재로 인식되어야 한다. 유아는 그들의 일상적인 삶의 모든 순간, 심지어 또래와 갈등하거나 자신의 부정적인 감정을 표출하는 순간에도 주변의 상황과 상호작용하며 능동적으로 지식을 구성해 가는 존재이다. 이러한 점에서 그들의 모든 일상과 경험을 존중하고 인정하는 태도가 필요하다.

둘째, 교사는 유아의 능동적인 수업 참여를 위해 수업계획 수립 단계부터 활동의 주제, 목표, 전개 방법 등의 결정에 유아가 참여할 수 있도록 하여야 한다. 유아는 그들의 일상적인 삶에서 흥미가 생기는 사건이나 경험을 기반으로 지식을 구성할 수 있으므로, 그들의 실제 생활에서 발생하는 호기심이나 흥미를 기반으로 한 수업 운영이 이루어져야 한다.

셋째, 지식의 구성활동은 사회적 상호작용 속에서 이루어지는 사회적 활동이므로 또래 간의 협동적 상호작용이 활발히 일어날 수 있도록 환경을 구성하는 것이 중요하다. 특히 비고츠키의 이론에 따르면, 한 인간의 능력은 활동의 과정에서 능력 있는 또래나 교사와의 의사소통 및 협동 작업 등을 통해 확장되고 발달한다는 점에서 팀 기반 학습이 강조된다.

넷째, 지식의 구성활동이 사회적 맥락의 영향을 받는다 하더라도 어디까지나 개인적 활동이라는 점에서 개별적 유아의 경험 및 생각은 존중되어야 한다. 동일한 교육활동을 협동학습을 통해 진행하더라도, 활동에 대한 각 유아의 생각과 표현의 독창성은 수용될 수 있어야 한다.

다섯째, 지식의 구성활동은 환경과의 지속적인 상호작용 속에서 일어나므로, 유아를 둘러싼 환경이 다양하게 제공될 필요가 있다. 특히 유아는 감각적 경험을 통해 세계를 인지하므로 다양한 감각 경험을 제공할 필요가 있다.

3) 교육사적 의의와 한계

구성주의 교육철학은 유아가 지식을 구성하는 능동적인 존재라는 것을 인정함으로써 아동 중심 교육에 큰 영향을 미쳤으나, 다음과 같은 점에서 한계를 갖는다.

첫째, 유아마다 각기 다른 개별적 활동을 보장해야 하므로, 교육과정을 체계화하기 어렵다. 계획적이고 체계적인 전통적 교실 환경에서는 구성주의 교육철학을 적용하는 데 한계가 있다.

둘째, 형식적인 교육과정 대신 개별 유아의 흥미와 관심을 충족해야 하므로 교사 개인의 역량에 따라 수업의 질이 결정된다.

셋째, 유아의 관심과 흥미에 따라 교육과정이 구성된다는 점에서 체계적인 교육활동이 어렵다. 따라서 유아들이 각 시기에 꼭 알고 넘어가야 하는 지식이나 경험을 제공하는 데 한계가 있다.

 여기 보세요!

어린이들의 수많은 언어, 레지오에밀리아 접근법

레지오에밀리아(Reggio Emilia)는 이탈리아의 레지오에밀리아시에서 운영하는 영유아 센터 및 유치원에서 공통적으로 실시되는 유아교육 프로그램을 총칭하는 용어입니다. 레지오에밀리아 접근법은 교육 현장에서 교사와 부모들이 경험을 통해 구성한 지식을 기존의 이론을 통해 확인하는 방식으로 발전되어 왔어요. 레지오에밀리아의 유아교육은 교사의 개인적 철학, 직관, 경험이 반영되고, 교사가 자신이 속한 특수한 사회적·문화적 배경을 바탕으로 자신이 가르치는 구체적인 집단의 유아, 학부모, 동료 교사, 지역사회와 상호작용함으로써 발전된 교육체제입니다.

얼음 분수   새들을 위한 분수   사랑의 분수

산 속에 있는 분수   마시는 분수

그림 출처: Reggio Children (2002).

이 그림들은 '새들을 위한 놀이공원'이라는 프로젝트에서 유아들이 초기에 표상한 분수 그림입니
다. 유아들은 등원하는 길에 만난 새들에게도 놀이공원을 만들어 주면 좋겠다는 생각을 바탕으로
놀이공원에 설치할 분수를 만들기로 합니다. 유아들은 각자의 개인적 경험을 바탕으로 분수에 대
한 나름대로의 지식을 구성합니다. 분수라는 개념이 모든 이에게 동일한 객관적 지식이 아니라 유
아의 개인적 경험에 의해 구성되는 지식으로 표현된다는 것을 이 그림에서 볼 수 있어요.

 참고문헌

김연진, 박해미, 연미희, 최은숙, 한은경(2014). 유아교육개론. 서울: 태영출판사.

김용민(2004). 루소의 정치철학. 경기: 인간사랑.

김정환, 강선보(2005). 교육철학. 서울: 박영사.

목영해(2009). 현대교육사상. 서울: 문음사.

안광복(2007). 처음 읽는 서양 철학사. 서울: 웅진지식하우스.

이경희, 이순옥, 이옥임, 이태영, 임미혜, 정정옥(2014). 유아교육개론. 서울: 교육아카데미.

정영근(1996). 인간과 교육의 이해. 서울: 문음사.

주영흠(2001). 서양교육사상사. 경기: 양서원.

철학사전편찬위원회 편(2009). 철학사전. 서울: 중원문화.

66   제3장 유아교육의 철학적 기초

Reggio Children. (2002). 분수: 새들을 위한 놀이공원 프로젝트에서 발췌됨 [*The fountains: From a project for the construction of an amusement park for birds*]. (이연섭, 이성숙 공역). 서울: 다음세대. (원저는 1995년에 출판).

Rousseau, J. J. (1988). 에밀 [*Emile, ou de l'education*]. (정봉구 역). 서울: 범우사. (원저는 1762년에 출판).

두산백과 http://www.doopedia.co.kr
위키백과 https://ko.wikipedia.org

제4장

유아교육과 발달이론

1. 발달의 개념적 기초
2. 발달이론

다음의 대화를 읽으면서 예비 유아교사가 유아의 발달을 알아야 하는 이유가 무엇인지 생각해 보세요.

학습자: 유아교육을 공부하는 예비교사에게 유아의 발달에 대한 지식과 정보는 왜 필요한가요?

교수자: 새로운 사람을 만나면 그 사람이 누구인지 아는 것은 매우 중요해요. 그 사람이 어떤 사람
인지 알아 가는 과정이 만남의 가장 큰 목표이기도 하겠죠? 그래서 우리는 그 사람과 많은
이야기를 나눌 거예요.

학습자: 그렇죠.

교수자: 새로 만난 사람과 어떤 이야기를 나누면 그 사람에 대해 잘 알게 될까요?

학습자: 무엇을 좋아하는지, 가족은 어떤 분위기인지, 어떻게 자라 왔는지, 어떤 생각을 하는지…….

교수자: 그래요. 그 사람의 지금의 모습이 있기까지 어떻게 자라 왔는지, 또한 성장 과정이 그 사람
에게 어떤 영향을 미쳤으며 어떤 생각을 하게 되었는지 등 다양한 이야기를 나눌 거예요.
누군가를 안다는 것은 그런 거예요.

학습자: 그렇긴 한데……. 제 질문에 대한 답과는 거리가 멀어 보이는데요…….

교수자: 앞에서 제가 답한 문장에 '그 사람' 대신 '유아'를 넣어 볼까요? '유아'가 지금의 모습이 있
기까지 어떻게 자라 왔는지, 또한 성장 과정이 '유아'에게 어떤 영향을 미쳤으며 어떤 생각
을 하게 되었는지…….

학습자: 아하! 유아를 이해하기 위해 유아의 발달과정에 대한 이해가 필요하다는 거군요.

교수자: 본질적으로 유아교육은 '유아'에 대한 깊이 있는 탐구예요. 그 탐구의 중심은 유아의 발달
이죠. 유아의 발달에 대한 지식은 유아를 이해할 수 있도록 돕는 핵심이랍니다. 유아의 발
달을 이해하면 유아가 더 성장하고 발달하도록 도울 수 있어요. 유아의 발달은 어떻게 이
루어지는지, 그 과정에서 무엇을 생각하고 느끼는지, 어떤 것에서 어떤 영향을 받는지 알게
됨으로써 유아를 더 효과적으로 지도할 수 있게 되지요. 또한 궁극적으로 인간 발달에 대한
지식은 인간을 이해하는 기본이 돼요. 유아의 발달에 대한 지식을 형성하는 과정에서 유아
에게 직접적인 영향을 미치는 유아교사가 될 여러분 역시 자신에 대해 이해와 성찰을 해 보
는 계기를 갖기를 바랍니다.

이 장에서는 발달의 개념과 원리, 유아의 발달에 대한 여러 이론을 살펴보면서 유아발달을 이해해 보
고자 합니다.

1. 발달의 개념적 기초

1) 발달의 개념

사전적으로 발달이란 인간이 수정되어 사망에 이르기까지 전 생애에 걸친 일련의 신체적 · 심리적 변화 과정을 의미한다. 구체적으로 살펴보면, 발달은 전 생애를 통해 나타나는 심신의 구조, 형태, 기능의 변화이며, 연령 증가에 따라 일어나는 체계적인 일련의 변화이다. 이전까지는 양적으로 커지고 기능이 유능해지며 구조가 복잡해지는 상승적 변화만을 발달의 개념으로 설명하였으나, 근래에는 기능이 약화되고 구조가 쇠퇴하는 변화 역시 모두 발달의 개념에 포함하고 있다(한국교육심리학회, 2000).

발달과 유사한 용어로는 성장, 성숙, 경험이 있다. 이 중 발달은 가장 상위 개념으로서 성장, 성숙, 경험을 모두 포함하고 있다. 먼저, 성장은 키와 몸무게의 증가와 같은 신체 부분의 크기 증가로 인한 양적인 변화를 의미하며, 주로 신체의 상승적 변화, 긍정적인 변화를 뜻하는 개념이다. 다음으로, 성숙은 유치가 빠지고 영구치가 나거나 사춘기에 2차 성징이 나타나는 것처럼 유전적 기제에 영향을 받아 나타나는 신체적 · 심리적 변화를 의미한다. 성숙은 인간의 발달 과정에서 연습을 거치지 않아도 발달단계에 따라 규칙적으로 획득되거나 변화되는 현상을 말한다. 마지막으로, 경험이란 물리적 · 심리적 환경과의 직접적인 접촉의 결과로 얻어지는 것으로 개인의 삶을 형성하는 기초가 된다. 예를 들어, 불에 손을 데었을 때 그 사실 자체보다는 그 결과로 얻은 고통이 개인의 경험이 된다고 볼 수 있다. 경험은 현실 세계에서 일어나는 것이며, 인간의 성장과 성숙, 발달에 중요한 역할을 한다.

여기 보세요!

기억하지 못하는 시간 속에서도 우리는 발달해 왔습니다. 태중에서 우리는 분명 눈이 만들어지는 시간을 겪었고 손가락과 발가락이 각각 10개로 갈라짐도 느꼈을 것입니다. 그러다가 때가 되어 매해 기쁘게 축하하는 생일날, 이 세상에 울음과 함께 태어나 부모님의 품에 맡겨졌습니다. 계속 울기만 하던 우리는 어느 날 '엄마'라는 단어를 뱉었을 것이고, 흔들흔들 불안정하지만 반대편에서 손뼉을 치며 손을 벌린 부모님에게 당도하기 위해 첫걸음을 내딛었을 것입니다. 부드러운 이유식만 먹다가 어느덧 딱딱한 과일을 아작아작 씹을 수 있게 되기도 하였고, 모든 장난감이 내 것이던 시절을 지나 친구와 투닥투닥 다투던 시간을 보내기도 하였습니다. 그 이후에도 수많은 시간이 지나 현재의 우리의 모습이 되었습니다. 손가락을 펼쳐 덧셈을 하던 우리는 친구와의 약속 시간을 지키기 위해 1시간 30분 전에 일어나 준비를 시작하고 함께 볼 영화를 예매하며 음식값을 계산합니다. 손가락 전체로 크레파스를 움켜쥐고 끄적이며 강아지 그림이라고 우기던 우리는 어느덧 섬세하게 화장을 하거나 취미생활로 멋진 풍경 그림을 그려 보기도 합니다. 혼자서는 아무것도 할 수 없는 상태로 태어나지만 불과 5년만 지나도 당근도 썰 수 있고 신발 끈도 묶을 수 있도록 발달합니다. 인간의 발달은 실로 놀랍습니다. 그렇다면 우리의 발달은 이제 끝난 것일까요? 다행히 우리의 발달은 지금도 현재진행 중입니다.

• 내가 기억하는 나의 첫 기억을 그림으로 그린 뒤 서로 소개해 봅시다.
• 나의 어린 시절의 모습이 담긴 사진을 서로 소개해 봅시다.

2) 발달의 원리

인간의 발달은 매우 복잡한 과정이다. 오랜 세월 실험과 연구 결과로 축적된 지식을 근거로 발달에 대한 규칙성을 발견하였고, 여러 학자가 이를 보편적인 발달의 원리로 규정하고 있다. 이를 살펴보면 다음과 같다.

(1) 발달은 총체적으로 이루어지며, 발달 영역은 서로 밀접하게 관련된다

인간의 발달 영역은 크게 신체, 언어, 인지, 정서, 사회 영역으로 구분할 수 있는데, 각 영역은 발달하는 과정에서 서로 영향을 주고받는다. 영아가 스스로 걸을 수 있을 정도로 신체가 발달되면서부터 주변 환경을 관찰하며 사물의 특성을 알아 가게 된다. 또한 또래와 놀이하는 과정에서 갈등을 경험하게 되고, 약속과 규칙의 중요성도 알아 가게 된다. 나아가 자신만의 논리로 상대방과 대화하며 복잡한 언어적 상호작용도 하고 복잡한 수학 개념도 알아 가게 된다. 이처럼 발달은 각 영역이 서로 긴밀히 연계되어 진행되는 특징을 보인다.

(2) 발달은 일정한 순서와 방향으로 진행된다

발달은 일정한 순서와 방향이 있다. 예를 들어, 언어 발달의 경우, 태어나서 말을 하게 되기까지 '울음-쿠잉-옹알이-한 단어 시기-두 단어 시기' 등의 일정한 순서에 따라 발달한다. 발달은 크게 세 가지 방향으로 진행된다. 먼저, 발달은 머리에서 발 방향(두-미 방향)으로 진행된다. 예를 들어, 모든 유아는 목을 가누게 된 다음에 뒤집기를 할 수 있게 되며, 기어 다닐 수 있게 된 후에 일어서서 걸을 수 있게 된다. 다음으로, 발달은 중심에서 외곽의 방향(중심-말초 방향)으로 진행된다. 예를 들어, 팔을 움직일 수 있게 된 유아는 '손목-손-손가락'의 순서로 움직이게 된다. 마지막으로, 발달은 전체에서 세부 방향으로 진행된다. 예를 들어, 유아가 대근육을 사용하여 전체적으로 움직이다가 소근육을 사용하여 손가락을 사용하는 젓가락질을 하게 되는 등 일반적인 것에서부터 특수하고 정밀한 것으로 발달이 진행된다.

| 목을 가눈 뒤 엎드리게 된 영아 | 벽을 짚고 서게 된 영아 | 혼자 걷게 된 영아 |

(3) 발달은 누적되어 나타나며 불가역적이다

발달은 이전 단계의 변화에 기초하여 다음 단계의 발달이 이루어지며, 이전 단계로 돌아갈 수 없다. 예를 들어, 영아는 목을 가눈 다음에 뒤집게 되며 길 수 있게 된다. 목 가누기는 뒤집기의 기초이며, 뒤집기는 기기의 기초가 되는 것이다. 각 단계는 다음 단계의 발달을 위한 준비가 되며, 다음 단계의 변화를 예견하는 단서가 될 수 있다. 따라서 각 단계는 매우 중요한 과업이라 할 수 있다.

(4) 발달에는 개인차가 있다

발달의 방향과 순서는 일정하지만, 발달의 속도는 개인마다 차이가 있다. 어떤 영아는 돌이 되기 전에 걷고 말할 수 있는 반면, 어떤 영아는 돌이 훨씬 지나고 나서야 걷고 말할 수 있게 된다. 이러한 발달의 속도는 개인이 처한 유전적 상황, 가정환경, 사회문화적 조건 등에 따라 다를 수 있다. 가장 비슷한 조건에서 태어나는 일란성 쌍둥이 역시 태아 시절 누구에게 영양분이 먼저 갔는가에 따라서 신장, 체중 등의 외형이 달라진다. 또한 성장 과정에서는 환경의 영향에 의해 사고방식, 성격, 생활태도, 나아가 유전자 형태 등 많은 부분이 달라진다. 나이를 먹어 감에 따라 이러한 차이는 더욱 커지며, 질병에 대한 민감성도 달라져 수명도 달라진다. 이처럼 인간의 발달은 유전과 환경의 밀접한 영향을 받으며 각기 다른 속도로 진행된다.

(5) 발달에는 민감기가 있다

발달에는 가장 적절하게 이루어지는 최적의 시기, 즉 민감기(sensitive period)가 있다. 이 시기 동안 주변 환경의 영향을 크게 받기 때문에 민감기라고 하는 것이다. 이 시기에 필요한 적절한 자극을 받지 못하여 발달 시기를 놓치게 되면 이후 발달에 지속적인 결손을 가져오며, 나아가 회복되지 못하는 영구적 결함을 가져오게 된다. 예를 들어, 영아기에 가장 중요한 발달과업 중 하나인 '애착'을 제대로 형성하지 못하면 성인이 된 이후에도 원만한 인간관계를 맺기 어렵고 사회적 기술이 결핍되어 사회에 적응하기 어렵게 된다. 따라서 발달의 최적기에 유아의 반응에 민감하게 반응하여 단계별 발달과업을 정상적으로 성취할 수 있도록 해야 한다.

2. 발달이론

인간 발달에 대한 초점을 행동의 변화, 심리적 변화, 유전적 영향, 환경적 영향 등 어디에 두느냐에 따라 매우 다양한 이론이 제기되어 왔다. 각각의 입장에 따른 대표적인 이론들을 살펴보면 다음과 같다.

1) 성숙주의 이론

(1) 게젤

성숙주의 이론은 유아의 유전적 요인에 의해 발달이 이루어지므로 교육에 있어 최대한 허용적이고 자연스러운 발달을 지원해야 한다는 루소(Rousseau)의 자연주의 사상에 기초하고 있다. 성숙주의 이론에서는 인간 내부적으로 발달에 대한 시간표가 있어서 정해진 때가 되면 신체적·정서적·사회적 발달이 이루어진다고 본다. 즉, 유전적 특질에 의한 내적 가능성을 가정하고 있다. 성숙주의 이론의 대표적인 학자인 게젤(Gesell)은 생물학적 발달을 '성숙'이라는 개념으로 규정하고, 학습하지 않아도 때가 되면 자연스럽게 발현된다고 보았다.

게젤은 그가 설립한 아동발달연구소에서 객관적이고 과학적으로 아동을 관찰하였다. 특히 같은 유아의 행동을 몇 년에 걸쳐 관찰한 종단연구를 통해 유아의 각 영

아놀드 루시우스 게젤
(Arnold Lucius Gesell,
1880~1961)

역의 행동을 기록하였으며, 이것을 기초로 '표준행동목록'을 구성하였다. 표준행동목록에는 유아의 행동 발달 영역이 연령별로 구분되어 있으며, 특정 연령 수준에서 대부분의 유아가 할 수 있는 능력이 기술되어 있다. 단지 빈도와 통계 자료로만 제시된 것이 아니라 특정 연령 유아의 특성에 대해 서술적으로 기술되어 있어서 일반인이 유아의 발달을 쉽게 이해하도록 돕는 자료가 되었다.

방대한 연구 결과를 바탕으로, 유아를 둘러싼 환경은 발달에 어느 정도는 영향을 미칠 수 있으나 유전적으로 정해진 발달의 기본 틀은 변화하지 않으며 이러한 틀은 정해진 계획에 따라 진행된다고 설명한다. 게젤은 유아의 내부에는 자기규제력이라는 위기대처 능력 기제가 있는데, 이 기제는 너무 많은 것을 빨리 배울 때 저항하는 기제로 작용하기도 한다고 보았다. 즉, 유아는 스스로를 조절하여 자신의 수준에 맞게 성장·발달한다는 것이다(신옥순, 2005). 같은 맥락에서 게젤은 '준비도'라는 개념을 설명하였다. 학습에 있어서도 신경조직이 성숙함에 따라 학습이 가능한 인지적·신체적·사회적 능

돔 형태의 일방경으로 영아를 관찰하는 게젤과
그의 예일 대학교 연구소 동료들(1947년)

력의 준비가 필요하다고 보고, 이러한 준비가 될 때까지 서둘러 훈련시킬 필요 없이 기다려야 한다고 보았다.

게젤의 성숙이론은 유아발달에 대해 내적 성장 가능성을 강조하고 있다는 측면에서 발달에 적합한 실제를 강조하는 유아교육과 일치하는 바가 있다. 특히 조기교육과 사교육에 몰두하는 일부 가정과 기관에 가치 있는 시사점을 줄 수 있다. 또한 그가 제시한 표준행동목록의 경우 유아발달에 있어 일반적인 행동 발달 기준이 되어 발달지체아동의 선별검사의 기초가 되기도 하였다. 그러나 주변 환경과 적극적으로 상호작용하며 자신을 성장시켜 가는 '능동적 학습자'로서의 유아에 대해서는 설명하기 힘들고, 발달의 기준은 제시하였으나 발달이 어떠한 방법으로 또 어떠한 이유로 진행되어 가는지는 설명하지 못한다는 단점이 있다. 또한 그가 연구한 유아는 미국 예일 대학교 주변에 거주하는 중산층 가정 유아이므로 그 결과를 다른 계층과 문화권에 모두 적용하기에는 무리가 있다고 지적받기도 하였다.

2) 정신분석 이론

(1) 프로이트

정신분석 이론은 인간의 내적 욕구에 초점을 맞추어 인간의 행동을 설명하고 분석하고자 하였다. 특히 정신분석 이론의 창시자인 프로이트(Freud)는 모든 인간의 행동 기반이 성적 동기에 있다고 주장하여 당시 사람들에게 충격을 주었다. 프로이트는 기본적으로 인간을 충동적이고 비이성적이며 무의식에 영향을 받는 존재로 보았다. 그는 인간의 정신세계를 빙산에 비유하며 의식, 전의식, 무의식으로 나누어 설명하였다. 의식은 물에 떠 있는 빙산의 부분으로, 자신이 주의를 기울이는 순간 알아차릴 수 있는 정신작용이다. 전의식은 물 표면에 잠겨 있기도 하고 떠 있기도 하는 빙산으로, 집중하려고 노력하면 알 수 있는 정신작

지크문트 프로이트
(Sigmund Freud, 1856~1939)

용이다. 무의식은 물 밑에 잠겨 있는 빙산의 부분으로, 노력에 의해서도 자각되지 않는 정신 영역이며, 우리의 행동을 지배하는 보이지 않는 힘이다. 그는 어린 시절의 성적인 본능과 충동은 이러한 무의식에 잠재되어 있다가 향후 인간의 사고와 행동

의 동기가 되며, 이러한 과정에서 나타난 정신적 긴장을 해소하는 과정에서 인간의 성격 발달이 이루어진다고 보았다.

프로이트는 인간의 성격이 원초아(id), 자아(ego), 초자아(superego)로 구성되어 있다고 보았다. 먼저, 원초아는 에너지의 기본적인 원천으로서 출생부터 존재하며 본능과 쾌락원리에 의해 지배된다. 원초아는 즉각적인 욕구 충족을 통해 쾌락을 추구하므로 비현실적이고 비합리적인 방식으로 욕구를 충족하고자 하며, 만약 욕구가 충족되지 못하면 심리적 갈등이나 욕구 불만을 느끼게 된다. 자아는 원초아의 즉각적인 욕구 충족을 통제하고 적절한 상황에서 그 에너지를 방출하도록 관리하는 것으로 현실원리의 지배를 받는다. 자아는 원초아의 욕구 충족을 위해 논리적인 계획을 세우고 현실에서의 실현 가능성을 검토하는 역할을 맡는다. 마지막으로 초자아는 도덕원리의 지배를 받는 부분으로서 옳고 그름을 분별하여 기준을 정하고 이를 자아에게 알려 주어 원초아를 감독하도록 한다. 초자아는 하지 말아야 할 것을

[그림 4-1] 원초아, 자아, 초자아

알려 주고 이를 어겼을 경우 죄의식을 갖게 하는 처벌적·부정적·비판적 측면인 '양심(conscience)'과 올바른 이상향을 추구하는 긍정적 열망인 '자아이상(ego ideal)'으로 구분된다. 본능적인 욕구를 충족하려는 원초아와 이를 억제하려는 초자아 사이에서 중재하는 역할을 하는 자아가 제대로 역할을 하지 못할 경우, 인간은 내적인 갈등을 겪게 되어 방어기제(defence mechanism)를 발동하게 된다. 방어기제는 개인마다 다르게 나타나는데, 진정한 이유와 동기를 감추고 그럴듯한 이유를 붙여 자신의 행위나 사고를 정당화하는 '합리화', 자신의 감정을 숨기고, 즉 무의식의 세계로 넣어 버리고 겉으로 아무렇지 않은 척하는 '억압', 새로운 문제가 발생할 경우 이전 발달단계의 행동을 하는 '퇴행' 등이 있다.

프로이트는 인간의 생애 초기에 본능적인 욕구와 사회적 요구 사이에서 갈등을 겪는 과정에서 성격이 발달된다고 보았다. 이 중 가장 중요한 본능을 성적 욕구라고 하면서 이를 리비도(libido)라는 성적 에너지로 설명하였다. 그에 따르면, 성장과정에서 리비도가 집중되는 신체 부분이 달라지며, 각 단계의 욕구가 충족되어야 다음 단계로 원만하게 발달할 수 있다고 보았다. 욕구가 충족되지 못하거나 과잉 충족되면, 그 단계에 고착되어 다음 단계로의 발달이 순조롭게 이루어지지 못한다. 고착(fixation)이란 이전 단계의 문제점이나 쾌락에 계속 집착하는 것을 의미한다. 프로이트의 심리성적 발달이론의 발달단계를 살펴보면 〈표 4-1〉과 같다.

〈표 4-1〉 프로이트의 심리성적 발달단계

단계	시기	내용
구강기 (oral-stage)	출생~1세	• 리비도가 입과 구강 주위에 집중됨 • 입으로 할 수 있는 활동에 즐거움을 느낌 • 젖이나 손가락 등을 물고 빨기, 먹기 등 • 고착 시 다음 단계에서도 손가락을 빨거나 손톱을 물어뜯는 행동을 보이며, 성인이 되어도 의존적이고 유아적인 성향을 보임. 과식, 과음, 흡연
항문기 (anal-stage)	1~3세	• 리비도가 항문 주위에 집중됨 • 괄약근을 수축하고 이완하며 배설물을 보유하고 배출하는 과정에서 활동에 즐거움을 느낌 • 배변훈련하는 시기와 맞물림 • 향후 창의적이고 생산적인 성격의 근원이 되기도 하나, 고착 시 인색하고 강박적이며 무질서하고 파괴적인 성격을 형성하게 됨
남근기 (phallic-stage)	3~5세	• 리비도가 성기에 집중됨 • 성기를 자극하는 과정에서 즐거움을 느낌 • 남아는 오이디푸스 콤플렉스, 여아는 엘렉트라 콤플렉스 • 남아는 거세불안의 두려움, 여아는 남근선망 • 성 정체성을 형성하고 사회적으로 요구되는 성역할을 발달시킴 • 고착 시 허영심이 많고 과시적이며 공격적인 특성을 갖게 됨
잠복기 (latent-stage)	6~11세	• 리비도가 무의식 속으로 잠복함 • 학령기가 되어 외부 환경과 성취 과업에 관심을 갖게 됨 • 동성 친구와 어울림 • 주변으로부터 인정받을 수 있는 인지적·사회적 기술을 향상시키기 위해 노력함 • 고착 시 이성과의 원만한 관계를 맺기 어려움
생식기 (genital-stage)	12세 이후	• 잠복되었던 리비도가 진정한 의미에서의 성욕으로 나타남 • 이성에 대한 사랑을 느끼며 성적 충동을 느낌 • 자아정체성이 확립됨 • 결혼 및 출산과 양육을 수행하게 됨 • 고착 시 이성에 대한 적응 곤란, 반항적인 특성이 형성됨

오이디푸스 이야기

〈오이디푸스와 스핑크스〉
(Ingres, 1826년경)

테베(Thebes)의 왕 라이오스는 새로 태어나는 왕자가 장성하면 자신의 생명을 위협할 것이라는 신탁을 받습니다. 이에 라이오스 왕은 어느 양치기에게 자신의 아들을 맡기고는 죽이라고 명했죠. 그러나 양치기는 가여운 마음에 아기를 죽이지 못하고 다리를 묶어 나무에 매달아 놓게 됩니다. 이를 발견한 한 농부가 아기를 지주 부부에게 데려가고, 그 부부는 아기를 양자로 들여 '오이디푸스(부은 발이라는 뜻)'라는 이름을 지어 줍니다. 그리고 후에 라이오스 왕과 마주친 오이디푸스는 그가 자신의 친아버지라는 것을 모르고 죽이게 됩니다. 또한 괴물 스핑크스의 수수께끼를 푼 오이디푸스는 왕으로 추대되고 선왕비 이오카스테와 결혼하게 됩니다.

결국 오이디푸스는 자기도 모르게 친아버지를 살해한 자식이자 친어머니의 남편이 된 것입니다. 오랜 시간이 흘러 진실을 알게 된 이오카스테는 스스로 목숨을 끊고, 오이디푸스는 자신의 두 눈을 찔러 실명한 뒤 방랑길에 오릅니다.

• 오이디푸스 콤플렉스

남자아이가 아버지를 제거하고 어머니를 독차지하려는 경향은 남근기에 분명하게 드러나며, 잠복기가 되면 다시 억압됩니다. 아이는 어머니의 사랑을 쟁취하기 위해 아버지와 같은 위치에 서고 싶어 합니다. 그러나 자신보다 몸집도 크고 절대적인 존재인 아버지에게 열등감과 좌절감을 느낄 뿐입니다. 위협을 느낀 아이는 어머니에 대한 독점욕을 양보하고 아버지라는 존재를 수용함으로써 타협합니다. 이 타협으로 오이디푸스 콤플렉스는 극복되고, 아이는 부모의 인정을 받는 사회 구성원의 하나로 거듭나게 됩니다.

• 엘렉트라 콤플렉스

여자아이가 아버지에 대해 강한 애정을 가지고 어머니에게 경쟁의식을 느끼는 것을 엘렉트라 콤플렉스라고 합니다. 이는 그리스 신화에서 아가멤논의 딸 엘렉트라가 아버지를 죽인 어머니에게 복수한다는 이야기에서 비롯되었습니다.

출처: 이동귀(2016).

(2) 에릭슨

에릭슨(Erikson)은 프로이트의 정신분석 이론을 사
회문화적 상황과 연계하여 설명하면서 심리사회적 발
달이론을 주장하여 프로이트의 이론을 확대시켰다.
어린 시절의 경험에서 부모의 중요성만 강조한 프로
이트와는 달리, 에릭슨은 가족, 친구, 사회, 문화 배경
도 중요하게 영향을 미친다고 보았다. 에릭슨은 이에
심리사회적 발달이론을 설명하면서 전 생애에 걸친
발달의 중요성을 강조하였다. 에릭슨의 심리사회적
발달이론은 8단계로 구성되어 있다. 각각의 단계마다
해결해야 할 발달적 위기가 있는데, 이 위기를 극복하

에릭 에릭슨
(Erik H. Erikson, 1902~1994)

는 주체는 자아이며 이 위기의 극복 여부가 정상과 이상을 결정짓는다고 보았다. 에
릭슨의 심리사회적 발달이론의 발달단계를 살펴보면 〈표 4-2〉와 같다.

〈표 4-2〉 에릭슨의 심리사회적 발달단계

단계	시기	내용
1단계: 기본적 신뢰감 대 불신감	출생~1세	• 세상에 대한 신뢰감 형성이 중요함 • 양육자에게 전적으로 의지하는 단계 • 양육자가 일관된 양육을 하면 신뢰감을, 그렇지 못하면 불신감을 얻게 됨 • 기본적 신뢰감은 이후 사회관계의 기초가 됨 • 심리사회적 발달에 작용하는 힘: 희망
2단계: 자율성 대 수치심, 회의감	1~3세	• 대소변 통제 가능, 신체적 · 언어적 능력의 발달로 이전 단계에 비해 독립적 행동이 가능해짐에 따라 자율성이 발달함 • 자유를 적절히 허락해 주고 도와주면 자율성이 더욱 발달함 • 지나치게 통제하거나 사회적 기대에 부응하지 못하면 수치심과 회의감을 느끼게 됨 • 심리사회적 발달에 작용하는 힘: 의지

3단계: 주도성 대 죄책감	3~6세	• 외부 세계를 탐색하고 활동하기 위해 목표나 계획을 세우고 성공하고자 노력하면서 주도성이 발달함 • 성인의 인정을 받고 싶어 함 • 또래와의 갈등도 겪음 • 자신의 시도를 인정받고 스스로 계획과 목표를 설정하여 새로운 행동을 많이 하면 주도성을, 실패에 따른 처벌이나 두려움을 많이 경험하면 죄책감을 갖게 됨 • 심리사회적 발달에 작용하는 힘: 목적
4단계: 근면성 대 열등감	6~11세	• 자아성장의 결정적인 시기 • 학교생활을 통해 기초적인 인지적·사회적 기술을 습득함 • 소속된 사회의 문화와 규칙을 자발적으로 습득해 가면서 근면성이 발달함 • 각종 기술을 습득하지 못하고 학습이나 놀이에 실패하는 경험을 많이 하게 되면 열등감을 갖게 됨 • 심리사회적 발달에 작용하는 힘: 유능감(능력)
5단계: 정체성 대 역할혼미	11~18세	• 사춘기로 인해 2차 성징이 나타나며 자아정체감을 형성하는 시기 • 자기 존재에 대한 의문을 갖게 되며, 자신에 대한 통찰과 자아상을 찾기 위한 노력을 통해 정체성이 형성됨 • 자기 존재의 의미를 찾지 못하면 역할이 혼미해지며 부정적인 자아개념이 형성됨 • 심리사회적 발달에 작용하는 힘: 충성심(집단의식)
6단계: 친밀성 대 고립감	18~24세	• 이전 단계에서 확립한 정체성을 바탕으로 타인과 연합하여 공동의 정체성을 확립하고 사회적 관계를 형성해 감 • 배우자와 직업을 갖게 되는 과정에서 친밀하고 성숙한 인간관계를 맺게 됨 • 이전 단계에서 정체성을 제대로 확립하지 못하면 타인과의 관계에서 고립감을 형성하게 되며 자기에게만 몰두하게 됨 • 심리사회적 발달에 작용하는 힘: 사랑
7단계: 생산성 대 침체성	24~54세	• 자녀의 출산과 양육이 이루어지는 시기 • 다음 세대를 위해 돌보고 베푸는 활동을 통해 자신의 삶의 의미를 찾고 자녀 양육과 직업을 통해 생산성을 갖게 됨 • 생산성이 결핍될 때 이기적인 목적에만 몰두하여 침체성을 갖게 됨 • 심리사회적 발달에 작용하는 힘: 돌봄(배려)

8단계: 자아통합 대 절망감	54세~ 사망	• 전 생애를 돌아보며 자신의 삶에 의미를 부여하는 단계 • 신체적 · 사회적 상실을 경험하게 됨 • 자신의 삶이 가치 있다고 간주될 경우 통합감을, 그렇지 않고 무의미하다고 느낄 때 죽음에 대한 두려움 및 절망감을 느끼게 됨 • 심리사회적 발달에 작용하는 힘: 지혜

정신분석 이론은 인간의 현재를 이해하기 위한 수단으로서 무의식을 활용하여 인간의 내면 세계를 이해하는 데 도움을 준다. 정신분석 이론은 문제행동을 보이는 유아의 무의식에 주목하고 이를 활용하여 치료적으로 접근하는 장을 열어 주었다는 점에서 의미가 있다. 또한 프로이트와 에릭슨 모두 생애 초기 경험과 양육자와의 관계를 강조하였다는 점에서 유아교육적 의의를 살펴볼 수 있다. 유아를 둘러싼 주변 환경 중 성인의 역할을 강조하고 있으며, 신뢰감 형성이 이후의 발달단계와 삶의 기초가 됨을 강조하는 점은 매우 가치 있다. 그러나 프로이트의 경우, 소수의 임상 연구 결과이며, 유아보다는 성인을 대상으로 한 연구 결과였다는 점에서 일반화하기 어렵다는 단점이 지적되고 있다. 또한 지나치게 성적 욕구만을 주목하였다는 점이 한계로 지적되고 있다. 에릭슨의 경우, 발달단계의 전환이 이루어지는 방법이나 측정법에 있어 명확하게 설명하지 못한다는 한계가 있다.

3) 행동주의 이론

행동주의는 인간 발달에 가장 큰 영향을 미치는 것은 환경이라고 보았던 로크(J. Locke)의 백지설 개념에서 출발한 이론으로, 인간의 행동은 조건형성과 학습의 결과라고 본다. 이 이론은 눈에 보이지 않는 인간 내면에 주목하기보다는 직접 관찰 가능한 자극과 반응의 결과로 나타나는 행동에 주목한다. 대표적인 이론은 파블로프의 고전적 조건형성 이론과 스키너의 조작적 조건형성 이론, 밴듀라의 사회적 학습 이론이 있다.

(1) 파블로프
파블로프(Pavlov)는 러시아의 생리학자로, 개를 이용한 실험을 통해 고전적 조건형성 이론의 기본 원리를 처음으로 제시하였다([그림 4-2] 참조).
파블로프는 개에게 먹이를 주면서 먹이를 먹을 때의 개의 침 분
비 과정을 연구하였다. 먹이를 주기 전 파블로프는 종소리를 들
려주었고, 종소리를 들려준 직후 먹이를 공급하였다. 이 과정을
몇 차례 반복하니 개는 종소리만 듣고도 침을 분비하게 된다는
것을 발견하였다. 종소리라는 조건을 형성하기 전에 먹이는 무
조건자극으로, 개의 침 분비라는 무조건반응을 일으키는 자극제
가 된다. 즉, 별다른 조치 없이도 개는 먹이를 보면 먹고 싶은 욕
구가 생겨 침을 흘린다. 그런 다음, 침 분비와 관련이 없는 종소
리라는 중성자극을 투입하게 된다. 종소리라는 중성자극 직후

이반 페트로비치 파블로프
(Ivan Petrovich Pavlov,
1849~1936)

먹이라는 무조건자극을 주는 과정을 반복하면, 종소리는 개에게 조건자극이 되어
침 분비라는 조건반응을 일으킨다고 설명한다. 파블로프는 종소리가 아닌 불빛으
로 한 실험에서도 같은 결과를 얻었다. 어두운 방에 개를 묶어 두고 30초가 지나 음
식을 주었더니 개는 침을 분비하였다. 불이 켜질 때마다 음식을 주는 과정을 몇 차
례 반복하였더니 개는 불만 켜져도 침을 분비했다. 종소리와 마찬가지로 불빛이 조
건자극이 되어 침 분비라는 조건반응을 일으키는 원인이 되었다. 여기에서 중요한

조건형성 이전	조건형성 과정	조건형성 이후
• 종소리(중성자극) → 무반응 • 먹이(무조건자극) → 침(무조건반응)	• 종소리(중성자극) → 먹이(무조건자극) → 침(무조건반응) * 반복	• 종소리(조건자극) → 침(조건반응)

[그림 4-2] 파블로프의 개 실험

점은 조건자극이 무조건자극보다 먼저 주어져야 조건형성이 가장 잘 이루어진다는 점이다.

(2) 왓슨

파블로프의 연구 결과를 인간에게 적용한 학자로는 왓슨(Watson)이 있다. 왓슨이 "나에게 건강한 유아 12명을 주시오. 그러면 잘 만들어진 나의 특별한 세계에서 그들을 키울 것이고, 그들의 재능, 기호, 버릇, 적성, 인종에 관계없이 내가 선택한 전문가(의사, 변호사, 예술가, 상인, 대통령 혹은 거지나 도둑이라 할지라도) 중의 하나가 되도록 그를 훈련시킬 것을 약속합니다."라고 제안한 일화는 유명하다. 왓슨은 알버트라는 11개월 아기를 대상으로 실험하였다. 알버트는 흰쥐에 대해 아무런 두려움이 없었으나, 흰쥐가 나타날

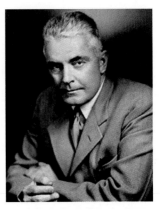

존 왓슨
(John Watson, 1878~1958)

때마다 큰 소리를 들려주어 알버트를 놀라게 하였다. 그 후 알버트는 흰쥐만 보아도 울음을 터뜨리게 되었다. 이 실험에서 큰 소리는 무조건자극이었고 울음은 무조건반응이었으나, 흰쥐가 조건자극이 되면서 울음은 조건반응이 되었다. 이 실험은 공포와 같은 정서도 학습될 수 있음을 보여 주는 사례가 되었다. 반대로, 왓슨은 공포를 '탈조건형성'하는 실험도 진행하였는데, 토끼를 무서워하는 피터라는 3세 아이를 대상으로 실험을 진행하였다. 피터는 이미 집에서 토끼에 대한 공포반응이 형성되어 있었다. 왓슨은 피터를 높은 의자에 앉혀 놓고 오후 간식을 준 후 피터가 무서워하지 않을 만큼 떨어진 거리에 토끼 우리를 두었다. 그다음 날 아주 조금씩 토끼 우리를 피터 가까이 가져오게 하였다. 이 과정을 반복하자, 마침내 피터는 한 손으로 과자를 먹으면서 한 손으로 토끼를 만질 수 있게 되었다.

(3) 스키너

고전적 조건형성 이론은 주어지는 자극에 대한 비자발적인 반응이 통제된다고 보는 반면, 스키너(Skinner)가 주장한 조작적 조건형성 이론은 반응을 한 뒤에 반응 결과에 따라 자발적으로 반응이 통제된다고 본다. 여기에서 '조작'이란 스스로 시작하

는 행동을 의미한다. 스키너는 '스키너 상자'라는 독특한 장치를
고안하여 동물의 조건-반응을 실험하였다. 쥐(실험쥐)가 상자
안에서 자유롭게 돌아다니다가 상자 한쪽에 위치한 지렛대를
우연히 누르면 먹이가 나오도록 만들었다. 시간이 흐름에 따라
지렛대를 누르면 먹이가 나오는 결과가 반복되면서 쥐(실험쥐)
가 지렛대 누르기와 먹이의 관계를 학습하게 되어 지렛대를 누
르는 횟수가 증가하였다. 여기에서 지렛대 누르기와 같이 어떤
행동이 증가하는 과정을 강화라고 한다. 이때 주어지는 먹이는
보상이 된다. 반대로 지렛대를 눌렀을 때 전기충격과 같은 부정
적인 반응이 반복되면 이는 벌이 되어, 쥐(실험쥐)의 지렛대 누
르는 행동은 감소한다.

버러스 프레더릭 스키너
(Burrhus Frederic Skinner,
1904~1990)

　조작적 조건형성의 대표적인 개념은 '강화'와 '벌'이다. 행동주의 이론에서는 행동
을 일으키는 것을 강화라는 개념으로 설명한다. 정적 강화는 바람직한 행동을 할 때
보상을 제공함으로써 바람직한 행동이 증가하도록 하는 것이다. 자기 장난감을 정
리(바람직한 행동)하면 칭찬(보상)을 해 준다거나 스티커(보상)를 받게 하는 것을 예
로 들 수 있다. 반대로, 부적 강화는 바람직한 행동을 증가시키기 위해 싫어하는 자
극을 제거해 주는 것이다. 자기 장난감을 정리하면 설거지를 돕지 않아도 되는 것을
예로 들 수 있다.

　벌 역시 정적 벌과 부적 벌로 구분되는데, 정적 벌은 바람직하지 않은 행동을 하
면 그 행동을 감소시키기 위해 불쾌한 자극을 주는 것이다. 자기 방을 정리하지 않
으면 설거지와 거실 청소를 돕게 함으로써 자기 방을 정리하게 만드는 것을 예로 들
수 있다. 부적 벌은 바람직하지 않은 행동을 하면 긍정적인 자극을 제거하는 것이
다. 자기 방을 정리하지 않으면 좋아하는 TV 프로그램을 볼 수 없게 되는 것을 예로
들 수 있다.

　스키너는 유아의 경우 벌보다는 소거가 적절하다고 하였다. 소거란 특정 행동에
대한 보상을 제공하지 않는 것, 예를 들어 떼쓰는 아이에게 무관심으로 일관하는 것
을 의미한다. 그러다가 떼쓰지 않고 침착하게 행동한다면 즉시 칭찬이라는 보상을
제공하여 문제가 되는 행동을 감소시키는 것이 더 적절하다고 보았다.

(4) 밴듀라

밴듀라(Bandura)는 인지적 존재인 인간은 강화에 의해서 학습하는 동물과는 달리 사회적 상황에서 타인의 행동을 관찰함으로써 학습이 일어난다고 주장하며 사회적 학습 이론을 설명하였다. 유아는 타인의 행동을 보고 듣는 과정에서 긍정적·부정적 반응을 관찰하고 이를 학습하게 된다고 본다. 모방을 통해 학습하게 되므로 모방학습이라고도 불린다. 모방에서 관찰의 대상이 매력적이거나 즉각적인 보상이 주어졌을 때 보다 효과적으로 학습하게 된다. 밴듀라는 학습과정이 '주의(attention)-파지(retention)-운동재생(motor reproduction)-동기화(motivation)'의 4단계 과정에 걸쳐 진행된다고 보았다([그림 4-3] 참조).

앨버트 밴듀라
(Albert Bandura, 1925~2021)

행동주의 이론은 행동지도를 위한 구체적인 실제를 제시하고 있다는 점에서 의미가 있다. 유아교육기관에서도 스티커, 칭찬, 미소 등 다양한 형태의 보상을 유아의 바람직한 행동을 강화하거나 문제행동을 소거하는 데 활용하기도 한다. 밴듀라의 이론은 모델의 중요성을 강조함으로써 유아에게 가장 영향을 미치는 중요한 모

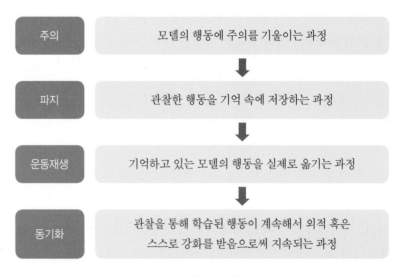

[그림 4-3] 밴듀라의 학습 과정

델로서의 교사의 역할에 대해 환기하는 계기가 되었다. 그러나 지나치게 환경의 영향을 강조하여 유아의 내적인 동기와 인지적인 요소는 소홀히 다루었다는 한계가 있다. 특히 학습과정에서 유아가 가지는 욕구와 동기의 능동적 역할을 간과한 점은 한계점으로 지적받고 있다. 인간의 발달은 매우 총체적인 과업임에도 불구하고 단순한 요소들로 나누어 이해하려고 했던 점에서 한계를 갖는다.

4) 인지이론

인지이론은 인간의 사고과정과 지식을 구성해 가는 과정에서 유아가 어떤 방식으로 환경과 상호작용하는지에 관심을 갖는다. 인지(cognition)란 인간이 지식을 획득하여 사물을 알게 되는 과정에서 지식을 활용해 문제를 해결하는 정신활동이다. 인지이론의 대표적인 이론은 피아제의 인지발달이론, 비고츠키의 사회문화적 인지발달이론, 가드너의 다중지능 이론이 있다.

(1) 피아제

"피아제(Piaget)만큼 인간의 행동과 지식 간의 관계를 강조한 발달심리학자는 없다."(김현택 외, 1996)라고 할 만큼 피아제는 인간의 정신을 구성하는 지식이 구조화되는 과정과 발달 연구에 매진하였다. 피아제는 유아의 존재에 대해 '주변 환경과 능동적으로 상호작용해 가는 과정에서 인지가 발달되는 존재'라고 보았다. 피아제의 인지발달이론에 따르면, 인지의 기본 단위를 '도식(schema, 쉐마 혹은 스키마)'이라고 설명하였다. 도식이란 인지구조, 즉 지식의 기본 단위로서 주변 환경을 이해하기 위해 사용하는 이해의 틀이다. 도식은 경험을 통해 분화하므로, 인간이 발달해 감에 따라 환경과 상호작용함에 있어 다양한 도식

장 피아제
(Jean Piaget, 1896~1980)

이 활용된다. 예를 들어, 영아는 발달해 감에 따라 젖을 빠는 도식, 손으로 물건을 잡는 도식을 형성한다. 유아의 경우 좋아하는 장난감의 이름을 들었을 때 장난감의 형태가 그려지는 도식, 혹은 규칙과 같은 복잡한 생각일 수도 있다. 즉, 도식은 환경과의 상호작용을 통해 습득된다. 이처럼 인지가 발달하는 과정에서 도식이 다양하게

분화되어 가도록 작용하는 기제는 '동화(assimilation)' '조절(accommodation)' '평형화 (equilibration)'라고 설명하였다.

동화란 주변 환경으로부터 새로운 지식정보를 받아들일 때 기존의 도식에 맞추어 받아들이는 것을 의미한다. 조절이란 새로운 지식정보를 받아들일 때 새로운 정보가 기존 도식에 맞지 않을 경우 기존의 도식을 바꾸거나 새로운 도식을 형성하는 과정이다. 평형화는 환경과의 상호작용에서 동화와 조절의 인지과정을 조정하여 평형 상태를 유지하고자 하는 경향을 말한다.

예를 들어, 네발 달린 동물이 '멍멍이(개)'라는 도식을 가지고 있던 유아가 농장에서 송아지를 보았을 때 '멍멍이(개)'라고 부르는 것은 송아지를 자신이 본래 가지고 있던 도식에 동화한 것이다. 그런데 송아지를 관찰하던 유아가 개와 비교해 보며 비록 네발 달린 동물이기는 하지만 울음소리도 모습도 모두 다르다는 것을 알게 되어 '송아지'라는 새로운 도식을 형성한다면, 이를 조절이라고 한다. 이러한 과정에서 송아지가 '멍멍이(개)' 도식에 맞지 않다는 것을 알게 된 유아는 송아지의 존재가 무엇인지 모르는 갈등을 경험하게 된다. 이러한 불평형 상태에서 송아지라는 새로운 도식을 알게 됨에 따라 인지적인 평형 상태를 경험하게 된다. 이처럼 인지 발달은 환경과의 상호작용 과정에서 더 높은 수준의 인지구조로 갈 때 동화-조절 과정에서 불평형화를 경험하고 이 긴장을 해소하기 위해 새로운 도식을 형성하여 평형 상태를 유지하는 반복적인 과정이라고 볼 수 있다. 피아제는 이러한 인지발달 과정을 〈표 4-3〉과 같이 4단계로 구분하여 설명하였다.

피아제는 어린이는 자율적이고 자기조절능력을 갖춘 능동적 존재라고 보았다. 주변 세계를 끊임없이 관찰하고 가설을 세워 실험하며, 실험의 결과를 예측하고 분석하여 자신의 이론을 구축해 간다고 보았다. 그렇기에 학습은 유아가 발달적으로 준비되어 있을 때 효과적이며, 발달적으로 준비가 되어 있지 않을 때 성인이 무엇을 가르치는 행위는 유아로 하여금 타율적 성향을 가지게 하므로 삼가야 한다고 보았다. 따라서 피아제는 유아가 주도적으로 할 수 있는 학습활동을 극대화해 주는 역할을 수행하는 것이 교사라고 보았다.

〈표 4-3〉 피아제의 인지발달단계

단계	시기	내용
감각 운동기	0~2세	• 생득적인 반사행동(빨기, 잡기, 응시하기) • 감각과 신체 동작의 초기 협응이 이루어짐 • 대상영속성(눈앞에 없는 사물이나 사건에 대한 정신적 표상)이 발달해 감 　(예: 보자기로 인형을 가려서 보이지 않아도 그 물건이 그곳에 있음을 　알게 됨) • 대상영속성의 하위 발달 6단계: 반사적 행동기 → 1차 순환반응기 → 2차 　순환반응기 → 2차 순환반응의 협응기 → 3차 순환반응기 → 내적표상 　단계
전조작기	2~7세	• 놀이, 그림, 언어 등을 통해 대상을 표상하는 능력이 생김 • 자기중심적인 사고를 보임 • 사물이나 대상이 살아 있다고 생각하는 물활론적 사고를 함 • 논리적인 사고를 하지 못하고 감각기관을 통한 지각적 정보를 직관적 　으로 판단하는 직관적 사고를 함 • 자연현상도 인간에 의해 이루어진다는 인공론적 사고를 함 • 이 밖에도 전환적 추론, 비가역성, 비보존개념 등의 사고 특징을 보임
구체적 조작기	7~11세	• 논리적으로 구체적인 문제해결 가능 • 자기중심적 사고에서 탈피함 • 보존개념 획득: 사물의 외형이 변화해도 특정한 양과 질은 변하지 않음 • 조망수용능력의 습득: 타인의 입장에서 감정과 상황을 이해함 • 유목화와 서열화 가능
형식적 조작기	11세 이후	• 논리적 · 추상적 사고 가능 • 복잡한 문제해결 가능 • 과학적으로 사고함

(2) 비고츠키

　피아제는 인지발달이 유아 개인의 능동적 탐구에서 비롯된다고 보는 반면, 비고츠키(Vygotsky)는 인간을 둘러싼 사회문화적 맥락에서 사회적 상호작용을 통해 인지가 발달한다는 사회문화적 인지발달이론을 주장하였다. 같은 연령의 유아라고 할지라도 유아가 거주하는 문화권에 따라 알고 있는 지식 유형의 양과 질은 다를 것이다. 즉, 인간은 자신이 있는 사회문화적 배경에 영향을 받으며, 특정 문화에 맞게 사고하고 행동하는 법을 배우게 된다는 것이다.

레프 세메노비치 비고츠키
(Lev Semenovich Vygotsky,
1896~1934)

비고츠키는 학습이 발달에 의존한다고 보는 피아제와는 달리 학습이 발달을 촉진한다고 보았다. 높은 수준으로의 학습은 비계설정(scaffolding)을 통해 가능하다고 보았다. 비계는 본래 건축 분야에서 사용되는 단어로, 인부가 오르내릴 수 있도록 건물 주변에 임시로 세우는 임시 발판이며, 건축이 완료된 뒤에는 철거된다. 이와 마찬가지로 학습 초기에는 유아가 주변의 유능한 또래와 성인의 지원을 받다가 스스로 과제 수행이 가능해지면 스스로 학습을 하게 된다. 이러한 일련의 과정을 '비계설정'이라고 한다. 즉, 새로운 과제이거나 학습 초기에는 도움의 양이 많다가 학습자인 유아의 능력이 증가함에 따라 점차 도움을 줄여 나가게 된다. 이 과정에서 학습자인 유아의 책임감, 자율성, 독립심이 길러진다. 비계설정의 유형은 단서 제공, 시범, 설명, 질문, 토론, 격려 등으로 다양하다.

비계설정의 주요 가정은 유아는 능동적 학습자로서 스스로 학습하는 존재라는 점이다. 교사는 유아의 발달 수준을 면밀히 관찰하여 스스로 할 수 있는 부분과 스스로 할 수 없는 부분을 파악하고 적절한 지원을 해야 할 것이다. 이런 조력에 대해 비고츠키는 근접발달지대(Zone of Proximal Development: ZPD)의 개념으로 설명하고 있다. 근접발달지대는 유아가 현재 스스로 해결할 수 있는 실제적 발달 수준과 능력 있는 또래와의 협동 혹은 성인의 도움을 받으면 도달할 수 있는 잠재적 발달 수준 사이의 거리를 의미한다. 비고츠키는 실제적 발달 수준보다도 잠재적 발달 수준에 초

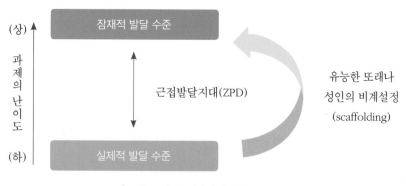

[그림 4-4] 근접발달지대와 비계설정

점을 맞추어 교육의 역할을 설명하였다. 즉, 비고츠키에게 있어서 교육이란 실제적 발달 수준뿐 아니라 유아가 내적으로 가지고 있는 잠재적 발달 수준을 포함한다(한순미, 2001).

(3) 가드너

앞서 살펴본 이론과 달리, 가드너(Gardner)는 인간의 지능에 관한 새로운 이론을 주장하였다. 가드너는 천편일률적으로 측정되는 인간의 지능(IQ)에 대해 비판하면서, 인간의 지능은 단일 지능이 아니라 서로 다른 종류의 지능들로 구성된다고 하였다. 지능을 인간이 지닌 잠재력 혹은 능력으로 정의하며, 아홉 개의 분야로 구성된 다중지능 이론을 설명하였다. 각각의 지능은 서로 독립적이고 모두 중요한 가치이며, 개개인의 서로 다른 능력과 가능성을 인정해야 한다고 보고 있다.

하워드 얼 가드너
(Howard Earl Gardner, 1943~)

가드너는 인간은 모두 강점과 약점이 있으며, 각자 가지고 있는 강점에 집중하여 교육을 통해 각자의 재능을 개발함으로써 인간의 잠재적 능력을 이끌어 낼 수 있다고 본다.

〈표 4-4〉 가드너의 다중지능

지능의 종류	내용	직업 분야
언어지능	소리의 민감성, 단어의 의미, 문장력 등 언어의 여러 기능에 대해 민감하고 언어를 효과적으로 활용하는 능력	문학가, 언론인, 변호사, 교사
공간지능	시공간 세계를 정확하게 지각하고 지각한 형태를 변형시킬 수 있으며 이를 활용하는 능력	건축가, 기술자, 조각가, 항해사
논리 · 수학지능	숫자를 효과적으로 사용하며 논리적이고 추상적으로 사고할 수 있는 능력	수학자, 과학자
음악지능	리듬, 선율, 화음 등과 같은 음악 요소에 민감하여 이를 결합 · 변형 · 표현하며 음악의 정서적 측면을 이해하는 능력	음악가, 작곡가

신체운동 · 감각지능	자신의 신체를 활용하여 자신의 생각이나 감정을 표현하거나 목적을 달성하기 위해 신체를 숙련되게 사용하는 능력	운동선수, 무용가, 배우
대인 간 지능	타인의 기분, 감정 등을 민감하게 파악하여 의도에 맞게 적절히 반응하는 능력	종교인, 정치가, 심리치료사
개인 내 지능	자기 내부에서 일어나는 감정이나 느낌에 대한 통찰력을 바탕으로 자기 자신에 대해 정확히 이해하는 능력	대부분의 인간, 소설가, 임상가
자연지능	자연세계에 민감하여 생명체를 식별하고 그에 영향을 미치는 요인들에 민감하게 반응하는 능력	생물학자, 채집가
영적 · 존재론적 지능	인생의 의미, 죽음 등에 관계되는 주제에 민감하게 반응하는 능력	철학자, 신학자

여기 보세요!

• 가드너의 다중지능 이론에 따르면, 나는 어떤 지능이 발달된 사람일까요?

나의 강점과 약점을 적어 보세요. 나의 강점을 개발하기 위해 어떤 노력을 하면 좋을까요?

－나의 강점: _____

－나의 약점: _____

－강점을 개발하기 위한 나의 노력:

_____

• 가드너의 다중지능 이론에서 주장하는 각각의 지능을 대표할 만한 사람이 떠오르나요? 누가 있

을지 이야기 나누어 보세요.

_____

　　인지이론이 오늘날의 유아교육에 지대한 영향을 미친 것은 사실이다. 각 이론의 공통점은 유아를 개별적인 존재이자 능동적인 학습자로 보고 있다는 점이다. 따라서 교육 역시 유아가 가진 고유의 개별적 능력에 초점을 맞추어 실행되어야 한다고 보는 점은 가치 있다. 나아가 비고츠키의 이론에서 볼 수 있듯이, 유아를 둘러싼 사회문화적 맥락을 중요시하여 환경이 가진 교육적 역할을 조명하고 있다. 또한 현재 유아의 발달 수준에 초점을 두기보다는 유아를 잠재적 능력을 가진 존재로 보는 점은 의미 있다. 가드너의 이론 역시 인간의 능력을 다중지능적 측면에서 세분화하여 모든 인간이 가진 강점에 주목하고 교육을 통해 더욱 개발할 수 있다고 보는 점에서 교육적 의의를 찾을 수 있다.

참고문헌

김현택, 박동건, 성한기, 유태용, 이순묵, 이영호, 진영선, 한광희, 황상민(1996). 심리학: 인간의 이해. 서울: 학지사.

신옥순(2005). 유아교육학개론(개정판). 서울: 학지사.

이동귀(2016). 너 이런 심리법칙 알아?: 네이버에서 가장 많이 검색한 심리학 키워드 100. 경기: 21세기북스.

한국교육심리학회(2000). 교육심리학용어사전. 서울: 학지사.

한순미(2001). 비고츠키와 교육: 문화–역사적 접근. 경기: 교육과학사.

제5장

유아교육과 교육과정

1. 유아교육과정의 이해
2. 2019 개정 누리과정의 실제

유아와 교사, 학부모가 함께 만드는 교육설계도, 유아교육과정에 대한 이해!

다음의 대화를 읽으면서 유아교육과정의 의미는 무엇인지 생각해 보세요.

> 교수자: 유아교육기관에서 유아들은 무엇을 하며 어떻게 지낼까요?
>
> 학습자: 노래도 부르고 게임도 하며 신나게 놀겠지요.
>
> 교수자: 유아들이 신나게 놀이할 수 있는 노래와 게임은 어떤 것일까요?
>
> 학습자: 유아들이 가장 좋아하는 것이겠지요.
>
> 교수자: 유아들은 왜 유아교육기관에 와서 놀고 노래도 부르고 게임을 하는 걸까요?
>
> 학습자: 즐겁고 재미있으니까요.
>
> 교수자: 집에서 친구들과 노는 것은 재미없을까요?
>
> 학습자: 집에서 놀이하는 것과는 뭔가 좀 다를 것 같아요.
>
> 교수자: 그래요. 유아교육기관에서는 교육부와 전문가들이 함께 개발한 국가 수준의 교육과정을 기반으로 유아들의 발달과 흥미에 따라 자유롭고 의미 있는 놀이 경험을 제공합니다. 설계도 없이 집을 지으려는 목수나 지도 없이 자동차로 전국 일주를 하려는 사람들은 아무리 의지가 강하고 의욕이 넘치더라도 실패할 확률이 높아요. 설계도와 지도가 없다는 것은 그 일을 성공적으로 수행하는 데 필요한 방향을 설정하지 못했다는 뜻이지요. 우리나라 유아교육의 교육적 목적과 목표에 대한 지침이 바로 국가 수준의 유아교육과정이에요. 유아교육기관에서 유아들이 경험하는 놀이는 우리나라 유아교육적 설계도에 해당하는 유아교육과정을 기반으로 한 것이에요. 따라서 유아교육 현장에서 전문적인 유아교사로서의 역할을 담당하기 위해 예비 유아교사 때부터 유아교육과정에 대해 이해하는 것은 중요하답니다.

유아의 전인적인 성장과 발달을 위해 유아교육기관에서 마련하는 체계적인 모든 노력을 유아교육과정이라고 합니다. 이 장에서는 유아교육과정의 개념 및 중요성, 우리나라 유아교육과정의 특징, 국가 수준의 유아교육과정인 누리과정에 대해 살펴보면서 유아교육과정에 대한 전반적인 이해를 돕고자 합니다.

1. 유아교육과정의 이해

1) 유아교육과정의 개념

유아교육과정이란 유아의 전인적인 성장과 발달을 목적으로 유아교육기관에서 마련하는 체계적인 모든 노력으로서 '왜, 무엇을, 어떻게, 어느 수준과 범위로 가르치고 평가하는지'를 문서로 계획한 교육설계도를 말한다. 유아교육과정의 개념은 매우 포괄적이고 한마디로 규정하기 어려운 면이 있어 슈바르츠와 로빈슨(Schwarts & Robinson, 1982)의 유아교육과정 개념 유형을 참고할 필요가 있다. 슈바르츠와 로빈슨은 유아교육과정의 개념을 우연히 일어나는 것으로서의 교육과정, 유아교육기관에서 갖게 되는 모든 경험으로서의 교육과정, 교수를 위한 계획으로서의 교육과정, 교수요목으로서의 교육과정, 프로그램으로서의 교육과정으로 설명한다.

첫째, 우연히 일어나는 것으로서의 교육과정은 유아의 관심과 흥미로부터 교육과정이 발현되므로 교사가 미리 교육과정을 계획하지 않는다는 것을 의미한다. 유아가 스스로 선택하고 적극적으로 참여하며 활동해 나가는 것이 가장 중요하고, 교사는 다양한 환경을 마련하고 관찰과 안내를 하는 역할을 하게 된다. 활동의 내용보다 활동의 과정에 더욱 가치를 두는 유아 중심의 개별화된 교육인 한편, 교육과정의 범위가 매우 광범위하고 유능한 교사의 역할을 강조하는 개념이다.

둘째, 모든 경험으로서의 교육과정은 유아가 유아교육기관에서 하게 되는 모든 경험을 교육과정으로 보는 개념이다. 교사가 의도한 것뿐만 아니라 의도하지 않은 교실 분위기, 교사와 유아의 상호작용 등 잠재적인 것까지 교육과정에 포함한다. 따라서 교사는 영향을 미칠 수 있는 다양한 요인에 대해 세심한 배려를 해야 한다. 모든 경험으로서의 교육과정 역시 교육과정의 범위가 넓고 세심하며, 민감한 교사의 역할을 강조하고 있다는 특징이 있다.

셋째, 교수를 위한 계획으로서의 교육과정은 유아의 발달 수준과 환경 조건을 고려해 교사가 미리 계획을 세우고 진행하는 교육과정을 말한다. 활동의 목표, 내용, 방법을 사전에 계획하고 실행한 뒤 평가하여 개선해 가는 교육과정의 개념이다. 다만, 교수계획에만 강조를 두다 보면 유아의 요구나 흥미에 기초한 융통성 있는 교육과정의 운영이 어려울 수 있다는 단점이 존재한다.

넷째, 교수요목으로서의 교육과정은 교수계획으로서의 교육과정 개념보다 명확한 문서화된 교육과정 개념이라 할 수 있다. 유아가 경험하게 될 교육 목표와 내용, 순서를 명확하게 매뉴얼화하여 제시하므로 누가, 언제, 어디에서 교육하든 동일한 목표와 내용, 방법으로 진행할 수 있다. 교사로서 무엇을 어떻게 해야 하는지 단계별로 정확히 알 수 있는 한편, 획일화된 문서의 성격이 강하므로 유아교육기관의 특성, 유아의 흥미와 요구 등이 반영될 가능성이 가장 낮은 교육과정의 개념이라 할 수 있다.

다섯째, 프로그램으로서의 교육과정은 유아교육학자들이 주장하는 특별한 이론을 바탕으로 구현된 유아교육의 실제 프로그램을 교육과정으로 보는 개념이다. 예를 들어, 몬테소리 프로그램, 디스타 프로그램, 카미드브리스 프로그램 등이다. 1960년대에 미국에서 시작된 헤드스타트 운동의 일환으로 다양한 유아교육 프로그램이 개발되었고, 그러한 프로그램들을 유아교육에 접목하면서 '프로그램'을 유아교육과정으로 부르는 경향이 생겼다.

유아교육과정은 교육 내용과 함께 유아교육의 본질, 유아교육의 목적과 내용, 교수-학습 방법, 유아교육의 효율성 등을 탐구하는 유아교육의 기본적인 연구 영역이라고 할 수 있다. 그러나 '유아'라는 교육 대상의 특성 때문에 획일화된 단계별 교육이 이루어지기 어렵고 개별화 교육이 주가 되며, 전인적인 발달이라는 포괄적인 목표를 지향하게 된다는 점, 교과서 중심이 아닌 다양한 교재교구와 상호작용 중심으로 교수-학습이 이루어진다는 점 등 유아교육만의 독특한 점이 있기 때문에 유아교육과정의 개념화는 미흡한 단계라고 볼 수 있다(이기숙, 2004). 다시 말해, 유아교육과정은 초·중·고등학교 등의 일반교육과정과 다른 특징을 가지고 있다. 일반교육과정과 비교할 때, 유아교육과정은 유아의 개별성과 개인차에 따른 발달단계를 고려해야 한다. 또한 모든 유아에게 똑같은 방법으로 일관된 지식을 제공하기보다 유아의 발달 수준과 흥미를 고려한 내용과 방법을 다루어야 한다. 교육 목적에서도 전인적인 성장과 발달이라는 포괄적인 목적을 갖고 있으며, 무엇보다 교육 방법에 있어서 다양한 교재교구를 사용한다는 점이 가장 큰 차이라 할 수 있다. 초등학교 이상의 학교급에는 교과서가 존재하지만, 유아교육에는 교과서가 없고 놀잇감에 해당하는 다양한 교재교구가 활용된다. 유아교육에서는 교사와 유아의 상호작용, 유아와 유아의 상호작용, 유아와 교재교구의 상호작용이 중요한 교육 내용이며 방법이다.

2) 우리나라 유아교육과정의 특징

2012년 이전에는 유치원에 적용되는 교육과정과 어린이집에 적용되는 교육과정이 달랐다. 유치원은 교육부 지침인 '유치원 교육과정'에 따라, 어린이집은 보건복지부 지침인 '표준보육과정'에 따라 운영되었다. 유치원의 경우 1969년 「문교부령」으로 '제1차 유치원교육과정'이 수립되었고 1998년까지 5차례 개정되어 '제6차 유치원교육과정'에 이르게 되었다. 7차 개정부터는 개정년도를 표시하는 것으로 바뀌면서 2007년 12월 19일 '2007 개정유치원교육과정'으로 개정되었다. 7차 개정이 이루어진 지 약 5년 후인 2012년에는 유아교육에 대한 국가적 책임이 강조되면서 '만 5세를 위한 누리과정'으로 통합되었다. 그다음 해에는 만 3~4세까지 누리과정의 대상이 확대되었고, 가장 최근에 개정된 '2019 개정 누리과정'이 만 3~5세 모두를 포함하는 국가 수준의 공통 유아교육과정이다.

어린이집의 경우 1991년 「영유아보육법」에 보육과정이 명시되었고, 2004년에 개정된 「영유아보육법」에서 '표준보육과정의 개발 및 보급' 조항이 신설됨에 따라 국가 수준의 보육지침을 개발하게 되었다. 2005년에 「표준보육과정령」을 만들었고, 2년 뒤인 2007년에 표준보육과정의 구체적인 보육 내용 및 교사 지침을 시행하게 되었다.

한편, 저출산으로 인한 사회적 비용 증가, 계층 간 교육 혜택의 차이로 발생하는 사회적 문제로 인해 유아교육 및 보육의 공공성 확대가 요구되었고, 다양한 연구를 통해 입증된 유아기 발달의 중요성을 보장하는 평등한 출발선이 제공되어야 한다는 사회적 쟁점이 제기되었다. 이에 유아교육 및 보육에 대한 국가의 책임 강화, 무상유아교육정책의 실현을 위해 국가 수준의 공통 유아교육과정인 '누리과정'이 개발되었다. 현재 유아교육기관에 재원하는 만 3~5세의 우리나라 유아는 유아교육기관의 유형에 상관없이 누리과정이라는 국가 수준 유아교육과정의 지침에 의해 교육받고 있다. 2019 개정 누리과정은 교육과정이란 '교육목표를 달성하기 위해 교육내용을 선정·조직하는 방식'임을 고려하면서, '유아가 경험하는 총체'임에 중점을 두고 교사와 유아가 함께 만들어 가는 교육과정의 중요성을 강조하였다. 유아가 중심이 되고 놀이가 살아나는 교육과정을 추구하는 것이다. 그러므로 유치원은 국가 수준에서 제시하는 공통성을 바

유치원 교육과정 (교육부)	5개 영역 건강생활, 사회생활, 표현생활, 언어생활, 탐구생활

* 유치원은 학교교육기관으로서 초 · 중 · 고등학교와 같이 교육부
  에서 담당한다.

어린이집 표준교육과정 (보건복지부)	6개 영역 기본생활, 신체운동, 사회관계, 의사소통, 예술경험, 자연탐구

2019 개정 누리과정
5개 영역 신체운동 · 건강 의사소통 사회관계 예술경험 자연탐구

[그림 5-1] 유치원 교육과정과 어린이집 표준보육과정을 통합한 2019 개정 누리과정

탕으로 유아 · 놀이 중심 교육과정을 다양하게 실천해 갈 수 있다. 누리과정의 실행
주체인 교사는 국가가 제시하는 유아 · 놀이 중심 교육과정을 기초로 하되, 자율적
으로 유아와 함께 만들어 가는 교육과정을 실천할 수 있다. 지식을 잘 활용할 수 있
고, 자연과 생명을 존중하며 다른 사람과 더불어 살아가는 데 필요한 바른 인성을
갖춘 인재 양성이 더욱 강조되는 시대적 변화에 따라 2019 개정 누리과정에서는 학
습자의 경험을 강조하며, '배움을 즐기는 행복 교육'을 추구한다.

2019 개정 누리과정의 구성 방향은 다음과 같다.

◆ 누리과정의 성격

누리과정은 3~5세 유아를 위한 국가 수준의 공통 유아교육과정이다.

- 국가 수준의 공통성과 지역, 기관 및 개인 수준의 다양성을 동시에 추구한다.
- 유아의 전인적 발달과 행복을 추구한다.
- 유아 중심과 놀이 중심을 추구한다.
- 유아의 자율성과 창의성 신장을 추구한다.
- 유아, 교사, 원장(감), 학부모 및 지역사회가 함께 실현해 가는 것을 추구한다.

◆ 추구하는 인간상

누리과정이 추구하는 인간상은 다음과 같다.

- 건강한 사람
- 자주적인 사람
- 창의적인 사람
- 감성이 풍부한 사람
- 더불어 사는 사람

◆ 목적과 목표

누리과정의 목적은 영유아가 놀이를 통해 심신의 건강과 조화로운 발달을 이루고 바른 인성과 민주시민의 기초를 형성하는 데에 있다. 이를 실현하기 위한 목표는 다음과 같다.

- 자신의 소중함을 알고, 건강하고 안전한 생활 습관을 기른다.
- 자신의 일을 스스로 해결하는 기초능력을 기른다.
- 호기심과 탐구심을 가지고 상상력과 창의력을 기른다.
- 일상에서 아름다움을 느끼고 문화적 감수성을 기른다.
- 사람과 자연을 존중하고 배려하며 소통하는 태도를 기른다.

◆ 구성의 중점

누리과정 구성의 중점은 다음과 같다.

- 3~5세의 모든 유아에게 적용할 수 있도록 구성한다.
- 추구하는 인간상 구현을 위한 지식, 기능, 태도 및 가치를 반영하여 구성한다.
- 신체운동·건강, 의사소통, 사회관계, 예술경험, 자연탐구의 5개 영역을 중심으로 구성한다.
- 3~5세 유아가 경험해야 할 내용으로 구성한다.
- 0~2세 보육과정 및 초등학교 교육과정과의 연계성을 고려하여 구성한다.

2019 개정 누리과정의 운영 방법은 다음과 같다.

◆ 편성 · 운영

- 1일 4~5시간을 기준으로 편성한다.
- 일과 운영에 따라 확장하여 편성할 수 있다.
- 누리과정을 바탕으로 각 기관의 실정에 적합한 계획을 수립하여 운영한다.
- 하루 일과에서 바깥놀이를 포함하여 유아의 놀이가 충분히 이루어지도록 편성하여 운영한다.
- 성, 신체적 특성, 장애, 종교, 가족 및 문화적 배경 등으로 인한 차별이 없도록 편성하여 운영한다.
- 유아의 발달과 장애 정도에 따라 조정하여 운영한다.
- 가정과 지역사회와의 협력과 참여에 기반하여 운영한다.
- 교사연수를 통해 누리과정의 운영이 개선되도록 한다.

◆ 교수 · 학습

교사는 다음 사항에 따라 유아를 지원한다.

- 유아가 흥미와 관심에 따라 놀이에 자유롭게 참여하고 즐기도록 한다.
- 유아가 놀이를 통해 배우도록 한다.
- 유아가 다양한 놀이와 활동을 경험할 수 있도록 실내외 환경을 구성한다.
- 유아와 유아, 유아와 교사, 유아와 환경 간에 능동적인 상호작용이 이루어지도록 한다.
- 5개 영역의 내용이 통합적으로 유아의 경험과 연계되도록 한다.
- 개별 유아의 요구에 따라 휴식과 일상생활이 원활히 이루어지도록 한다.
- 유아의 연령, 발달, 장애, 배경 등을 고려하여 개별 특성에 적합한 방식으로 배우도록 한다.

◆ 평가

평가는 다음 사항에 중점을 두고 실시한다.

- 누리과정 운영의 질을 진단하고 개선하기 위해 평가를 계획하고 실시한다.
- 유아의 특성 및 변화 정도와 누리과정의 운영을 평가한다.
- 평가의 목적에 따라 적합한 방법을 사용하여 평가한다.
- 평가의 결과는 유아에 대한 이해와 누리과정 운영 개선을 위한 자료로 활용할 수 있다.

2. 2019 개정 누리과정의 실제

2019 개정 누리과정은 '유아와 놀이'를 최우선으로 존중하는 교육과정으로서 바깥놀이를 포함하여 유아가 자유롭게 놀이할 수 있는 시간을 충분히 확보하고 놀이가 최대한 활성화되도록 하였다. 유아들이 다양하면서도 통합적인 경험을 할 수 있도록 신체운동·건강, 의사소통, 사회관계, 예술경험, 자연탐구의 5개 영역으로 구성하였는데, 명칭은 이전과 동일하다. 그러나 각 영역에 포함되는 범주와 내용을 간략화하였다. 또한 각 영역의 내용은 유아가 경험하며 스스로 배우는 내용이 되도록 하였다. 또한 유아의 실제 놀이 경험의 내용을 연령별로 구분하기 어렵기 때문에 연령별 구분을 하지 않았다. 유아의 놀이는 예측하기 어렵고 상황에 따라 다양하게 일어나므로, 교사는 자율성을 기반으로 상황에 적합한 판단을 하여 유아들이 다양하면서도 통합적인 놀이 경험을 할 수 있도록 지원해야 한다. 2019 개정 누리과정의 5개 영역 구

의사소통
- 듣기와 말하기
- 읽기와 쓰기에 관심 가지기
- 책과 이야기 즐기기

신체운동·건강
- 신체활동 즐기기
- 건강하게 생활하기
- 안전하게 생활하기

사회관계
- 나를 알고 존중하기
- 더불어 생활하기
- 사회에 관심 가지기

자연탐구
- 탐구과정 즐기기
- 생활 속에서 탐구하기
- 자연과 더불어 살기

예술경험
- 아름다움 찾아보기
- 창의적으로 표현하기
- 예술감상하기

[그림 5-2] 2019 개정 누리과정의 5개 영역과 내용
출처: 교육부, 보건복지부(2019a).

성과 내용은 [그림 5-2]에 제시하였다.

다음에서는 신체운동 · 건강 영역, 의사소통 영역, 사회관계 영역, 예술경험 영역, 자연탐구 영역으로 이루어진 2019 개정 누리과정의 실제를 각 영역의 성격과 목표, 내용 구성을 중심으로 살펴본다. 여기서 설명하는 2019 개정 누리과정 실제의 영역, 목표, 내용은 교육부 고시문과 해설서(교육부, 보건복지부, 2019a, 2019b)에서 발췌하여 요약한 것이다.

1) 신체운동 · 건강 영역

신체운동 · 건강 영역은 유아가 자신의 신체를 긍정적으로 인식하고 신체활동에 즐겁게 참여함으로써 유아기에 필요한 기본운동능력과 기초 체력을 기르고 건강하고 안전한 생활을 실천하는 능력과 태도를 기르기 위한 영역이다. 이 영역의 목표와 내용 범주는 〈표 5-1〉과 같다.

〈표 5-1〉 신체운동 · 건강 영역의 목표와 내용 범주

목표	① 신체활동에 즐겁게 참여한다. ② 건강한 생활습관을 기른다. ③ 안전한 생활습관을 기른다.	
내용 범주	내용	
신체활동 즐기기	• 신체를 인식하고 움직인다. • 신체 움직임을 조절한다. • 기초적인 이동운동, 제자리 운동, 도구를 이용한 운동을 한다. • 실내외 신체활동에 자발적으로 참여한다.	
건강하게 생활하기	• 자신의 몸과 주변을 깨끗이 한다. • 몸에 좋은 음식에 관심을 가지고 바른 태도로 즐겁게 먹는다. • 하루 일과에서 적당한 휴식을 취한다. • 질병을 예방하는 방법을 알고 실천한다.	
안전하게 생활하기	• 일상에서 안전하게 놀이하고 생활한다. • TV, 컴퓨터, 스마트폰 등을 바르게 사용한다. • 교통안전 규칙을 지킨다. • 안전사고, 화재, 재난, 학대, 유괴 등에 대처하는 방법을 경험한다.	

신체활동 즐기기는 유아가 스스로 신체를 움직이는 동안 자연스럽게 자신의 신체를 인식하고 조절하며, 실내외에서 다양한 신체활동에 자발적으로 참여하면서 신체활동을 즐기는 내용이다. 건강하게 생활하기는 유아가 스스로 몸과 주변을 깨끗이하고, 즐겁게 식사하며, 자신의 신체 리듬에 맞게 휴식을 취하고, 질병을 예방하는 다양한 방법을 실천하는 내용이다. 안전하게 생활하기는 유아가 안전하게 놀이하고 생활하며, 자주 접하는 TV, 컴퓨터, 스마트폰을 바르게 사용하고, 안전하게 다닐 수 있도록 교통안전 규칙을 지키며, 안전사고, 화재, 재난, 학대, 유괴 등의 위험한 일이 발생하였을 때 도움을 요청하거나 대처할 수 있는 방법을 경험하는 내용이다.

2) 의사소통 영역

의사소통 영역은 언어의 기본 형태인 말과 글을 활용하여 나와 다른 사람의 느낌이나 생각, 경험을 상황과 상대에 맞게 소통할 수 있는 능력을 기르는 영역이다. 또한 말과 글의 관계를 알고 읽기와 쓰기에 흥미를 가지며 책과 이야기를 즐기도록 돕

〈표 5-2〉 의사소통 영역의 목표와 내용 범주

목표	① 일상생활에서 듣고 말하기를 즐긴다. ② 읽기와 쓰기에 관심을 가진다. ③ 책이나 이야기를 통해 상상하기를 즐긴다.
내용 범주	내용
듣기와 말하기	• 말이나 이야기를 관심 있게 듣는다. • 자신의 경험, 느낌, 생각을 말한다. • 상황에 적절한 단어를 사용하여 말한다. • 상대방이 하는 이야기를 듣고 관련해서 말한다. • 바른 태도로 듣고 말한다. • 고운 말을 사용한다.
읽기와 쓰기에 관심 가지기	• 말과 글의 관계에 관심을 가진다. • 주변의 상징, 글자 등의 읽기에 관심을 가진다. • 자신의 생각을 글자와 비슷한 형태로 표현한다.
책과 이야기 즐기기	• 책에 관심을 가지고 상상하기를 즐긴다. • 동화, 동시에서 말의 재미를 느낀다. • 말놀이와 이야기 짓기를 즐긴다.

는 영역이다. 이 영역의 목표와 내용 범주는 〈표 5-2〉와 같다.

듣기와 말하기는 유아가 다른 사람의 말이나 이야기를 관심 있게 듣고, 자신의 경험, 느낌, 생각을 상황에 적절한 단어를 사용하여 말하고, 고운 말을 사용하는 내용이다. 읽기와 쓰기에 관심 가지기는 유아가 말과 글의 관계에 관심을 가지고, 주변의 상징, 글자 등을 읽으며, 자신의 생각을 글자와 비슷한 형태로 표현해 보는 내용이다. 책과 이야기 즐기기는 유아가 다양한 책에 관심을 가지고 상상하며, 동화, 동시에서 말의 재미를 느끼고, 말놀이와 이야기 짓기를 즐기는 내용이다.

3) 사회관계 영역

사회관계 영역은 유아가 자신을 알고 소중하게 여기며, 가족 및 또래와 원만하게 지내는 방법뿐 아니라 공동체에서 함께 살아가는 방법을 익히고 사회에 관심을 가지며 적응해 갈 수 있는 기초능력과 인성을 기르기 위한 영역이다. 이 영역의 목표와 내용 범주는 〈표 5-3〉과 같다.

〈표 5-3〉 사회관계 영역의 목표와 내용 범주

목표	① 자신을 이해하고 존중한다. ② 다른 사람과 사이좋게 지낸다. ③ 우리가 사는 사회와 다양한 문화에 관심을 가진다.	
내용 범주	내용	
나를 알고 존중하기	• 나를 알고 소중히 여긴다. • 나의 감정을 알고 상황에 맞게 표현한다. • 내가 할 수 있는 것을 스스로 한다.	
더불어 생활하기	• 가족의 의미를 알고 화목하게 지낸다. • 친구와 서로 도우며 사이좋게 지낸다. • 친구와의 갈등을 긍정적인 방법으로 해결한다. • 서로 다른 감정, 생각, 행동을 존중한다. • 친구와 어른께 예의 바르게 행동한다. • 약속과 규칙의 필요성을 알고 지킨다.	
사회에 관심 가지기	• 내가 살고 있는 곳에 대해 궁금한 것을 알아본다. • 우리나라에 대해 자부심을 가진다. • 다양한 문화에 관심을 가진다.	

나를 알고 존중하기는 유아가 자신을 소중히 여기고 자신의 감정을 알고 상황에 맞게 적절하게 표현하며, 자신이 할 수 있는 것을 스스로 해 봄으로써, 긍정적인 자아존중감과 자율성을 경험하는 내용이다. 더불어 생활하기는 유아가 가족의 의미와 소중함을 알며, 친구와 서로 돕고 양보, 배려, 협력하며 사이좋게 지내고, 사람마다 감정, 생각, 행동이 각기 다름을 알고 존중하여, 친구와의 갈등을 여러 가지 긍정적인 방법으로 해결하는 내용이다. 또한 친구와 어른께 예의 바른 태도로 말하고 행동하며, 사회 공동체의 일원으로서 약속과 규칙의 필요성을 알고 지키는 내용이다. 사회에 관심 가지기는 유아가 사회 구성원으로서 자신이 사는 지역에 관심을 가지고 탐구하며 우리나라의 상징, 언어, 문화를 알아 가면서 대한민국 국민으로서 긍지와 자부심을 가지는 내용이다. 그리고 다른 나라의 다양한 문화에 관심을 가지고 존중하는 경험을 담고 있다.

4) 예술경험 영역

예술경험 영역은 유아가 주변 환경에서 경험할 수 있는 음악, 움직임, 춤, 모양과 색 등의 예술적 요소에서 아름다움을 느끼고 또래와 교사, 부모, 지역사회의 주민이

〈표 5-4〉 예술경험 영역의 목표와 내용 범주

목표	① 자연과 생활 및 예술에서 아름다움을 느낀다. ② 예술을 통해 창의적으로 표현하는 과정을 즐긴다. ③ 다양한 예술 표현을 존중한다.
내용 범주	내용
아름다움 찾아보기	• 자연과 생활에서 아름다움을 느끼고 즐긴다. • 예술적 요소에 관심을 가지고 찾아본다.
창의적으로 표현하기	• 노래를 즐겨 부른다. • 신체, 사물, 악기로 간단한 소리와 리듬을 만들어 본다. • 신체나 도구를 활용하여 움직임과 춤으로 자유롭게 표현한다. • 다양한 미술 재료와 도구로 자신의 생각과 느낌을 표현한다. • 극놀이로 경험이나 이야기를 표현한다.
예술 감상하기	• 다양한 예술을 감상하여 상상하기를 즐긴다. • 서로 다른 예술 표현을 존중한다. • 우리나라 전통예술에 관심을 가지고 친숙해진다.

나 작가가 표현한 예술 작품을 접하면서 탐색, 감상, 표현하는 것을 즐기도록 돕는 영역이다. 이 영역의 목표와 내용 범주는 〈표 5-4〉와 같다.

아름다움 찾아보기는 유아가 자연과 생활에서 아름다움을 느끼며 예술적 요소에 관심을 가지고 찾아보는 내용이다. 창의적으로 표현하기는 유아가 노래를 즐겨 부르고, 간단한 소리와 리듬을 만들어 보며, 자유롭게 움직이며 춤추고, 다양한 미술 재료와 도구를 활용하여 표현하며, 경험과 이야기를 극놀이로 표현하는 내용이다. 예술 감상하기는 유아가 자신과 또래의 작품뿐만 아니라 다양한 예술을 감상하며 상상하기를 즐기고, 서로 다른 예술 표현을 존중하며, 우리 고유의 전통예술에 친숙해지는 내용이다.

5) 자연탐구 영역

자연탐구 영역은 유아가 자기 주변의 세계에 호기심을 가지고 궁금한 것을 해소

〈표 5-5〉 자연탐구 영역의 목표와 내용 범주

목표	① 일상에서 호기심을 가지고 탐구하는 과정을 즐긴다. ② 생활 속의 문제를 수학적 · 과학적으로 탐구한다. ③ 생명과 자연을 존중한다.	
내용 범주	내용	
탐구과정 즐기기	• 주변 세계와 자연에 대해 지속적으로 호기심을 가진다. • 궁금한 것을 탐구하는 과정에 즐겁게 참여한다. • 탐구과정에서 서로 다른 생각에 관심을 가진다.	
생활 속에서 탐구하기	• 물체의 특성과 변화를 여러 가지 방법으로 탐색한다. • 물체를 세어 수량을 알아본다. • 물체의 위치와 방향, 모양을 알고 구별한다. • 일상에서 길이, 무게 등의 속성을 비교한다. • 주변에서 반복되는 규칙을 찾는다. • 일상에서 모은 자료를 기준에 따라 분류한다. • 도구와 기계에 대해 관심을 가진다.	
자연과 더불어 살기	• 주변의 동식물에 관심을 가진다. • 생명과 자연환경을 소중히 여긴다. • 날씨와 계절의 변화를 생활과 관련짓는다.	

하기 위한 탐구를 하는 영역으로, 생활 속에서 다양한 탐구를 경험하며 자연과 더불어 살 수 있는 기초능력과 태도를 기를 수 있는 영역이다. 이 영역의 목표와 내용 범주는 〈표 5-5〉와 같다.

탐구과정 즐기기는 유아가 주변 세계와 자연에 대해 지속적으로 호기심을 가지고, 궁금한 것을 탐구하는 과정에 적극적으로 참여하면서 서로 다른 생각에 관심을 가지는 내용이다. 생활 속에서 탐구하기는 유아가 물체의 특성과 변화를 여러 가지 방법으로 탐색하고, 물체를 세어 개수를 알아보거나 물체의 특성을 구별하고 비교하며 기준을 가지고 분류하기, 일상에서 반복되는 규칙 찾기, 도구와 기계에 관심을 가지고 생활 속의 문제를 다양하게 탐구하는 내용이다. 자연과 더불어 살기는 유아가 주변의 동식물에 대해 관심을 가지고, 생명과 자연환경을 소중히 여기며, 날씨와 계

추구하는 인간상	• 건강한 사람, 자주적인 사람, 창의적인 사람, 감성이 풍부한 사람, 더불어 사는 사람
목적	• 유아가 놀이를 통해 심신의 건강과 조화로운 발달을 이루고 바른 인성과 민주 시민의 기초를 형성하는 데에 있다.
목표	• 자신의 소중함을 알고, 건강하고 안전한 생활 습관을 기른다. • 자신의 일을 스스로 해결하는 기초능력을 기른다. • 호기심과 탐구심을 가지고 상상력과 창의력을 기른다. • 일상에서 아름다움을 느끼고 문화적 감수성을 기른다. • 사람과 자연을 존중하고 배려하며 소통하는 태도를 기른다.

놀이, 일상생활, 활동

누리과정 영역	신체운동·건강	의사소통	사회관계	예술경험	자연탐구
영역별 목표	실내외에서 신체활동을 즐기고, 건강하고 안전한 생활을 한다.	일상생활에 필요한 의사소통 능력과 상상력을 기른다.	자신을 존중하고 더불어 생활하는 태도를 가진다.	아름다움과 예술에 관심을 가지고 창의적 표현을 즐긴다.	탐구하는 과정을 즐기고, 자연과 더불어 살아가는 태도를 가진다.

[그림 5-3] 2019 개정 누리과정의 구성

절의 변화를 생활과 관련짓는 내용이다.

2019 개정 누리과정의 두드러진 변화는 유아들의 놀이가 살아날 수 있도록 국가수준 교육과정을 간략화한 것이다. [그림 5-3]에 제시된 바와 같이, 교사는 유아의 놀이, 일상생활, 활동을 잘 관찰하고 기록하며 누리과정의 인간상, 목적과 목표, 5개 영역의 내용을 유아의 성장 변화 및 교육과정 운영에 대한 판단 근거로 삼아 유아의 배움을 지원하기 위한 계획을 수립하는 것이 바람직하다. 그러나 여기에서 중요한 것은 '유아와 교사가 동시에 주체가 되어' 누리과정을 실현하는 데 초점을 두어야 하며, 교사는 누리과정 5개 영역의 내용을 유아들의 놀이 속에서 읽어 내고 지원할 수 있어야 한다는 점이다. 2019 개정 누리과정에서 강조하고 있는 교사의 역할은 교육과정 운영의 자율성과 책무성을 가지고 '유아·놀이 중심 교육과정을 이해하고 실천하는 역할' '놀이를 통한 유아의 배움을 지원하는 역할' '놀이와 배움을 기록하고 평가하는 역할' '함께 배우며 성장하는 역할'을 수행하는 것이다. 구체적인 내용은 다음과 같다.

첫째, 유아·놀이 중심 교육과정을 이해하고 실천하는 역할이란 자신만의 방식으로 자유롭게 이끌어 가는 유아들의 놀이를 교사가 지원할 수 있어야 한다는 뜻이다. 놀이는 유아의 삶이자 앎이며, 놀이를 통해 유아는 자신이 경험한 세상을 재구성하여 이해를 넓혀 간다. 그러므로 교사는 일과에서 놀이시간을 충분히 제공하고, 교사가 계획하였다고 해서 유아의 흥미와 무관한 활동을 실행하지 않아야 한다. 성인의 간섭과 통제가 최소화되고 유아가 보다 다양한 놀이 환경과 자유롭게 만날 수 있도록 지원할 때 유아들에게 의미 있는 놀이가 활성화될 수 있다. 교사는 상황과 맥락에 따라 새롭게 생성되고 변화하는 유아의 놀이를 존중하고 이해하면서 유아가 주도하는 놀이에 내재되어 있는 의미와 가치를 읽고, 공간, 규칙, 안전 등을 고려해 적절한 놀이지원을 해야 한다.

둘째, 놀이를 통한 유아의 배움을 지원하는 역할이란 교사는 유아를 교육과정 운영의 주체로서 교사와 함께 교육과정을 구성해 가는 공동구성자로 인정해야 한다는 뜻이다. 모든 유아는 자유롭게 놀이하고 그 안에서 배움을 구성할 수 있는 역량을 가진 존재이다. 이러한 유아를 신뢰하고 그들의 놀이를 잘 관찰해야 한다. 놀이의 시작과 끝은 정해져 있는 것이 아니고 이어지기도 하고 끊어지기도 하며 또 새롭게 생성되기도 한다. 그러한 과정에서 교사들은 유아들이 경험하는 배움의 의미를 함께 발견하고 공감·공유하며, 또 다른 새로운 놀이를 시도·격려하는 상호작용을 통해 놀이 속 유아 스스로의 변화를 지원해 줄 수 있어야 한다. 2019 개정 누리과정에서는 교사가 놀이를 통해 경험하는 유아의 배움을 5개 영역과 연결 지어 이해하며 지원할 수 있도록 하고 있다.

셋째, 놀이와 배움을 기록하고 평가하는 역할이란 유아가 놀이에서 경험한 내용을 교사가 관찰하고, 놀이에서 나타나는 배움에 주목하여 이를 기록·평가하고 그에 따른 적절한 지원 방법을 계획하는 것을 말한다. 교사가 먼저 계획하고 실행·평가하는 선형적 과정을 지양하고, 유아의 놀이 관찰과 기록을 통한 놀이 지원 방법 수립을 지향한다. 결과가 아닌 과정에 주목하여 놀이를 관찰하고, 누적 기록을 총체적으로 고려하여 지원 방법을 모색해야 한다. 예측하기 어려우며 역동적이고 복합적으로 일어날 수 있는 유아의 놀이에서 배움의 의미를 발견하기 위해서는 주의 깊은 교사의 관찰과 기록이 중요하다. 주의 깊은 관찰과 기록은 교사의 자율적인 교육적 판단을 도울 수 있는 중요한 근거가 될 수 있다. 유아의 놀이를 존중하고 이해한다는 것은 단순히 놀이를 바라만 보거나 방관하는 것이 아니라 놀이 속 유아의 배움에 필요한 지원내용을 생각하고 준비, 지원하는 과정 모두를 포함하는 것으로, 교사는 책무감을 가지고 이러한 역할을 수행해야 한다.

넷째, 함께 배우며 성장하는 역할이란 교사가 자신과 유아의 역량을 신뢰하며, 유아의 자율성을 보장하는 학급문화를 만들어야 한다는 뜻이다. 교사와 유아가 함께 놀이하며 다양한 상호작용 속에서 서로의 성장과 발달을 지원하는 상호보완적 존재로 자리매김해야 한다. 이를 위해 교사는 주기적으로 자신의 교육철학과 2019 개정 누리과정에 대한 이해를 반성하면서 배움을 이어 가도록 해야 한다. 언어적 상호작용뿐만 아니라 미소나 고개 끄덕임 등의 비언어적 소통 방법 모두를 포함해 유아의 흥미와 관심에 공감하며 교감을 나누는 놀이 속 상호작용을 통해 유아는 놀이에서 더 즐겁게 유의미한 경험을 할 수 있게 되며, 교사는 상황과 맥락에 맞는 실제적인 놀이 지원 방법을 찾을 수 있다. 교사는 정답이 없는 놀이 중심의 자율적 교육과정을 운영하면서 끊임없이 자신의 교육적 판단에 대해 고민하고 동료 교사들과 의견을 나누며 함께 배우고 성장하려는 노력을 해야 한다.

참고문헌

교육부, 보건복지부(2019a). 2019 개정 누리과정 고시문.

교육부, 보건복지부(2019b). 2019 개정 누리과정 해설서.

교육부, 보건복지부(2019c). 2019 개정 누리과정 놀이이해자료.

이기숙(2004). 유아교육과정(개정2판). 서울: 교문사.

Dattner, R. (1995). 어린이 놀이환경 디자인 [*Design for play*]. (김정태 역). 서울: 기문당. (원저는 1986년에 출판).

Frost, J. L., & Klein, B. L. (1979). *Children's play and playgrounds*. Boston: Allyn & Bacon.

Huizinga, J. (1938). *Homo Ludens: A study of the play-element in culture*. London: Routledge and Kegan Paul.

Hutt, C. (1971). Exploration and play in children. In P. E. Herron & B. Sutton-Smith (Eds.), *Child's play* (pp. 231-251). New York: John Wiley & Sons.

King, N. R. (1979). Play: The kindergartener's perspective. *The Elementary School Journal, 80*(2), 81-87.

Schwartz, S. L., & Robinson, H. F. (1982). *Designing curriculum for early childhood*. Boston, MA: Allyn & Bacon.

교육부   http://www.moe.go.kr

누리과정 포털사이트   https://i-nuri.go.kr

제6장

유아교육과 놀이

1. 유아와 놀이
2. 유아교육기관에서의 놀이

유아의 생활 그 자체, 유아 놀이에 대한 이해!

다음의 대화를 읽으면서 유아에게 있어서 놀이의 의미는 무엇인지 생각해 보세요.

> 학습자: 유치원에서 유아들은 무엇을 하며 지내나요?
>
> 교수자: 놀이하면서 지내지요.
>
> 학습자: 유치원에 있는 시간 내내 놀이를 한다고요?
>
> 교수자: 그럼요. 어린 시절을 떠올려 보세요. 무엇을 하는 모습이 떠오르나요?
>
> 학습자: 음…… 뭐 친구들이랑 놀이터에서 그네 타고 술래잡기도 하고…… 그러고 보니 계속 놀았네요.
>
> 교수자: 그것 보세요. 우리도 어린 시절에 놀이하며 지냈답니다.
>
> 학습자: 유아들은 왜 놀이만 하는 거죠? 공부는 안 하나요? 배워야 할 것이 많잖아요?
>
> 교수자: 놀이는 곧 유아의 생활이자 학습이 이루어지는 순간이지요. 어려서 친구들이랑 놀이 하던 순간을 떠올려 보세요. 놀고 싶을 때 놀고, 규칙도 만들고, 편도 가르고, 그만 놀 고 싶을 때 그만 놀고. 그랬죠? 놀이하는 과정에서 우리는 숫자와 순서라는 '수학'도 배우게 되었고, 친구들과의 대화를 통해 다양한 '언어적 표현'도 알게 되었고, 배려와 양보, 지켜야 하는 규칙이라는 '사회규범'도 알게 되었어요. 마구 뛰어놀다 보니 어느 새 '키'도 훌쩍 자라 있었을 거예요. 무엇보다 우리가 놀고 싶을 때 우리가 원하는 방 법으로 놀이를 하고 언제든 그만둘 수 있다는 점이 놀이에서 가장 중요한 점이에요. 놀이는 그런 것이랍니다. 유아교육기관에서는 바로 '놀이'를 통한 교육과정을 운영하 고 있어요. 유아들이 놀이를 하는 과정에서 자연스럽게 개념을 알아 갈 수 있도록 지 원하는 것이죠.

이 장에서는 유아에게 있어 중요한 의미를 가진 '놀이'의 개념과 중요성을 알아보고자 합니다. 또한 하 루 일과 중 대부분의 시간을 보내는 유아교육기관에서의 놀이에 대해 알아보고, 놀이 시 교사의 역할 에 대해 알아보고자 합니다.

1. 유아와 놀이

1) 놀이의 의미 및 특성

어린 시절, 우리는 모두 놀이하는 존재였다. 공터, 흙바닥, 나뭇가지, 돌멩이뿐이었지만 놀이 상황에서는 공터가 궁전이 되기도 했고, 흙바닥은 하늘을 나는 양탄자가 되었고, 나뭇가지는 괴물을 물리치는 보검이 되기도 했으며, 돌멩이는 세상에서 가장 귀중한 보물이 되었다. 놀이의 이름과 규칙은 동네마다 조금씩 달랐어도 친구와 함께라면 아무런 문제가 되지 않았다. 한여름 뙤약볕 아래에서도, 한겨울 칼바람속에서도 우리의 놀이는 계속되었다. 시대가 변화함에 따라 공터와 흙바닥 대신 푹신한 놀이터 바닥 위에 견고하게 지어진 복합 놀이기구가 동네마다 설치되었다. 안전하고 놀이하기 좋은 환경이 갖추어진 대신 함께 놀이할 친구들은 사교육기관에 가야만 만날 수 있고, 자연스럽게 바깥에서 놀이하기보다는 컴퓨터로 놀이하는 것이 보편화되었다. 최근 IT 기술이 발달하면서 심지어는 가상현실(Virtual Reality: VR)을 활용하여 실제와 가상을 넘나드는, 이전까지는 볼 수 없던 새로운 형태의 놀이가 시도되고 있다.

이와 같이 놀이의 상황과 장소는 변했어도 우리는 여전히 어떠한 방식으로든 놀이하는 존재로 살아가고 있다. 네덜란드의 역사학자 하위징아(Huizinga, 1938)는 인간의 이러한 특성에 대해 '호모 루덴스(Homo Ludens)', 즉 '놀이하는 인간'이라 지칭하였다. 그에 따르면, 사물을 표현하려는 인간의 욕구에서 놀이가 발생하였으며, 이러한 욕구는 문화를 창조하는 원동력이 되었다. 하위징아는 인간이 가진 이러한 놀이 본능, 즉 가장 자유롭고 즐거운 놀이는 법, 문학, 예술, 종교, 철학에 깊은 영향을 미쳤음을 이야기하면서 인간이 가졌던 태초의 '놀이정신'을 회복해 가야 한다고 주장하였다.

이렇듯 놀이에 대한 개념은 각 개인이 가

요한 하위징아(Johan Huizinga, 1872~1945)

진 고유의 기억, 가치관 혹은 관점에 따라 매우 다양하므로 한마디로 정의하기 쉽지 않다. 여러 학자의 정의(한국유아교육학회, 2010)를 살펴보면, 프뢰벨(Fröbel)은 "놀이는 가장 순수한 정신적 산물로서 내면 세계를 외부로 표현하는 것"이라고 정의하였다. 듀이(Dewey)는 "놀이는 발달을 돕기 위한 수단이며 결과를 얻기 위한 의도적 행위를 제외한 모든 활동"이라고 정의하였다. 피아제(Piaget)는 "놀이는 인지발달단계에 따라 실제 세계를 자신의 현재 인지구조에 동화시키려는 행동"이라고 정의하였다.

한편, 놀이와 일의 특성을 대비하여 놀이의 개념을 설명하고자 시도한 학자들이 있다. 프로스트와 클라인(Frost & Klein, 1979)은 놀이는 능동적·자발적이며 재미있고 과정 중심적이며 목표가 없다는 특성을 가진 데 비해, 일은 수동적이고 타인에 의해 수행되는 단조롭고 고된 활동이며 외적 목표에 구속된다는 특성을 가진다는 점을 비교하여 설명하였다. 흥미로운 점은 일과 놀이를 연속선상에 두고 살펴볼 때, 놀이는 일의 특징일 수 있으나 일은 놀이의 특징이 될 수 없다고 보았다는 점이다. 다트너(Dattner, 1986)는 일은 생계유지를 위해 강요되는 것이지만, 놀이는 자발적으로 표출되는 행동이라고 보았다. 또한 일은 결과물이 목적이지만 놀이는 놀이 자체가 목적이며, 일은 외적 규칙에 의해 강요되어 수행되는 반면에 놀이는 규칙을 자발적으로 형성한다고 설명하였다. 킹(King, 1979)은 놀이와 일에 대한 유아의 인식을 조사한 연구에서 놀이의 가장 중요한 특성을 '자발성'으로 보았다. 유아는 재료 선정부터 규칙, 기준 등 자신들이 통제할 수 있는 활동을 놀이라고 인식한 반면, 교사에 의해 지시된 활동을 수행하는 것은 일이라고 인식하고 있었다. 그러나 대부분 유아의 놀이는 때로 일이 되기도 하고 때로 놀이가 되기도 한다. 따라서 프로스트와 클라인(1979)의 의견과 같이 일과 놀이가 자연스럽게 이어진다고 보고 일 따로, 놀이 따로 구분하지 않고 유아의 놀이를 이해하고자 하는 시도가 바람직하다고 볼 수 있다.

허트(Hutt, 1971)는 놀이와 유사한 행동으로 언급되는 탐색의 개념을 놀이와 비교하여 설명하였다. 탐색이란 드러나지 않은 사물이나 현상 따위를 찾아내거나 밝히기 위하여 살피어 찾는 행동을 의미하는 것으로 사물의 속성을 밝히기 위한 과정이다. 예를 들어, 나뭇잎의 속성을 알아보기 위해 나뭇잎의 결을 따라 찢어 보고 손가락으로 문질러 본 뒤, 나뭇잎은 잘 찢어지는 특징이 있고 찢으면 향이 강해지며 수분이 나온다는 것을 알게 되는 활동을 말한다.

놀이와 탐색은 모두 내적 동기화된, 즉 마음에서 우러나와서 스스로 시작하는 활동이라는 점에서는 유사하나, 놀이가 '이 물건을 가지고 무엇을 할 수 있을까?'라는 물음과 관련된 행동이라면, 탐색은 '이 물건의 속성이 무엇인가?'라는 물음을 해결하기 위한 행동이라는 점에서 차이가 있다고 설명한다. 허트에 따르면, 탐색은 놀이 이전에 나타나는 반면, 놀이는 탐색 이후에 나타난다. 또한 탐색은 처음 보는 사물을 대할 때 주로 나타나는 반면, 놀이는 익숙한 사물을 대할 때 나타난다. 즉, 탐색을 통해 사물에 대한 정보를 수집한 뒤 익숙해진 사물을 자기만의 방식으로 놀이하면서 새로운 자극을 만들어 낸다고 볼 수 있겠다. 그러나 앞의 나뭇잎 예시를 탐색이라고 딱 잘라 구분하기는 어려운데, 나뭇잎들을 모아 돌로 찧어 보는 놀이를 하는 것은 유아에게 흔히 나타나는 장면이기 때문이다. 따라서 놀이와 탐색은 유아의 놀이 상황에서 동시에 나타나므로 명확하게 구분 짓기는 어려우며, 이 모든 상황을 종합하여 놀이라 볼 수 있다. 이처럼 유아의 놀이는 매우 복합적인 활동으로, 한 가지로 정의하기 쉽지 않다.

　놀이의 개념을 이해하기 위해 놀이가 가진 공통적인 특성을 파악하고자 한 시도도 있는데, 어떤 활동이 놀이로 지칭되기 위해서는 몇 가지의 공통된 특성을 내포해야 한다. 이를 살펴보면 다음과 같다.

- 첫째, 놀이는 내적으로 동기화되어야 한다. 놀이는 누가 시키지 않아도 유아 스스로 하고 싶은 욕구에 따라 자발적으로 실시되는 활동이다. 그렇기 때문에 더 이상 놀이하고 싶지 않을 때 언제든지 그만두어도 좋다.
- 둘째, 놀이는 참여자가 자유롭게 선택해야 한다. 놀이를 자유롭게 선택하는 것은 놀이에 있어서 매우 중요한 특성이다. 같은 활동이라고 하더라도 교사의 지시에 의해 실시되는 것이라면 유아는 놀이라고 여기지 않는다(King, 1979).
- 셋째, 놀이는 즐거워야 한다. 놀이는 유아에게 기쁨과 즐거움을 준다. 유아는 놀이를 하면서 힘들어하거나 지루해하지 않는다. 만약 지루해지기 시작한다면 이내 다른 놀이를 찾기 시작할 것이다.
- 넷째, 놀이는 비사실적이다. 유아는 '가상의 상황'이라는 안전한 장치가 있는 상태에서 '마치 ~인 것처럼' 놀이한다. 이때 마음껏 현실의 삶을 실험해 보면서 자신이 아닌 다른 존재가 되어 봄으로써 사람과 사물에 대한 자신만의 새로운 의미를 부여하기도 한다.

명화 〈아이들의 놀이〉

다음의 그림은 1560년에 그려진 피터르 브뤼헐(Pieter Bruegel)의 〈아이들의 놀이〉예요. 그림을 자세히 들여다보면 막 걸음마를 뗀 영유아부터 아동들까지 약 250명의 어린이가 굴렁쇠 굴리기, 재주넘기, 술래잡기, 공기놀이, 팽이치기 등 90여 가지의 놀이를 하는 모습을 발견할 수 있답니다. 브뤼헐이 당시 시대상을 화폭에 옮겨 담기로 유명한 화가인 사실로 미루어 볼 때, 이 그림은 당시 어린이들의 놀이를 엿볼 수 있는 좋은 자료가 되지요. 중세시대의 그림에서 나타난 바와 같이 유아들은 예나 지금이나 여전히 놀이하는 존재로서 삶을 살아가고 있어요. 여러분은 무얼 하며 놀이했나요?

〈아이들의 놀이〉(Bruegel, 1560)

- 다섯째, 놀이는 외부에서 부과된 규칙에 구속받지 않는다. 규칙은 누군가에 의해 정해지는 것이 아니라 놀이에 참여하는 유아에 의해 정해지는 것이므로, 놀이하는 과정에서 자유롭게 바꾸어 갈 수 있다.
- 여섯째, 놀이는 과정 중심적이다. 유아는 놀이 결과물이나 그 외의 다른 목표를 위해서 놀이하는 것이 아니라 놀이하는 과정 자체에 의미를 둔다. 이러한 특성 때문에 보다 다양한 시도를 해 볼 수 있게 되는 것이다.

2019 개정 누리과정에서는 유아가 흥미와 관심을 가지고 자발적으로 즐겁게 참여하며 배우는 과정을 놀이로 보면서, 놀이를 교육과정의 내용을 전달하기 위한 전략 혹은 방법으로 보기보다는 놀이가 유아의 삶 자체이자 동시에 배움의 방식임을 강조하고 있다(교육부, 보건복지부, 2019b). 즉, 유아에게 놀이는 앎과 삶의 방식인 것이다. 이에 2019 개정 누리과정에서는 유아 놀이의 주요 특성을 자유로움, 주도성, 즐거움으로 설명하고 있다.

- 놀이는 자유롭다.
  - 목적으로부터의 자유: 놀이는 뚜렷한 목적 없이 이루어질 수 있다.
  - 규칙으로부터의 자유: 놀이는 함께 규칙을 만들어 가며 규칙을 바꾸어 갈 수 있다.
  - 사실로부터의 자유: 놀이는 자유롭게 상상하고 표현할 수 있다.
  - 시간과 공간의 경계로부터의 자유: 놀이는 교실, 복도 등의 공간과 과거-현재-미래의 시간을 넘나들며 변형되고 창조된다.

- 놀이는 주도적이다.
  - 자발적 참여: 놀이는 의지를 발현하여 스스로 참여하고자 한다.
  - 능동성: 놀이는 '내가 하고 싶은 것'이므로 유아 주도적으로 이루어진다.
  - 내재적 동기: 놀이는 유아 내면으로부터 하고자 하는 욕구에 의해 이루어지는 것이다.

- 놀이는 즐겁다.
  - 재미: 놀이를 통해 유아는 구성원과 함께 협력하면서 재미와 기쁨을 느끼고 표현한다.
  - 몰입: 놀이를 하는 과정에서 느낀 재미와 기쁨은 유아로 하여금 몰입하도록 이끈다.
  - 감정의 해소: 놀이는 감정의 분출구가 되기도 하고 심미적 경험의 원천이 되기도 한다. 놀이를 하는 과정에서 정서적 긴장, 두려움, 갈등이 해소되고 따뜻함, 배려, 아름다움과 같은 심미적 경험을 한다.

놀이에 몰입하고 있는 유아

–상상과 호기심: 놀이하는 과정에서 새로운 물질의 성질과 사고와 현상 및 관계를 발견하며 상상하고 호기심을 가지고 세상의 다양한 물질과 만나서 자유롭게 탐색하게 된다.

–유머: 놀이하는 과정에서 유머를 사용하면서 즐거움이 강화되고 이러한 긍정적인 경험을 공유하는 기회를 가지게 된다.

이상의 보편적인 특성 외에도 유아 놀이의 특성은 얼마든지 발견될 수 있다. 따라서 유아의 놀이를 세심하게 관찰하면서 놀이를 지속적으로 이해하도록 노력해야 할 것이다.

2) 놀이의 중요성

유아교육에서 유아의 놀이는 생활이며 학습 그 자체이므로 교육적으로 매우 중요한 가치가 있다. 이 장의 서두에서 언급한 바와 같이, 유아는 놀이하는 과정에서 언어적 표현과 사회규범도 배우게 되고, 신체적 성장을 이루며, 인지적 발달을 도모하게 된다. 또한 자신의 감정을 적절히 표현하는 방법도 알게 된다. 즉, 놀이는 유아의 전인적 발달을 도모하는 데 결정적인 기여를 한다. 유아의 발달적 측면에서 놀이의 중요성을 정리하면 다음과 같다.

첫째, 놀이는 유아의 신체 성장을 돕고 운동능력을 증진시킨다. 유아의 놀이 장면을 떠올려 보면 매우 역동적으로 움직이고 있음을 알 수 있다. 유아는 술래잡기를 하며 달리고 제자리에서 점프하거나 경사면을 기어오르는 등 대근육을 활용한 놀이활동을 한다. 또한 손바닥 전체를 만드는 등 소근육을 섬세하게 사용하여 놀이한다. 이러한 놀이를 하는 과정에서 혈액 순환과 생리기능이 원활해지며, 키와 몸무게가 변화하는 등 신체적인 성장이 이루어진다. 또한 마음껏 몸을 움직여 놀이하는 과정에서 자기 신체를 움직이는 가장 효과적인 방법 역시 알아 가게 된다.

　둘째, 놀이는 유아의 사회성 발달을 돕는다. 혼자 놀이하거나 양육자와 놀이하던 단계를 지나 유아기가 되면 또래 친구들과 함께 하는 놀이가 이루어진다. 수많은 모

신체운동 발달

창의성 발달

인지 발달

놀이의 중요성

언어 발달

사회성 발달

정서 발달

[그림 6-1] 놀이와 유아발달

방과 시행착오가 이루어지며, 이 과정에서 유아는 놀이하는 방법을 배우게 된다. 특히 영아기까지 놀이 상황에서 늘 승자였던 유아가 또래와 놀이하는 과정에서 갈등을 경험하고 이를 해결해 가는 과정을 통해 양보, 도움, 공평, 배려, 정의 등 여러 사회적 가치를 배워 가게 된다. 또한 사회 구성원들을 놀이 상황에서 흉내 내어 봄으로써 유아가 성장하는 사회문화적 배경에서 수용되는 수준의 행동양식을 배우게 되며, 다른 사람의 입장에서 나를 돌아보는 연습을 통해 자기중심적 사고에서 벗어나게 된다. 결국, 놀이는 유아가 사회의 한 구성원으로 성장하도록 돕는다.

셋째, 놀이는 유아의 인지 발달을 돕는다. 유아는 놀이 상황에서 나무, 블록, 구슬, 공, 점토 등 다양한 구체물을 조작하게 되는데, 이 과정에서 사물의 고유한 특성인 물리적 지식이 습득된다. 물리적 지식은 유아가 놀이하며 직접 만져 보고 두드려 보는 과정에서 직접 경험을 통해 얻은 지식으로 유아를 둘러싼 주변 환경에 대한 지식을 형성해 가는 데 가장 기초가 된다. 이렇게 알게 된 물리적 지식을 바탕으로 무게를 비교하고, 길이를 재어 보고, 순서대로 놓아 보면서 논리적·수학적 지식이 발달한다. 놀이과정에서 습득된 물리적 지식과 논리적·수학적 지식은 이후 문제가 발생했을 때 문제를 해결하는 단초를 제공한다는 측면에서 매우 중요하다.

넷째, 놀이는 유아의 언어 발달을 돕는다. 유아가 놀이를 하는 상황은 매우 소란스럽다. 혼자 장난감 자동차를 움직이는 유아도 입으로 계속 '슝~'이라며 자동차 소리를 내기도 하고, 역할놀이를 하며 상황에 맞는 말을 하게 된다. 언어는 놀이가 진행되도록 돕는 매개체가 된다. 특히 친구와 놀이를 하기 위해서는 규칙과 역할을 정하고 계획을 세우는 등 많은 언어활동이 필요하게 된다. 또한 놀이 시 일어나는 갈등을 해결하는 과정에서 자신의 생각과 감정을 상황에 맞게 논리적으로 표현하는 연습을 하게 된다. 유아는 놀이 상황에서 역할을 나누어 맡으며 역할에 맞는 단어를 사용하는데, 이를 통해 사회적 역할을 습득하고 놀이 상황에서 역할에 맞는 언어적 표현을 하게 된다. 예를 들어, 병원놀이를 할 때 의사 역할을 맡은 유아는 청진기로 진찰하는 흉내를 내며 "어디가 아프세요?"와 같이 의사 역할에 맞는 말을, 환자 역할을 맡은 유아는 "머리가 아파요."와 같이 환자 역할에 맞는 말을 하게 되는 것이다.

다섯째, 놀이는 유아의 정서 발달을 돕는다. 놀이를 하는 과정에서 유아는 다양한 감정을 경험한다. 자신이 맡은 역할에 맞는 감정을 표현하기도 하고, 놀이 시 느끼는 자신의 감정을 표현하기도 한다. 자신의 감정을 조절하고 다른 사람의 감정을 이해하는 경험을 통해 정서지능이 발달한다. 또한 현실에서 느낀 감정을 놀이 상황에서 표출하면서 부정적인 감정을 해소하기도 한다.

여섯째, 놀이는 유아의 창의성 발달을 돕는다. 놀이는 자신만의 방법으로 진행해도 아무런 문제가 없다. 익숙하게 알고 있던 놀이 방법을 다르게 변형시키기도 하고, 함께 가지고 놀지 않던 구체물들을 섞어서 전혀 다른 방법으로 창조해 내기도 한다. 또한 아무런 구체물이 없어도 상상만으로 영웅이 되기도 하고, 다른 나라에 여행을 가는 등 유아의 놀이는 무궁무진하게 변형된다. 이와 같은 과정에서 유아는 기존의 지식 체계에서 벗어나 새로운 연합을 시도하는 전환을 경험하게 되는데, 이 전환은 창의성 발달에 도움이 된다.

 여기 보세요!

'어린이의 놀 권리'라는 말을 들어 보셨나요?

유엔아동권리협약(Convention on the Rights of the Child: CRC)은 1989년 11월 20일에 UN이 채택한 어린이 권리조약으로, 우리나라를 포함한 전 세계 192개국이 이 협약을 지킬 것을 약속했어요.

그림 출처: 유니세프 한국위원회 홈페이지.

어린이가 누려야 할 권리를 모두 담고 있는 유엔아동권리협약은 각 나라에서 어린이의 상황을 개선하는 기반이 되고 있습니다. 이 협약에는 "여가, 놀이, 문화, 예술"에는 "모든 아동은 충분히 쉬고 놀며, 문화와 창작 활동에 참여할 권리가 있습니다."라는 조항(31조)이 있답니다.

국제장난감도서관협회에서는 어린이의 놀 권리를 신장시키기 위해 2001년 이탈리아에서 열린 국제장난감도서관대회에서 매년 5월 28일을 '세계 놀이의 날'로 선포했어요.

우리나라에서는 최근 아이들의 놀이시간 부족이 사회적 문제로 지적되자, 2015년 5월 4일에 전국 시 · 도교육감들이 나서서 '어린이 놀이헌장'을 제정했어요.

그림 출처: 국제장난감도서관협회 홈페이지.

이와 같이 놀이는 유아의 일상생활에서 이루어지는 매우 자연스러운 활동으로서 학습이 이루어지는 수단이 되며, 유아의 전인적 발달에 결정적인 역할을 한다는 측면에서 교육적 가치가 높다. 이러한 놀이의 중요성에 공감하면서 2019 개정 누리과정에서는 유아의 놀이가 중심이 되는 교육과정을 강조하였다. 놀이는 유아의 일상에서 자연스럽게 나타나고 세상을 경험하고 배워 가는 방식이 된다. 유아는 놀이하면서 보여 주는 독특한 움직임, 표정, 말과 이야기, 그림과 노래는 모두 놀이의 과정이면서 동시에 배움의 결과물인 것이다. 유아는 놀이를 통해 다른 사람과 관계 맺고 중요한 사회 구성원으로 성장해 간다. 이에 2019 개정 누리과정에서는 유아가 각자 자신에게 적합한 방식으로 놀이하며 배워 간다는 점에 주목하면서 유아가 주도하는 놀이를 강조하고 있다. 이에 교사는 유아 놀이의 가치와 의미를 이해하고 이를 적절하게 지원하도록 하는 데 중점을 두고 있다(교육부, 보건복지부, 2019b). 또한 2019 개정 누리과정에서는 모든 유아는 놀이에 있어 유능하며 교육은 이러한 유아의 유능함에서 출발해야 함을 강조하면서 2019 개정 누리과정의 인간상과 연계하여 놀이하는 유능한 유아의 특성을 설명하고 있다(교육부, 보건복지부, 2019a; [그림 6-2] 참조).

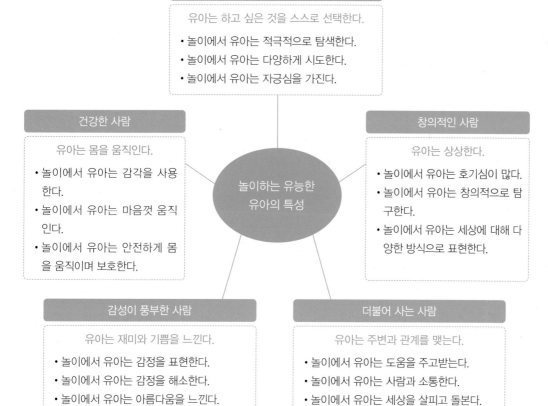

[그림 6-2] 놀이하는 유능한 유아의 특성

3) 놀이에 영향을 주는 요인

유아의 놀이에 영향을 주는 요인은 유아를 둘러싼 환경만큼이나 다양하다. 유아는 놀이에 대해 어떻게 생각하고 있을까? 유아가 인식한 놀이의 이미지를 살펴보면 보다 정확하게 놀이에 영향을 주는 요인을 살펴볼 수 있을 것이다. 최근 유아의 그림을 분석하여 유아가 인식하고 있는 유아교육기관에서의 놀이 이미지를 살펴본 흥미로운 연구가 있었다(조성연, 박은혜, 2014; [그림 6-3] 참조). 연구에 따르면, 유아는 놀이 대상을 주로 또래로 인식하고 있었는데, 각자 놀이를 하고 있었어도 함께 놀이한 친구로 인식하고 있었다. 또래 친구와의 놀이는 유아에게 즐거운 경험이 되

[그림 6-3] 유아의 그림에 나타난 놀이 이미지

출처: 조성연, 박은혜(2014).

어 놀이에 대한 긍정적인 이미지를 형성하도록 돕는 것으로 나타났다. 또한 유아는 그림 속에서 놀잇감을 크게 그리거나 아예 인물을 배제하고 놀잇감만 그리는 등 놀이에서 놀잇감에 대해 중요하게 생각하고 있었다. 놀이가 이루어지는 공간에 대한 이미지는 실외보다 실내를 놀이공간으로 인식하고 있고, 실내를 선으로 그어 표시하여 놀이공간의 분리를 인식하고 있는 것으로 나타났다. 또한 놀이에 대한 감정적 이미지에 대해서는 대부분 웃는 표정과 여러 기호를 통해 놀이에 대한 긍정적인 느낌 이미지를 가지고 있는 것으로 나타났다. 놀이시간의 교사에 대한 이미지는 놀이와 분리되어 자신의 업무를 수행하는 분리된 교사, 참여하지는 않으나 인근 공간에 위치하여 유아 간 다툼을 감시·감독하는 교사, 함께 놀이에 참여하는 교사로 구분되어 나타났다.

　이러한 내용을 바탕으로 유아 놀이에 영향을 주는 요인을 정리하자면, 크게 흥미 영역, 실내·실외 놀이공간과 같은 물리적 환경, 또래 및 교사와 같은 사회적 환경으로 구분할 수 있다. 그 외에도 놀이에 영향을 주는 요인으로는 연령, 성별, 지적 능력 등 유아 개인이 출생부터 타고난 개인적 요인이 있을 수 있겠으나, 여기서는 유아교육기관의 영향력이 비교적 적은 요인인 개인적 요인은 제외하고 물리적 환경과 사회적 환경으로 구분한 뒤 각각의 환경과 유아의 놀이와의 관계를 살펴본다.

(1) 놀이와 물리적 환경의 관계

유아교육기관의 환경은 유아에게 무엇을 할 수 있는지 정보를 제공해 주며 놀이를 하도록 지지해 준다. 놀이 환경이 놀이 욕구를 어느 정도 충족시켜 주느냐에 따라 유아의 놀이 형태나 놀이 참여 정도가 달라지게 된다. 따라서 유아의 놀이 욕구를 충족해 줄 수 있는 질적으로 우수한 놀이 환경을 제공하는 것은 중요하다(신동주, 류진순, 2006). 질적으로 우수한 놀이 환경에 대해 프로스트와 동료들(Frost, Shin, & Jacobs, 1998)은 놀이를 하고자 하는 욕구를 충족해 주며 유아의 흥미를 일으키는 공간으로서, 제공된 놀잇감들이 유아의 도전의식을 불러일으키고 놀이의 형태가 복잡하고 다양하게 나타나도록 지원하여 다양한 유형의 인지·사회적 놀이 행동이 나타나는 환경이라고 설명하였다. 따라서 교사는 질적으로 우수한 놀이 환경을 제공하기 위해 놀이공간의 밀도, 공간의 배치, 공간 디자인 등을 고려해야 한다. 이러한 물리적 환경은 기관과 교사의 철학을 반영하는 공간인 동시에 공간에서 생활하는 교사와 유아에게 직접적인 영향을 미친다는 측면에서 매우 중요한 요인이라 볼 수 있다.

① 놀이공간

놀이공간의 밀도, 즉 유아 한 명에게 허용되는 공간의 크기는 유아 놀이에 직접적인 영향을 미치는 원인이 된다. 밀도가 높은 경우, 즉 유아의 수에 비해 놀이 면적이나 영역의 크기가 좁은 경우는 같은 주제로 이루어진 조작놀이가 주를 이루어 나타나고, 공격적 행동이 증가하는 반면에, 뛰고 달리는 등 온몸을 활용하는 대근육 놀이가 감소하는 경향이 있다. 반대로 공간의 밀도가 낮은 경우, 신체활동이 활발히 이루어지는 반면에, 혼자 놀이하는 단독 놀이와 옆에 있으나 함께 놀이 상황을 구성하지는 않는 병행놀이가 증가하는 경향이 나타났다. 따라서 유아의 수와 공간의 관계를 고려하여 적절한 공간으로 구성할 필요가 있다.

이러한 물리적 환경은 유아교육기관의 건축 당시부터 어느 정도 규격화됨에 따라 변화되기 어려운 경우가 대부분이다. 따라서 교사는 교실의 놀이공간 배치, 즉 영역의 재구성을 통해 융통성 있게 운영해야 한다. 언어 영역, 미술 영역, 쌓기놀이 영역, 역할놀이 영역, 조작 영역, 수학 영역, 과학 영역, 컴퓨터 영역, 음률 영역 등 매우 다양하게 구성되는데, 이러한 모든 영역을 동시에 구성할 필요는 없다. 예를 들

어, 일정 기간 영역을 돌아가며 구성하거나 유사한 영역을 통합하여 운영하는 등의
다양한 시도가 가능하다. 또한 영역마다 놀이할 수 있는 유아 수에 제한을 두어 개
인적 놀이공간을 확보할 수 있도록 구성하는 것이 필요하다. 학기 초 교실 영역 구
성 시 영역 간 놀이 방해를 최소화하기 위해 영역을 구분해 주는 가구 및 교구장의
개폐 형태를 고려하여 교실을 넓게 사용할 수도 있다. 예를 들어, 출입문에서 보았
을 때 뒷면이 뚫린 열린 형태의 교구장이 교실의 정면에 놓일 경우 교실 전체가 넓
어 보이는 효과가 있다. 반대로 뒷면이 막힌 형태의 교구장이 교실의 정면에 놓일
경우 답답해 보일 수 있다. 무엇보다 이러한 과정에서 놀이 시 소외되는 영역이 없
도록 운영하는 것이 가장 중요하다. 이를 위해 영역을 새롭게 열어 줄 경우 아침 시
간에 새로운 영역에 대해 소개하고 매력적으로 구성하여 유아의 흥미를 유발하도
록 도울 수 있다.

3~5세 누리과정에서는 물리적 환경 구성 원리에 대해 다음과 같이 제시하고 있
다(교육과학기술부, 2013).

- 공간은 유아가 활동할 수 있을 만큼 충분히 넓어야 한다.
- 시설 설비와 교구는 유아의 연령 및 신체 발달에 적합하여 유아가 성인의 도움
  없이 스스로 사용하고 정리할 수 있도록 한다.
- 유아에게 매력적이고 교육적으로 의미 있는 활동을 제공하도록 환경을 구성
  한다. 이를 위해 유아에게 활동 선택권을 주는 다양한 흥미 영역을 실내 · 실외
  공간에 배치할 수 있다.
- 청결하고 안전한 환경을 제공하고, 적정 온도나 습도를 유지해야 한다.
- 환경은 유아의 발달 특성에 적합하여야 한다. 예를 들면, 유아의 연령이 낮을
  수록 일상적이고 개별적인 보살핌을 위한 환경 구성이 필요하고, 감각적인 경
  험의 기회가 많이 포함되는 환경을 제공한다.
- 유아가 장시간 유아교육기관에 머물 경우 혼자 놀거나 쉴 수 있는 공간이 필요
  하며, 일상적인 보살핌이나 낮잠을 위한 물건 혹은 놀잇감 보관을 위한 저장 공
  간을 마련한다.

2019 개정 누리과정에서는 놀이공간 구성 시 고려할 점에 대해 다음과 같이 설명

하고 있다(교육부, 보건복지부, 2019c).

- 놀이공간을 융통성 있게 배치하기: 유아의 놀이에 따라 넓은 공간이 필요하기도 하고 분리된 작은 공간이 필요하기도 하다. 따라서 교실 내 영역의 크기는 유아의 흥미와 놀이 흐름에 따라 조정할 수 있다. 즉, 확장하거나 축소하기도 하고, 구석진 곳이나 조용한 곳으로 옮겨 주기도 하고, 놀이가 서로 연결될 수 있도록 가까이에 배치해 주기도 하는 등 자율성을 발휘하여 구성하도록 한다.
- 놀이공간을 넓히기: 유아의 놀이를 관찰하여 좁은 공간이 놀이를 방해하는 요소라고 판단되었거나 유아가 놀이공간을 넓히고 싶다고 요구하였다면, 교사는 놀이를 방해하는 가구와 설비를 교체하거나 유아에게 관심이 적은 놀잇감을 제거함으로써 놀이할 수 있는 충분한 공간을 만들어 줄 수 있다. 이때 교실에서 정리한 자료를 보관할 수 있는 여유 공간을 확보하고 무엇보다 안전이 보장되는 범위에서 놀이공간을 확장할 수 있다.
- 유아에게 공간 배치의 주도권 주기: 놀이공간은 모든 구성원의 삶이 반영되는 곳으로서 교실의 소유권은 교사와 유아 모두에게 있다. 따라서 교사는 유아의 놀이를 따라가면서 유아 스스로 공간을 변형하도록 지원할 수 있다. 이때 조용한 혼자만의 공간이 필요하거나 공간 구성이 지나치게 자주 바뀌는 것을 싫어하는 유아를 고려하여 다수와 개인의 놀이가 모두 존중받는 교실문화를 만들어 가도록 한다.
- 다른 놀이공간 찾기: 유아는 놀이를 하다가 우연히 발견한 공간을 더 좋아한다. 교사는 교실이나 실외 놀이터 외에도 복도, 현관 입구, 교실 사이의 공유 공간 등도 안전하다는 전제하에 유아의 놀이공간으로 허용할 수 있다. 이때 교사는 미리 각 공간의 안전을 점검하여 위험요소가 있는지 세심히 살피고, 안전에 유의할 수 있는 방법 및 공간을 활용할 수 있는 방법에 대해 함께 의논하도록 한다.

최근 기존 유아교육기관 놀이공간의 이미지에서 벗어나 유아의 발달적 특성, 흥미, 주변 환경과의 상호작용을 고려하여 설계부터 새롭게 하고자 노력하는 시도가 증가하고 있다. 유아에 의해 공간의 벽과 구조가 변형되는 유기적인 공간 변화를

추구하거나 공간에 이야기를 부여하여 유아의 경험과 연결 짓게 함으로써 능동적
인 몰입을 일으키며, 특히 주변 환경을 공간 내로 끌어들여 환경과의 교감을 추구
하는 디자인적 시도가 나타나고 있다(권윤경, 이찬, 2015). 이러한 시도들은 기존의
규격화된 유아교육기관의 공간에 대한 편견에서 벗어나 놀이공간의 설계부터 디
자인적 요소와 유아의 특성을 반영하고자 하는 시도라는 점에서 그 의미를 찾을 수
있다.

세계 유치원 공간 디자인의 새로운 시도

기존의 유치원 공간의 틀을 깨고 유아의 발달과 주변 환경의 상호작용을 고려한 연구 끝에 새로운
디자인으로 구성된 유치원들이 있어요.

슬로베니아 케케츠(Kekec) 유치원

케케츠 유치원 외관   유아들이 유치원 벽면을 조작하는 모습

그림 출처: 한국디자인진흥원 홈페이지.

유치원 건물 자체를 유아들이 변형할 수 있도록 구성된 유치원으로, 유아들이 벽을 움직이는 각도
에 따라 유치원의 외부 구조와 교실 채광이 달라지도록 설계되어 있어요.

일본 후지 유치원

후지 유치원 외관

후지 유치원 내부

그림 출처: 한국디자인진흥원 홈페이지.

25m 높이의 느티나무를 품은 원형 유치원으로, 1층은 교실 및 놀이공간, 2층은 원형 지붕으로 구성되어 있어요. 지붕에서는 달리기 등 자유롭게 놀이할 수 있도록 설계되어 있고, 내부에 벽에 없으며 오동나무 블록으로 반을 구분하고 있어요.

독일 타카투카랜드(Taka-Tuka-Land) 유치원

타카투카랜드 유치원 외관

타카투카랜드 유치원 내부

그림 출처: Dudek (2007), p. 52.

『말괄량이 삐삐』 동화의 스토리 라인을 따라 공간을 디자인하여 유아들의 상상력을 자극하도록 설계되어 있어요.

• 나만의 유치원 공간 디자인 콘테스트

유아들의 발달적 특성과 주변 환경의 상호작용을 고려하여 디자인된 세계의 유치원처럼 나만의 유치원 공간을 디자인한다면 어떤 디자인으로 구성하고 싶은가요? 디자이너가 되어 공간 디자인을 해 봅시다.

② 놀잇감과 유아 놀이

유아교육기관의 놀이공간에서 유아는 다양한 놀잇감으로 놀이를 한다. 놀잇감은 유아의 상상력을 자극하며, 놀이 참여를 독려하고, 흥미와 호기심을 자극하는 수단이 된다. 나아가 자신의 감정을 표현하거나 주변과 상호작용하는 수단이 되기도 한다. 따라서 놀잇감의 구조화 정도, 수량, 질 등은 놀이 형태와 지속시간 등 유아의 놀이에 직접적인 영향을 미친다. 유아 놀이에 영향을 주는 놀잇감의 특징은 다음과 같다.

첫째, 놀잇감의 구조화, 즉 놀잇감을 다양한 방법으로 조작 및 변형이 가능한 정도는 유아의 놀이 형태에 영향을 미친다. 예를 들어, 동물 인형은 외관상 동물의 모양을 하고 있어서 동물을 키우고 돌보는 놀이를 주로 하게 된다. 반면, 블록은 조립하는 방법이나 놀이 상황 설정에 따라 성이 되기도 했다가 자동차가 되기도 하는 등 놀이 형태가 정해져 있지 않다. 이처럼 놀잇감의 구조화 정도의 차이가 놀이에 영향을 미치게 된다. 동물 인형이나 과일 모형, 자동차 등 놀잇감의 형태와 용도가 분명한 경우 유아는 역할놀이를 주로 한 것으로 나타났으며, 반대로 블록이나 점토 등 형태와 용도가 불분명한 놀잇감의 경우에는 자신만의 형태를 구성하고 조작하는 등 보다 다양하고 창의적인 놀이를 하려는 시도가 더 많이 나타나는 경향이 있었다. 대체로 유아는 단순한 놀잇감보다는 복합적인 용도의 놀잇감을 가지고 더 오래 놀이하는 경향이 있다. 따라서 유아의 놀이를 지원하기 위해 사회적 역할을 연습해 볼 수 있는 놀잇감부터 자기만의 상상을 구현할 수 있는 형태의 놀잇감까지 보다 다양한 놀잇감을 배치해 주어야 한다.

둘째, 놀잇감의 수는 유아의 상호작용과 행동에 직접적인 영향을 미친다. 놀잇감의 수가 많으면 놀이 참여도는 높아지고 공격적인 행동은 줄어드는 반면, 놀잇감이 줄어듦에 따라 사회적 상호작용이 증가하는 효과는 나타났으나 수준은 낮았고 동시에 공격적 행동과 스트레스 행동도 증가하는 것으로 나타났다(Getz & Berndt, 1982). 또한 유아의 불안, 공격적인 행동, 주의력, 분노 등 부정적인 정서가 증가하는 것으로 나타났다(Reinsberg, 1999). 반면, 놀잇감의 수는 충족한다고 할지라도 제대로 작동이 되지 않거나 쉽게 부서지는 등 놀잇감의 질이 떨어지는 경우에는 유아에게 좌절감과 욕구불만을 야기하는 요인이 되기도 한다. 따라서 유아교육기관에서는 유아의 수에 비례한 충분한 놀잇감을 배치하며, 무엇보다 질적으로 우수한 놀잇감을 구성해 주도록 해야 할 것이다.

(2) 놀이와 사회적 환경의 관계

① 교사

현대사회의 구조적 변화로 인해 유아가 유아교육기관에서 생활하는 시간은 가정에서 보내는 시간보다 길어지게 되었다. 부모 역할의 일정 부분을 교사가 대신해야할 필요성이 강조되면서 놀이 발달에 있어서 교사의 역할은 더욱 중요해졌다. 유아교육기관에서 교사는 유아의 놀이에 참여하고 놀이를 지원해 주는 등 다양한 역할을 수행하는데, 이를 교사의 놀이 개입이라고 한다. 유아교육기관의 일과 대부분이놀이의 형태로 이루어지는 점을 감안할 때, 이러한 교사의 놀이 개입은 놀이에 매우 중요한 영향을 미침을 알 수 있다.

스밀란스키(Smilansky, 1968)는 교사의 놀이 개입은 유아의 내면 세계를 표현하는것을 돕는다고 설명하며, 유아의 놀이 발달에 있어 교사의 놀이 개입은 중요하다고보았다. 교사가 놀이에 적극적으로 개입할 경우 유아 간 사회적 상호작용이 활발해지고 놀이 참여 시간이 길어지며, 좀 더 높은 수준의 인지적 활동에 몰입할 수 있는기회가 생긴다. 반면, 유아의 놀이에 교사가 지나치게 개입할 경우 놀이에 대한 유아의 흥미를 떨어뜨릴 수 있으므로 주의해야 한다. 결국 유아의 놀이에 개입함에 있어 유아에게 민감하게 반응하고 격려하는 태도로 상호작용하며 놀이의 주도권을유아에게 주는 교사의 태도가 중요할 것이다(신은수, 2002에서 재인용).

한편, 교사 개인의 교수효능감, 즉 교사의 가르침이 유아에게 긍정적인 영향을 미칠 수 있으리라는 기대감은 유아의 놀이에 영향을 미치게 된다. 교수효능감이 높은교사의 경우 놀이에 직접적으로 참여하여 유아의 놀이를 확장시켜 주는 긍정적인상호작용을 많이 한 반면, 교수효능감이 낮은 교사는 유아의 놀이를 방해하거나 부적합한 통제 혹은 명령을 하는 경향이 있는 것으로 나타났다(신은수, 2000). 이렇듯교사의 놀이 개입, 교수효능감 등 교사 요인이 유아의 놀이에 미치는 영향을 인식하고, 유아의 놀이에 대한 긍정적인 인식을 갖도록 노력해야 할 것이다.

② 또래

유아는 친숙한 사람과의 놀이를 선호한다. 익숙한 또래와의 놀이 시 유아의 놀이 참여 시간이 길어지고 다양한 놀이 행동이 나타나며 보다 성숙한 놀이가 나타났다(지성애, 2001). 따라서 놀이 시 또래가 주는 영향은 매우 크다고 볼 수 있다. 또래와의 놀이과정에서 유아는 서로의 놀이를 모방하며 적극적으로 상호작용하게 되고, 이를 통해 자연스럽게 학습을 하게 된다. 놀이과정에서 또래와 상호작용을 많이 하는 유아는 타인의 감정에 민감하게 반응하고 공감하는 능력이 높고, 또래 사이에 인기가 많아 또래 간 타협을 통해 협력적 문제해결을 잘하는 경향이 나타났다. 반면, 또래와의 사회적 기술이 부족하거나 지속적으로 거부를 당한 유아의 경우 적절한 상호작용을 경험하지 못하여, 주도적인 역할을 수행하는 등의 사회적 기술이 부족하게 된다. 이러한 경험은 공격적 성향이 높아지는 원인이 되며, 이후 사회적 부적응 문제를 일으킬 소지가 높은 것으로 나타났다(서석원, 박지선, 2016). 따라서 유아가 놀이하며 또래와 상호작용하는 경험은 이후 사회관계 발달에 영향을 미치므로 매우 중요하게 다루어져야 한다. 이를 위해 교사는 유아의 친사회적 행동이 증가하도록 돕는 놀이 기회를 계획하여 유아의 사회적 관계 개선을 위해 교육적 지원을 해야 할 것이다.

③ 부모

유아의 놀이에 있어 부모 및 가정의 문화적 · 사회경제적 배경은 많은 영향을 미친다. 부모의 양육 태도는 유아의 놀이 형태에 직접적인 영향을 미치는데, 부모가 권위적인 경우 유아는 공격성이 강하게 나타났으며 상상놀이에 참여하는 빈도가 줄었다. 반면, 부모가 온화하고 통제적이지 않은 경우 상상놀이가 많이 나타나며 협동놀이에 적극적으로 참여하고 또래와 긍정적인 관계를 형성하였다. 이러한 양육 태도는 부모-자녀 간 애착 형성에도 영향을 미치는데, 안정적인 애착을 형성한 유아의 경우 놀잇감 탐색에 적극적이며 놀이 참여 정도도 높고 놀이 지속시간도 긴 것으로 나타났다. 가정의 문화적 · 사회경제적 배경, 즉 거주 지역, 부모의 학력, 경제적 수준 등도 유아의 놀이에 영향을 미친다. 놀이의 중요성이나 놀이에 대한 인식은 부모 및 거주 지역의 사회문화적 배경에 따라 다를 수 있기 때문이다. 이 외에 유아의 놀이 집단, 놀잇감 구입 빈도, 여가 시간의 길이 및 활용 유형의 차이도 놀이에 영향을 미친다.

　이러한 부모 특성 및 가정의 문화적·사회경제적 배경은 유아의 놀이에 미치는 영향이 지대함에도 불구하고 유아교육기관에서 직접적인 영향을 주기 어려운 부분이기도 하다. 따라서 유아교육기관에서는 부모의 특성 및 가정의 문화적·사회경제적 배경이 유아의 놀이에 영향을 준다는 점을 부모교육을 통해 가정과 공유하고, 가정과의 협력적 관계를 구축해 나가야 할 것이다.

2. 유아교육기관에서의 놀이

　유아교육기관의 철학과 운영 프로그램에 따라 놀이 형태와 운영 방법이 조금씩 다르지만, 놀이를 교육의 주요한 방법으로 보고 유아를 놀이의 주체, 능동적 학습의 주체로 보는 시각에는 차이가 없다. 특히 유아교육기관에서의 놀이는 즐거운 행위일 뿐 아니라 유아의 전인적 발달을 도모하는 교육적 의도가 내포되어 있다는 점에서 이를 계획·운영하는 교사의 전문성이 더욱 필요한 활동이라고 볼 수 있다. 2019 개정 누리과정에서는 유아가 놀이에 충분히 몰입하고 진정한 배움이 일어날 수 있도록 놀이와 일상생활, 활동을 유연하게 운영할 수 있어야 함을 강조하고 있다(교육부, 보건복지부, 2019b). 유아의 놀이지원을 위해 편성 및 운영 시 고려할 점은 다음과 같다(교육부, 보건복지부, 2019c).

- 놀이시간을 충분히 계획하여 운영한다.: 2019 개정 누리과정에서는 하루 일과에서 바깥놀이를 포함하여 2시간 이상 놀이시간을 확보하여 운영하도록 하고 있다. 이는 유아의 놀이 흐름이 끊어지지 않고 충분히 놀이하고 놀이에 몰입하여 배움의 기회를 가질 수 있도록 지원하기 위함이다. 교사는 유아의 놀이를 관찰하며 놀이시간을 연장하여 운영할 수 있다.
- 놀이와 연결하여 활동을 운영한다.: 유아의 놀이를 관찰한 결과, 필요하다고 생각되는 경우 이야기 나누기, 노래, 동화, 게임 등의 적절한 유형의 활동을 운영할 수 있다. 활동은 교사가 계획하여 제안할 수도 있고 유아가 준비할 수도 있다. 이러한 활동은 학급 전체 대집단이 참여할 수도 있고, 활동에 관심 있는 소

집단의 유아가 참여할 수도 있다. 일과 중 활동을 운영하는 시간은 놀이 흐름을 위해 필요하다면 놀이 중간에 잠깐 모여 활동을 실시하고 다시 놀이로 연결 지을 수 있다. 교사가 계획한 활동의 경우 유아의 흥미와 놀이 진행 상황에 따라 활동이 변경되거나 운영되지 않을 수도 있다. 또한 교사가 계획한 활동이라고 하더라도 유아의 놀이를 지원하거나 놀이 중에 일어난 문제를 해결하기 위한 내용으로 구성하는 것이 바람직하다.

• 놀이 흐름을 위해 일과를 융통성 있게 운영한다.: 교사는 전날의 놀이에 대한 관찰 기록과 평가 내용을 반영하여 다음 날의 일과를 조직하도록 한다. 이때 유아의 놀이 흐름이 끊어지지 않도록 세심하게 계획하도록 하며, 일과 순서 역시 놀이 내용에 따라 융통성 있게 운영하도록 한다. 이를 위해 유아가 일과 중 일부를 스스로 정해 보거나 일과의 변화가 필요하다고 판단될 때 유아의 의견을 반영하는 등의 여러 가지 방법을 고려해 볼 수 있다.

1) 놀이공간

유아교육기관의 놀이공간은 물리적인 건축 공간 이상의 의미를 가진다. 놀이공간은 구성원과의 상호작용을 통해 의미가 부여되는 장소이며 놀이를 통해 채워져 가는 삶의 공간이다. 유아는 놀이에 적합한 공간으로 새롭게 구성해 나갈 수 있으며, 놀이할 공간을 새롭게 찾아내거나 공간과 공간을 연결하여 새로운 놀이로 확장하기도 한다. 따라서 교사는 유아의 놀이과정을 관찰하여 놀이를 방해하는 요소가 있는지 살피며 유아의 의견을 반영하여 놀이공간을 구성해 나가야 한다. 교실은 기본적으로 다양한 영역으로 구성되어 있다. 2019 개정 누리과정에서는 유아가 주도하는 놀이의 활성화를 위해 영역의 개수, 유형, 운영 방식을 고정하지 않고 자율적으로 개선하여 유아의 자유로운 놀이를 지원하도록 하고 있다. 기존의 영역이 구성되어 있다고 하더라도 학급의 원아 수, 성별의 비율, 유아의 놀이 성향을 고려하여 놀이공간의 크기와 영역 등을 재구성할 수 있다. 또한 영역을 고정해 두지 않고 필요에 따라 재배치할 수 있다(교육부, 보건복지부, 2019b, 2019c).

일반적으로 유아교육기관에서 놀이는 실내외의 다양한 영역에서 이루어진다. 영역이란 유아의 놀이나 활동 특성에 따라 공간을 나누고 각 놀이 특성에 따라 놀잇감 및 자료를 모아서 배치하는 것이다. 이러한 영역의 구분은 유아의 발달 수준과 흥미, 교실의 주제, 유아의 수와 공간의 크기 등에 따라 달라질 수 있다. 실내 공간에서의 영역은 기본적으로 쌓기놀이 영역, 역할놀이 영역, 언어 영역, 수 · 조작 영역, 과학 영역, 음률 영역, 미술 영역 등으로 구분하고 있다. 그러나 교실의 공간, 유아의 연령 및 흥미, 주제 등을 고려하여 경우에 따라 융통성 있게 바느질 영역, 점토 영역, 컴퓨터 영역, 목공놀이 영역, 모래 · 물놀이 영역 등으로 다양하게 확대하여 운영할 수 있다. 실외 공간에서의 영역은 운동놀이, 모래 · 물놀이, 자연탐구 및 관찰 영역, 작업 영역, 휴식 영역 등으로 구분하고 있다. 실외 공간 역시 기관의 상황, 주제, 유아의 흥미 등에 따라 언어 영역, 조작 영역, 역할놀이 영역 등이 추가되어 운영될 수 있다. 실내 공간과 실외 공간은 공통적으로 영역 구성에 있어 유아의 연령과 발달에 맞는 동적인 활동 및 정적인 활동이 균형을 이루도록 구성해야 한다. 무엇보다 유아 간, 유아-환경 간, 유아-교사 간 소통과 놀이 시 발생할 수 있는 안전문제를 고려하여 교사가 언제나 지도할 수 있도록 개방된 형태로 구성해야 한다. 실내와 실외로 구분하여 영역별로 살펴보면 다음과 같다.

① 실내

　실내 공간의 영역은 신체운동 · 건강, 의사소통, 사회관계, 예술경험, 자연탐구 등 누리과정 영역별 내용을 전개할 수 있도록 구성된다. 영역에 제시된 활동 및 자료는 유아교육기관의 주제와 관련되게 운영하며, 게임, 실험, 조사, 토의 등 다양한 활동 유형으로 연계하여 학습이 심화할 수 있도록 한다. 이를 위해 교사는 실내 · 실외 공간의 기능과 위치, 크기를 고려하여 쌓기놀이, 언어, 과학, 음률, 역할놀이, 모래 등 다양한 활동을 위한 영역으로 구성해야 한다. 또한 영역의 수는 전체 공간 크기, 유아 수, 연령, 흥미 등을 고려하여 조절할 수 있으며, 1년에 3~4회 위치를 바꾸어 줌으로써 변화를 줄 수 있다. 영역의 구성과 배치는 유아와 함께 의논하여 자율적으로 재구성할 수 있다.

◆ 쌓기놀이 영역

　쌓기놀이 영역은 여러 크기와 모양, 재질의 블록과 소품을 이용하여 어떤 사물을 구성하거나 구조물을 쌓거나 꾸며 보는 등의 과정을 경험하는 영역이다. 쌓기놀이 영역은 활동적이며 소음이 발생하는 영역이므로 언어나 과학 등 정적인 영역과는 떨어지고 역할놀이와는 인접하게 배치하는 것이 좋으며, 소음 방지를 위하여 바닥에 카펫을 깔아 준다. 유아가 놀이 주제를 확장시킬 수 있도록 관련된 사진이나 그림 카드, 사람 모형 등을 제공할 수 있다. 또한 구조물을 쌓을 때 방해받지 않도록 충분한 공간을 확보해 주도록 한다. 쌓기놀이 영역에 적합한 놀잇감 및 교재교구는 다음과 같다.

- 다양한 블록: 종이 벽돌 블록, 단위 블록, 공간 블록, 우레탄 블록 등
- 크고 작은 모형: 동물, 사람 등의 인형이나 모형, 탈것(예: 기차, 트럭, 레미콘, 구급차, 경찰차, 여객기, 운전대) 등
- 사회극 놀이 소품: 여러 종류의 가면, 교통 신호나 표지판 등
- 기타 자료: 쌓기놀이에 도움을 주는 책, 그림 자료 등

쌓기놀이 영역의 예

출처: 무궁화유치원 홈페이지.

◆ 역할놀이 영역

역할놀이 영역은 유아가 가족 구성원이나 사회 구성원의 직업과 역할에 대해 상상놀이 및 사회 극놀이 등을 통해 경험하는 영역이다. 역할놀이 영역은 크게 기본 영역과 사회생활 영역으로 구분할 수 있다. 기본 영역은 가정과 유사한 환경, 예를 들어거실, 부엌, 침실 등 일상생활 공간에서 경험한 것을 놀이할 수 있도록 식탁, 싱크대, 침대, 소파 등의 놀잇감을 배치한다. 사회생활 영역은 놀이 주제와 관심에 따라 변형되는 공간으로, 예를 들어 병원 놀이, 소방관 놀이 등을 할 수 있는 가구와 도구를 배치한다. 역할놀이 영역은 놀이의 확장을 위해 쌓기놀이 영역과 인접한 동적인 영역에 배치하는 것이 좋으며, 진행되고 있는 생활 주제와 관련된 소품을 제공하여 활동이 더욱 흥미롭고 풍부하게 이루어지도록 한다. 유아가 실생활과 유사하게 놀이하는 공간이므로 항상 청결하게 관리하는 것이 중요하다. 또한 다양한 성역할, 세계의 문화에 대한 교육이 이루어지는 장소이므로 관련된 소품을 제공해야 한다. 연령에 맞게 실물 자료와 사진을 많이 준비하도록 하며, 유아가 제작한 소품도 놀이에 활용할 수 있다. 역할놀이 영역에 적합한 놀잇감 및 교재교구는 다음과 같다.

- 기본 가구: 거울, 소파, 유아용 탁자, 의자, 옷장 등
- 소품: 가족놀이 소품(예: 인형류, 주방용품, 일상용품, 의류, 신발류, 열쇠, 우산, 가방, 빗, 넥타이, 머플러 등), 교통기관 놀이 소품(예: 차표, 지도, 여행 소책자, 여행 가방 등), 가게 놀이 소품(예: 모형 과일, 시장바구니, 지갑 등), 병원 놀이 소품(예: 의사 가운, 청진기, 바늘을 뺀 주사기, 붕대, 혈압기 등), 주유소 놀이, 은행 놀이, 방송

역할놀이 영역의 예

출처: 무궁화유치원 홈페이지.

국 놀이, 미장원 놀이, 서점 놀이, 목욕탕 놀이 등의 각종 역할놀이 소품 등

◆ 언어 영역

언어 영역은 듣기, 말하기, 읽기, 쓰기와 관련된 활동을 경험하는 영역이다. 언어 영역은 조용하고 안정된 공간에 배치하는 것이 좋으며, 활동 주제나 유아의 발달과 흥미에 따라 다양한 언어활동 자료를 비치하여 듣기, 말하기, 읽기, 쓰기 활동이 고루 이루어지도록 한다. 이를 위해 공연 팸플릿, 광고, 사진 및 그림 등 주변에서 언어가 활용된 모든 자료는 언어 영역에 비치할 수 있다. 언어 영역은 밝은 곳에 위치하도록 하며, 필요시 적절한 조명을 추가할 수도 있다. 안락한 의자나 쿠션 등을 두어 편안하게 언어활동에 몰입하도록 한다. 언어 영역에 적합한 놀잇감 및 교재교구는 다음과 같다.

- 듣기 자료: 다양한 종류의 책, CD 플레이어, 헤드폰, 카세트 레코드와 테이프 등
- 말하기 자료: 이야기 꾸미기 자료와 융판, 그림 카드, 막대 인형이나 퍼펫, 인형극 틀, 녹음기, 마이크 등
- 읽기 자료: 종류별 책과 책꽂이, 그림책, 잡지류, 글씨가 적혀 있는 다양한 종류의 카드(예: 친구 이름 카드, 글자 카드, 모래 글자 카드) 등
- 쓰기 자료: 각종 필기구, 단어 카드, 컴퓨터와 프린터, 한글 고무 글자판과 스탬프, 잉크, 소형 화이트보드와 마커, 가위, 펀치, 스테이플러 등

언어 영역의 예

출처: 무궁화유치원 홈페이지.

◆ 수 · 조작 영역

수 · 조작 영역은 일대일 대응, 분류, 서열 등의 수 활동, 퍼즐 맞추기나 끼워서 구성하기, 간단한 게임 등 문제해결, 소근육 조작 등과 관련된 활동을 주로 하는 영역이다. 수 · 조작 영역은 개별적 탐색활동이 많이 이루어지는 곳이므로 주의집중이 잘 되도록 조용한 곳에 배치한다. 놀잇감은 유아의 눈높이에 맞추어 비치하며, 난이도가 다른 다양한 놀잇감을 준비하여 유아의 발달 수준과 흥미에 따른 수 · 조작 활동이 이루어지도록 지원하고, 그래프나 공간, 도형과 같은 활동으로 자연스럽게 확장될 수 있도록 한다. 퍼즐이나 주사위 등이 분실되지 않도록 바구니나 쟁반에 담아 정리정돈이 용이하도록 지원한다. 수 · 조작 영역에 적합한 놀잇감 및 교재교구는 다음과 같다.

- 구성활동 자료: 다목적 블록, 꽃 블록 등
- 수활동 자료: 일대일 대응, 분류, 비교, 서열, 부분과 전체, 무게나 부피 · 길이 측정, 공간과 형태 개념에 도움이 되는 교재교구 등
- 조작활동 자료: 퍼즐, 자물쇠 맞추기, 볼트와 너트 맞추기 등
- 일상생활 활동 자료: 옮겨 담기, 바느질, 끈 끼우기, 구슬 꿰기, 단추 끼우기, 지퍼 올리기, 끈 매기 등
- 게임활동: 기억하기와 색깔 맞추기 같은 간단한 게임 등

수 · 조작 영역의 예

출처: 무궁화유치원 홈페이지.

◆ 과학 영역

과학 영역은 여러 과학 기자재를 활용하여 생물과 무생물, 물질의 성질, 자연현상 등을 관찰·실험·탐구·감상하는 활동을 하는 영역이다. 곤충이나 작은 동물, 식물을 기를 경우가 많으므로 조용하고 햇볕이 잘 들며 안정되고 물 공급을 쉽게 받을 수 있는 영역에 배치한다. 과학 영역의 교재교구는 계절, 생활 주제, 유아의 흥미에 기초하여 다양한 자연물이나 실물을 제시하며, 보다 구체적인 학습을 위해 과학 사전, 그림책, 사진 등도 충분히 비치한다. 높은 연령의 경우 일회성 실험이나 전시보다 유아가 지속적으로 관찰하고 예측하며 그 결과를 기록해 볼 수 있도록 기록지를 준비해 준다. 과학 영역에 적합한 놀잇감 및 교재교구는 다음과 같다.

- 기본 도구: 거울, 자석, 돋보기, 현미경, 프리즘, 전지, 온도계, 습도계, 관찰용지, 필기도구, 자, 저울 등
- 생명체 관련 자료: 식물, 자연물(예: 나뭇잎, 열매, 씨앗, 솔방울, 조개껍데기 등), 동물(예: 거북이, 금붕어, 햄스터, 병아리, 토끼, 개구리 등), 어항, 새장, 개미집, 동식물 관련 책, 표본 등
- 기계류: 시계(예: 손목시계, 모래시계 등), 라디오, 텔레비전, 컴퓨터 등의 부속품, 열쇠와 자물쇠, 다양한 바퀴, 여러 물체와 물질 등
- 자연현상 관련 자료: 기후 관련 사진이나 그림, 기상도, 구름 사진이나 그림, 돌, 흙, 달, 별, 해 등의 사진이나 그림 등

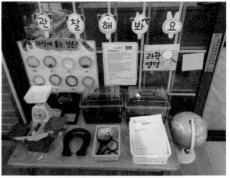

과학 영역의 예

출처: 무궁화유치원 홈페이지.

◆ 음률 영역

음률 영역은 다양한 소리를 탐색하고 음악을 듣고 노래를 부르고 여러 악기를 다루어 보고 음악에 맞추어 자유롭게 몸을 움직이거나 창의적인 신체표현 활동을 하는 영역이다. 음률 영역은 음악에 맞추어 신체를 자유롭게 움직일 수 있는 충분히 넓은 공간이 필요하다. 다양한 악기가 기본적으로 배치되는 곳이므로 소음이 많이 발생한다. 다른 영역의 활동에 방해가 되지 않도록 바닥에는 카펫을 깔아 안정된 분위기를 조성하며 소음도 줄일 수 있도록 한다. 또한 음악과 관련된 다양한 공연 팸플릿, 좌석배치도, 동화 등 다양한 자료를 함께 배치할 수 있다. 악기 배치 시 우리나라 악기-다른 나라 악기, 큰 소리 악기-작은 소리 악기 등 다양한 악기를 경험할 수 있도록 고려한다. 음률 영역에 적합한 놀잇감 및 교재교구는 다음과 같다.

- 기본 교구: 녹음기, 헤드폰, 카세트테이프, 다양한 음악 테이프나 CD, 악보, 악기 관련 사진, 각종 연주회나 춤 공연 등의 사진이나 동영상 자료 등
- 생활 속 악기: 젓가락, 냄비 뚜껑, 깡통, 빨래판, 체 등
- 우리나라 전통 악기류: 장구, 소고, 북, 꽹과리, 가야금, 피리 등
- 외국 악기류: 리듬악기(예: 탬버린, 캐스터네츠, 트라이앵글, 마라카스 등), 멜로디 악기(예: 실로폰, 멜로디언, 키보드, 피아노 등)
- 스카프, 리본, 작은 낙하산 등의 신체표현 도구 혹은 음악 연주회나 춤 공연, 오페라 등에서 공연자가 입는 무대 의상 등

음률 영역의 예

출처: 무궁화유치원 홈페이지.

◆ 미술 영역

　미술 영역은 자연과 사물의 아름다움을 체험하고 그리기, 만들기, 꾸미기, 구성하기 등의 활동을 하며 자신의 느낌이나 생각을 자유롭게 표현하고 미적 아름다움을 감상하는 경험을 하는 영역이다. 미술 영역은 조용하고 밝은 곳이 좋으며, 물을 사용할 수 있는 공간과 가까이 배치한다. 기본적으로 미술 영역은 유아의 창의적인 작품활동이 활발히 일어나는 공간이다. 따라서 책상 위나 바닥에 비닐 등을 깔아 보호하고, 다양한 작품을 제작할 수 있는 자료정리장을 구비하여 손쉽게 꺼내서 사용할 수 있도록 한다. 또한 유아의 작품이 결과물로 나타나는 영역이므로 유아 작품 전시를 위한 공간이 마련될 수 있도록 한다. 미술 영역에 적합한 놀잇감 및 교재교구는 다음과 같다.

- 종이류: 도화지, 색종이, 색지, 골판지, 포장지 등
- 그리기 도구: 크레파스, 색연필, 볼펜, 물감, 먹물, 붓, 사인펜, 매직, 핑거 페인트 등
- 만들기 도구: 가위, 풀, 테이프, 스테이플러, 펀치, 핑킹가위 등
- 각종 자료: 찰흙, 고무 점토, 밀가루 점토, 나뭇가지, 나무젓가락, 빨대, 실, 솜, 스펀지, 수수깡, 자연물(예: 솔방울, 돌, 나뭇잎, 조개껍데기, 깃털 등) 등
- 여러 가지 재활용품: 상자, 헝겊, 요구르트병, 휴지심 등

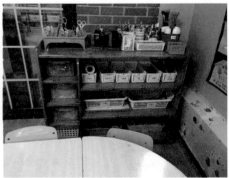

미술 영역의 예

출처: 무궁화유치원 홈페이지.

② 실외

실외 놀이공간은 주변 자연을 직접적으로 경험하면서 세상을 알아 가는 장소이므로 실내 공간과는 달리 보다 활동적이며 적극적인 놀이 형태가 일어나는 공간이다. 실외에서 유아는 적극적으로 대근육 운동에 참여하고 더 다양하고 복잡한 언어를 사용하여 놀이한다. 남아는 실내에서보다 더 많은 극놀이에 참여하고, 여아는 자기주장이 강해지는 경향을 보이기도 하는 등 실내에서의 놀이와는 다른 양상이 벌어지는 곳이다. 따라서 실외 환경은 유아의 전인적 성장 발달을 촉진하는 복합적인 기능을 수행할 수 있도록 영역을 구성해야 한다. 바깥놀이터는 마음껏 뛰어놀면서 자연의 변화를 감각적으로 느낄 수 있는 공간이며, 즐거움을 주고 안전하고 모험적이며 도전적이고 창의적인 놀이를 할 수 있도록 구성해야 한다. 따라서 바깥놀이 시설은 유아의 안전을 위해 「어린이 놀이시설 안전 관리법」에 따른 시설 기준을 적용하여 설치하도록 한다. 실외 환경 역시 정적인 영역과 동적인 영역을 분리하여 활동 간 균형을 이루도록 구성한다.

실외 환경의 영역은 운동놀이 영역, 모래 · 물놀이 영역, 자연탐구 및 관찰 영역, 작업 영역, 휴식 영역 및 놀잇감을 보관할 수 있는 보관창고 등으로 구성하며, 외부의 차량이나 사람들로부터 유아를 보호할 수 있도록 울타리나 담장으로 둘러싸이게 하고, 전체적인 바깥놀이 활동을 교사가 잘 감독할 수 있도록 영역을 구성한다.

◆ 운동놀이 영역

운동놀이 영역은 미끄럼틀이나 그네와 같은 운동놀이 기구를 이용하는 놀이, 공이나 막대와 같은 작은 도구나 몸을 활용하는 놀이를 할 수 있도록 구성된 영역이다. 운동놀이 영역은 다른 영역보다 공간을 많이 차지하므로 다른 영역과의 조화를 고려하고 조용한 영역과 떨어진 곳에 배치한다. 유아의 놀이가 빈번하게 이루어지는 영역이므로 항상 정기적인 안전 점검과 안전한 사용 방법에 대한 교육을 실시하여 안전사고를 예방해야 한다.

- 놀이 기구: 크기가 다른 공, 굴렁쇠, 후프, 줄넘기, 제기, 고무줄 등
- 운동놀이 기구: 그네, 평균대, 뜀틀, 매트 등
- 복합 놀이시설: 시소, 미끄럼틀, 그네, 정글짐, 그물망, 오름판, 흔들다리 등

운동놀이 영역의 예

출처: 무궁화유치원 홈페이지.

◆ 모래 · 물놀이 영역

모래 · 물놀이 영역은 자연물인 모래와 물을 놀잇감으로 놀이하는 영역이다. 물과 모래는 형태와 놀이 목적이 정해져 있지 않아 유아가 창의적인 놀이를 마음껏 할 수 있는 놀잇감이다. 따라서 모래놀이 영역과 물놀이 영역은 인접하게 배치하면 놀이를 확장할 수 있다. 모래 · 물놀이 영역은 통행이 빈번하지 않은 곳에 배치하며 햇볕이 잘 들고 배수가 잘 되는 곳이 적합하다. 또한 그늘막을 설치하여 그늘을 마련해 주고, 유아가 상상력을 키울 수 있도록 다양한 형태의 구조물이나 놀이집, 테이블, 극화놀이 소품 등을 함께 제공한다. 모래를 사용하지 않을 때는 덮개를 덮어 깨끗하게 관리하고, 이물질이 들어가지 않도록 주기적인 소독을 실시해야 한다.

- 모래놀이를 위한 자료: 모래놀이용 기구(예: 다양한 크기와 모양의 그릇과 통, 흙 파기 도구), 모형 자동차(예: 굴착기, 지게차, 트럭 등), 모래놀이 테이블
- 물놀이를 위한 자료: 물놀이 기구(예: 다양한 크기의 그릇, 호스류, 물뿌리개 등)
- 기타 자료: 측정도구, 자연물(예: 돌멩이, 나뭇가지, 조개껍데기, 열매 등), 정리함, 청소도구, 극화놀이로 확장할 수 있는 다양한 소품 등

모래 · 물놀이 영역의 예

출처: 무궁화유치원 홈페이지.

◆ 자연탐구 및 관찰 영역

자연탐구 및 관찰 영역은 유아들이 동식물을 기르며 관찰 · 조사 · 실험하는 활동
이 일어나는 영역으로 식물 기르기 영역과 동물 기르기 영역으로 구성한다. 식물 기
르기 영역은 식물의 성장 과정과 변화를 관찰할 수 있도록 돕기 위해 다양한 종류의
식물을 심고 햇볕이 잘 들고 물을 사용하기 좋은 곳에 배치한다. 공간이 부족할 경
우 화분으로 대체하여 구성할 수 있다. 동물 기르기 영역은 햇볕이 잘 들고 바람이
잘 통하며, 배수가 잘 되는 장소에 배치하여 위생 상태를 항상 점검하면서 청결하게
관리해야 한다. 또한 물과 사료 공급이 쉬운 곳에 설치하여 유아가 직접 먹이를 주
고 관찰하도록 한다. 공간이 부족한 경우 지역사회에 있는 다양한 자원을 활용하여
산책을 가거나 현장체험을 할 수 있다.

• 자연세계를 탐색할 수 있는 도구: 관찰도구(예: 돋보기, 관찰 기록지, 쓰기도구, 곤

자연탐구 및 관찰 영역의 예

출처: 무궁화유치원 홈페이지.

충채집통), 카메라, 백과사전, 물 주기 도구, 크고 작은 화분, 모종삽 등
- 기르기에 적절한 식물: 상추, 배추, 무, 고추, 토마토, 가지, 감자, 고구마 등
- 기르기에 적절한 동물: 토끼, 닭, 새 등

◆ 작업 영역

작업 영역은 주변 환경과 소통하면서 물감으로 그림 그리기, 큰 블록 쌓기, 목공놀이, 점토놀이 등이 이루어지는 영역이다. 유아의 흥미에 따라 다양한 작업이 이루어질 수 있도록 작업대를 설치하고, 작품을 전시할 수 있는 공간을 마련하는 것이 좋다. 작업 영역에서 놀이할 수 있는 활동의 유형을 주기적으로 교체해 주어 유아가 다양한 활동을 하도록 구성할 수 있다.

- 핑거 페인팅, 점토, 물감 그림을 할 수 있는 이젤, 종이, 그림물감, 다양한 굵기의 붓, 그리기 도구, 목공도구, 비닐옷 등
- 작업용 자료: 종이 박스, 나무 박스, 점토류, 밀가루 반죽, 톱밥, 나무젓가락, 빨대, 고무밴드, 스티로폼, 모루, 스펀지, 수수깡, 자연물(예: 솔방울, 도토리, 돌멩이, 낙엽 등) 등
- 각종 도구류: 나무망치, 다양한 그릇, 자, 장갑, 밀대 등

작업 영역의 예

출처: 무궁화유치원 홈페이지.

◆ 휴식 영역

　휴식 영역은 유아들이 동적 활동 후 휴식을 취하거나 다른 유아들이 놀고 있는 모습을 보며 편안하게 시간을 보낼 수 있는 영역이다. 휴식 영역은 유아들이 편안하게 휴식을 취할 수 있도록 조용한 공간을 마련하여 구성하며, 휴식 시간은 유아에 따라 융통성 있게 조절하도록 한다. 다양한 종류의 나무 그늘막 및 정자, 지붕이 있는 테라스를 설치하거나 의자, 텐트나 비치파라솔 등을 활용하여 그늘을 마련한다. 휴식을 취하면서 조용한 음악을 들을 수 있도록 관련 도구들을 배치해 줄 수 있다.

- 의자나 벤치, 돗자리, 파라솔, 텐트
- 책, 조작 놀잇감
- 조용한 음악 CD와 CD 플레이어, 이어폰

휴식 영역의 예

출처: 무궁화유치원 홈페이지.

2) 놀이의 종류

　유아교육기관에서 주로 이루어지는 놀이의 종류는 역할놀이, 쌓기놀이, 운동놀이, 조작놀이, 과학놀이, 미술놀이, 음률놀이, 물·모래놀이, 목공놀이 등이다. 각 놀이의 개념과 놀이 활성화를 위해 교사가 지원해야 할 점은 다음과 같다.

(1) 역할놀이

역할놀이는 자신의 경험을 바탕으로 현실 세계의 흥미로운 사건과 상황을 모방하거나 상상을 통해 새롭게 창조된 가상 상황 속 인물과 상황에 대한 이해를 표현하는 놀이를 말한다. 예를 들어, 주말에 부모와 마트에 다녀온 유아가 역할놀이 영역에서 자기만의 상점을 열고 주인이 되어 친구들에게 물건을 파는 놀이를 하거나, 좋아하는 애니메이션 속의 등장인물이 되어 악당을 무찌르는 놀이를 하는 것이다. 이러한 가상의 놀이 상황을 경험하는 과정에서 유아들은 인물의 상황과 역할에 적합한 언어를 사용하게 되어 의사소통능력이 발달하며, 친구와 합의된 상황에서 함께 놀이함으로써 사회성이 발달한다. 유아들의 역할놀이에서는 다양한 인형, 운전대, 전화기, 음식 모형 등의 모형 놀잇감과 다양한 형태로 활용이 가능한 천, 스카프 등의 자료를 지원할 수 있다. 역할놀이를 증진하기 위해 교사는 유아의 놀이 상황을 면밀히 관찰하여 유아들의 놀이 수준을 파악하고 놀이 상황에 유아들이 적극적으로 참여할 수 있도록 지원하기 위한 교육 계획을 수립할 수 있다. 소극적인 유아, 반복적인 놀이만 하는 유아 등 교사의 지원이 필요한 유아들의 놀이에 적절히 개입하여 놀이의 방향을 제안하거나 다양한 주제의 놀이가 가능하도록 지원해야 할 것이다.

역할놀이하는 유아

(2) 쌓기놀이

쌓기놀이는 다양한 블록이나 소품으로 입체적인 조형물을 구성하는 놀이를 의미한다. 입체물을 3차원으로 돌려 보면서 공간감을 경험할 수 있고, 자유롭게 만들고 부수면서 창의성을 발달시킬 수 있다. 또한 친구와 함께 조형물을 구성하면서 신체, 언어, 정서, 사회성 측면에서 발달을 도모할 수 있다. 또한 친구와 함께 놀이하다가 발생하는 다양한 문제를 함께 해결하면서 유아는 함께 문제를 해결했다는 성취감을 느낄 수 있으며, 공동 목표를 달성하는 기쁨을 느낄 수 있다. 이를 지원하기 위해 다양한 형태·재질·크기의 블록, 입체적인 구조 모형, 표지판, 인형 등 다양한 소품을 준비하도록 한다. 쌓기놀이를 증진하기 위해 교사는 유아가 친구와 놀이하는지 아니면 혼자 놀이하는지, 다양한 블록을 활용하는지, 하나의 구조물을 끝까지 완성할 수 있는지, 만드는 과정에서 나타나는 여러 문제를 해결하며 놀이하는지 등을 면밀히 관찰하도록 한다. 쌓기놀이에 소극적인 유아를 위해 교사는 유아와 함께 조형물을 만들거나 다양한 건축물 사진을 모방해서 만들어 보도록 제안할 수 있다.

쌓기놀이하는 유아

(3) 운동놀이

운동놀이는 걷거나 뛰면서 이동하거나 손으로 물건을 던지고 잡거나 나르는 등 다양한 신체적 운동이 이루어지는 놀이이다. 운동놀이를 통해 유아는 신체의 유연성, 민첩성, 사회성, 순발력 등 신체의 전반적인 발달이 이루어진다. 또한 자신의 신체를 움직이면서 신체적 유능감을 느낄 수 있으며, 이러한 유능감은 긍정적인 자아상을 형성하는 밑거름이 된다. 운동놀이를 지원하기 위해 한 손에 잡히는 탱탱볼부터

운동놀이하는 유아

온몸으로 굴려야 하는 크기의 공 등 다양한 크기의 공, 걷거나 달려서 올라갈 수 있
는 혹은 걷거나 구르며 내려올 수 있는 경사로, 안전하게 구르거나 달릴 수 있는 매
트, 훌라후프, 쥐고 흔들 수 있는 보자기나 스카프, 여러 게임 자료 등을 다양하게
지원해야 한다. 유아의 운동놀이를 지원하기 위해 교사는 우선 안전한 환경을 마련
하고 놀이 방법에 대한 약속을 정하는 등 안전사고가 일어나지 않도록 각별히 주의
하여야 한다. 또한 놀이하는 유아를 관찰하면서 이동하거나 조작하는 유아의 움직
임에 이상이 없는지, 신체적 발달 정도는 어떠한지 분석할 수 있다. 더불어 운동놀
이에 소극적인 유아를 위해 유아의 흥미를 유발할 수 있는 활동을 준비하여 즐겁게
참여하도록 유도할 수 있다.

(4) 조작놀이

조작놀이는 소근육을 사용하여 주로 놀잇감을 분리하거나 재배열하고 분류하는
등의 활동을 통해 사물의 속성을 탐구하는 놀이이다. 조작놀이는 퍼즐을 맞추거나
바느질을 하거나 주사위를 굴려 나온 수만큼 말을 이동하는 게임을 하는 등 개별적
으로 혹은 소집단으로 진행된다. 작은 조각을 손가락으로 집어서 맞는 모양에 놓
는 활동을 통해 소근육이 발달되며, 문제를 해결하는 과정에서 인지발달이 이루어
진다. 또한 친구와 규칙에 맞게 게임을 하면서 의사소통능력과 사회성이 발달한다.
이를 지원하기 위해 유아가 방해받지 않고 혼자 활동에 몰입할 수 있는 조용한 곳과

조작놀이하는 유아

친구와 활발하게 놀이하는 곳이 적절히 결합된 환경을 구성할 필요가 있다. 교사는 각 유아의 발달 수준을 고려하여 다양한 수준의 놀잇감을 제공하도록 한다. 때로는 교사가 놀이하는 방법을 시범 보일 수 있으며, 일정 시간이 지나면 놀잇감을 교체해 주거나 주제에 맞게 제시되고 있는지 점검해야 한다. 또한 유아들에게 놀잇감을 정리하는 방법도 안내하여 스스로 정리정돈할 수 있도록 지원한다.

(5) 과학놀이

과학놀이는 사물과 현상을 관찰하고 실험하는 과정에서 예측하기, 관찰하기, 분류하기, 측정하기, 토의하기 등 다양한 과학적 탐구가 활발히 나타나는 놀이를 말한다. 유아는 창가에 놓인 화분에서 자라는 식물이 작은 꽃을 피웠다는 사실을 관찰하거나, 자석이 의자에 박힌 나사에 붙는 것을 발견하는 등 생활 속에서 다양한 과학놀이를 하게 된다. 과학놀이를 통해 유아는 주변 환경에 대한 과학적 지식과 개념을 습득하게 되고 문제해결능력을 기를 수 있게 된다. 이를 지원하기 위해 다양한 동식물, 모형, 측정도구, 거울, 관련 도서 등 다양한 자료를 준비해 주도록 한다. 무엇보다 과학놀이 활성화를 위해서는 교사의 과학적 소양이 매우 중요하다. 즉, 생활 속에서 나타나는 여러 문제를 교사가 호기심을 가지고 유아와 함께 해결하고자 하는 마음이 중요한 것이다. 예를 들어, 교사의 옷에 묻은 사인펜을 지우기 위해 교사 혼자 세탁하는 것이 아니라 교사의 문제 상황을 유아들에게 공유하고 함께 다양한 해결 방법을 생각한 뒤, 실험을 통해 가장 잘 지워지는 물건을 찾는 활동으로 연계할 수 있다. 과학놀이 활성화를 위해 놀이과정에서 유아가 제안하는 다양한 과학적 문

과학놀이하는 유아

제해결 방법을 있는 그대로 존중해 주고, 유아의 과학적 지식을 그림, 이야기 만들기 등의 다양한 방법으로 표상하는 기회를 제공할 수 있다.

(6) 미술놀이

미술놀이는 다양한 미술도구와 물건을 활용하여 자신의 생각과 느낌을 미술적으로 표현하는 놀이이다. 미술놀이를 하면서 자신의 느낌을 자유롭게 표현하는 과정에서 정서와 창의성 발달이 촉진되고, 다른 사람의 작품이나 작가들의 작품을 감상하는 과정에서 심미감을 경험하게 된다. 미술놀이는 색연필, 물감, 사인펜, 연필 등으로 다양한 재질의 종이에 그리는 평면 활동과 수수깡, 솜, 나무젓가락, 스팽글, 폐품 등으로 만드는 입체 만들기 등의 활동으로 주로 표현된다. 혼자 작업하거나 친구와 협동해서 하나의 주제로 작품을 만들기도 한다. 미술놀이는 교사의 특별한 개입이 없어도 유아들이 활발하게 참여하는 영역 중 하나이다. 미술놀이의 활성화를 위해 무엇보다 교사는 다양한 꾸미기 · 만들기 재료를 제공하도록 하며, 유아의 다양한 표현을 존중해 주고 작품 결과를 멋지게 전시해 주도록 한다.

미술놀이하는 유아

(7) 음률놀이

　음률놀이는 신체, 물건, 악기 등의 소리를 탐색하거나 노래 부르고 악기를 연주하거나 음악을 감상하는 놀이를 말한다. 음률놀이를 통해 유아는 리듬, 박자, 빠르기 등의 음악적 요소를 자연스럽게 경험하고, 이를 통해 음악적 능력이 향상된다. 또한 자기의 생각을 음악으로 표현하는 과정에서 음악적인 창의성과 정서가 발달한다. 음률놀이를 지원하기 위해 다양한 악기, 음악가의 사진이나 작품, 소리 내어 볼 수 있는 물건 등을 제공해 준다. 음률놀이가 활성화되기 위해 무엇보다 교사의 음악적 감수성이 중요하다. 예를 들어, 놀이시간에 유아들의 목소리를 녹음한 뒤 다시 들어 보며 누구의 목소리인지, 어느 영역에서 놀이하는 소리인지 분별해 보게 하거나 '교실에서는 뛰지 않아요.'와 같은 문장에 멜로디를 붙여 노래로 불러 주는 등 일상에서 자연스럽게 음악이 놀이화될 수 있도록 해야 할 것이다. 무엇보다 유아의 자유로운 표현을 수용해 주는 분위기를 형성하도록 해야 한다.

음률놀이하는 유아

(8) 물·모래놀이

물·모래놀이는 실내·실외에서 물과 모래를 가지고 놀이하는 활동으로서 대체로 유아들이 적극적으로 참여하는 놀이이다. 모양이 정해져 있지 않은 자연물로 하는 놀이를 통해 유아는 억눌린 자신의 정서를 마음껏 표현하거나 피부로 온전히 감각을 느끼는 기회를 얻기도 한다. 물·모래놀이는 주로 여러 유아가 함께 놀이하는 경우가 많은 까닭에 의사소통능력과 사회성을 발달시킨다. 물·모래놀이를 지원하기 위해서는 소독이 잘된 모래와 물, 담고 비우거나 부을 수 있는 다양한 통, 삽 등을 제공하도록 한다. 놀이에 앞서 교사는 유아들 간에 놀이 약속을 명확하게 정하도록 해야 한다. 예를 들어, '물과 모래를 뿌리지 않는다.' '입에 넣지 않는다.' '놀이 영역 밖으로 쏟지 않는다.' 등 구체적인 약속이 필요하며, 반복적으로 유아와 이야기하여 정확하게 인지하도록 해야 할 것이다. 무엇보다 유아의 피부가 직접 닿는 매체이므로 덮개를 덮거나 세척을 정기적으로 실시하여 청결에 유의하도록 한다.

물 · 모래놀이하는 유아

(9) 목공놀이

목공놀이는 실내 · 실외에서 톱, 망치, 드라이버 등의 실물이나 모형 공구를 활용하여 직접 구성물을 만드는 놀이이다. 공구를 직접 조작하는 과정에서 주의집중능력과 조절능력이 향상되며, 만들면서 발생되는 문제를 해결하는 과정에서 문제해결능력이 향상될 수 있다. 목공놀이 영역은 다양한 공구를 다루는 영역이므로 무엇보다 안전사고에 유의하도록 한다. 활동에 앞서 '놀이도구를 용도에 맞게 사용한다.' '입에 넣지 않는다.' '휘두르지 않는다.' '정리정돈한다.' 등 구체적인 약속을 정해야 하며, 반복적으로 제시하여 유아가 정확하게 인지하도록 해야 한다. 교사는 놀이과정을 잘 관찰하여 안전사고 발생 시 즉시 대처할 수 있도록 해야 한다. 또한 연령과 수준을 고려하여 실물 자료를 제공할 것인지 모형을 제공할 것인지 결정할 수 있다.

3) 놀이자료

놀이자료는 유아의 생각을 표상하는 매개가 되며 유아의 놀이를 더욱 풍부하게 하는 도구가 된다. 놀이자료를 다양하게 활용하면서 자신만의 방식으로 재창조하는 과정에서 사물의 특성을 탐색하게 되고 심미감을 획득하며 구성원과의 상호작용을 하게 된다. 따라서 유아가 어떤 자료에 흥미를 가지고 있는지 세심하게 살피며 놀이를 통해 새로운 의미를 부여할 때 이를 격려해 주도록 한다. 2019 개정 누리과정에서는 놀이자료와 활용에 대해 다음과 같이 설명하고 있다(교육부, 보건복지부, 2019c).

- 첫째, 유아가 결정한 자료 활용 방법을 격려한다. 유아는 자신만의 방식으로 자료의 의미를 부여하며 교사가 의도한 것과 다른 방식으로 활용하기도 한다. 따라서 교사가 계획한 활동으로 이끌기보다는 자료가 놀이의 매개가 되는 과정을 관찰하며 유아가 스스로 선택한 방법을 통해 배움이 일어나도록 지원해야 할 것이다.
- 둘째, 자연물이나 자연현상도 자료가 될 수 있다. 유아는 일상에서 다양한 자연물을 경험하면서 즐거움과 아름다움을 느끼며 자연현상, 생명의 귀중함을 알아가게 된다. 따라서 주변을 산책하면서 계절에 따라 변화하는 자연의 모습을 접하며 자연물을 보고 만지고 냄새 맡는 경험을 하도록 지원해야 할 것이다.
- 셋째, 다양한 일상의 사물을 놀이자료로 활용한다. 일상 속 물건을 놀이자료로 활용하면서 본래의 용도 외에 고유한 특성과 형태, 색, 질감 등의 다양한 감각적 요소를 발견하게 된다. 따라서 정형화된 놀잇감보다는 일상에서 발견한 다양한 사물을 활용하여 놀이해 볼 수 있도록 지원해야 할 것이다.
- 넷째, 자료가 없어도 놀이할 수 있다. 유아의 놀이에서 항상 놀이자료가 필요한 것은 아니다. 유아는 몸으로 놀면서 주변을 알아 가고 자신의 생각과 감정을 표현하며 나와 다른 사람의 관계를 알게 되기도 한다. 따라서 실내외에서 신체를 활용하여 다양하게 놀이해 보는 경험을 통해 유아의 몸에 내재된 놀이성을 지원할 수 있다.
- 다섯째, 기존의 자료도 새롭게 활용해 본다. 이미 유아교육기관에서 구비하고 있는 영역별, 생활주제별 자료의 경우 좋은 놀이자료가 될 수 있다. 이때 교사 주도적으로 계획한 활동에 의해 제시하기보다는 유아의 놀이 주제에 맞게 새로운 방법으로 활용할 수 있도록 한다.

 **여기 보세요!**

일상생활 속 물건도 유아에게는 훌륭한 놀이자료가 될 수 있어요. 지금 여러분이 가지고 있는 물건을 살펴보고 다음의 미션을 수행해 보세요.

미션 1. 내가 가진 물건으로 놀이 방법 고안하기

- 물건 하나를 정하세요.
- 그 물건으로 할 수 있는 놀이를 생각해 보세요.
- 놀이 방법을 정해 보세요.

미션 2. 같은 물건 다르게 활용하기

- 대부분의 물건은 사용 방법이 정해져 있어요. 전혀 다른 방법으로 물건을 사용한다면 어떤 방법으로 사용할 수 있을지 생각해 보세요.

4) 유아 놀이와 교사의 역할

유아는 놀이하는 과정에서 주변과 능동적으로 상호작용하며 이 과정에서 배움을 획득한다. 이를 위해 교사는 놀이 환경을 제공하고 유아의 놀이를 관찰하며 필요한 자료를 제공하거나 공간을 조정하는 등의 지원을 하게 된다. 놀이하는 과정에서 나타나는 유아와 교사의 끊임없는 상호작용은 놀이의 시작과 지속, 새로운 놀이로의 전이와 확장, 마무리 등 놀이 흐름 전반을 관찰하고 유아의 의도를 이해하는 과정을 기초로 이루어진다. 교사는 놀이하는 과정에서 관찰하기, 질문하기, 제안하기, 함께 참여하기, 정서 지원하기 등의 방법으로 유아와 언어적 · 비언어적 상호작용을 하면서 놀이를 지원하게 된다(교육부, 보건복지부, 2019c). 교사의 역할을 살펴보면 다음과 같다.

첫째, 교사는 유아와 유아의 상호작용을 지원한다. 교사는 유아의 놀이를 관찰하면서 유아가 또래 유아와 어떻게 놀이하며 어떤 관계를 맺고 있는지 알게 되고, 유아의 성향, 사회적 능력 등을 파악할 수 있다. 이때 혼자 노는 유아, 갈등이 빈번하게 일어나는 유아, 놀이 상대가 계속 바뀌는 유아 등 유아의 개별적 특성을 파악하여 적절히 개입할 수 있도록 하되, 교사의 섣부른 개입으로 인해 놀이 전개나 유아 간의 상호작용이 방해받을 수 있으므로 개입시기를 신중하게 결정하도록 한다.

둘째, 교사는 유아와 환경의 상호작용을 지원한다. 놀이는 놀이공간에서 동시에 산발적으로 일어나며, 놀이 주제와 자료가 동일하더라도 유아마다 흥미와 몰입 정도는 다르다. 따라서 보다 체계적이고 지속적으로 놀이를 관찰하여 유아가 어떤 놀이를 좋아하고 즐기는지, 다양한 놀이를 하는지 한 가지 놀이를 주로 하는지, 놀이자료를 어떤 방법으로 활용하는지 등을 파악하도록 한다. 이 과정에서 교사는 놀이자료와 유아의 관계를 더 잘 이해하고 적절하게 지원할 수 있게 된다. 또한 교사가 의도한 놀이 방법과 다르더라도 유아가 제안하는 방법을 수용하고 격려할 필요가 있다.

셋째, 교사는 놀이지원을 위해 관찰한다. 유아의 놀이를 지원하기 위해서는 유아가 놀이를 통해 보이는 감정 상태, 호기심, 탐색 방법 등을 파악하기 위한 관찰이 우선시된다. 따라서 교사는 놀이 진행 과정에서 상호작용하기에 앞서 적절한 개입 순간과 방법을 현명하게 결정할 수 있도록 세심한 관찰을 실시해야 한다.

넷째, 교사는 놀이를 제안하며 지원한다. 유아의 놀이를 지원하기 위해 교사가 놀이 제안을 할 수 있다. 그러나 이때 교사 주도로 놀이자료를 제안하거나 새로운 놀이 방법을 소개하기보다는 놀이 관찰에 기반하여 놀이를 제안하도록 한다. 현재 진행 중인 유아의 놀이가 지속되고 발전할 수 있도록 공간, 자료, 시간을 종합적으로 고려하여 어떤 놀이지원이 가장 적합할지 판단한다. 무엇보다 유아가 교사의 지원을 어떻게 받아들이는지 살펴보도록 한다. 그러나 안전이나 교육적 가치가 분명한 경우 교사가 적극적으로 제안할 수 있다.

다섯째, 교사는 유아의 놀이에 참여하며 지원한다. 유아는 교사와 함께 놀이하며 즐거움을 경험하기도 한다. 교사 역시 유아와 함께 놀이하며 놀이의 속성을 더 잘 파악하여 효과적으로 지원할 수 있게 된다. 함께 놀이하는 과정에서 유아의 놀이가 문제상황에 놓일 경우 유아가 문제를 정확하게 이해하고 문제해결 방법을 생각해 보도록 안내할 수 있다.

여섯째, 교사는 질문하며 놀이를 지원한다. 놀이를 하는 과정에서 유아는 '왜?' '어떻게?'와 같은 질문을 떠올리며 스스로 해결하기 위해 놀이에 더욱 몰입하게 된다. 교사는 유아와 함께 놀이하는 과정에서 유아의 문제해결과정이 유연하게 흐르도록 돕기 위해 질문할 수 있다. 이때 답이 정해진 질문보다는 "너는 어떻게 생각하니?"

"만약 그렇다면 어떻게 될까?"와 같이 유아가 능동적으로 생각해 볼 수 있는 질문이 적합하다.

일곱째, 교사는 정서적으로 지원해 준다. 놀이를 하는 과정에서 유아가 성취감을 경험할 수 있도록 미소, 끄덕임과 같은 비언어적인 상호작용을 통해 긍정적인 정서지원을 해 주도록 한다. "그렇게 만들 생각을 하다니 놀랍구나."와 같은 감탄, "그래, 이번에는 무너지지 않을 거야."와 같은 격려 등의 언어적 상호작용도 좋은 방법일 수 있다. 교사가 보이는 긍정적인 반응은 유아로 하여금 존중받는 느낌이 들게 하고 새로운 놀이를 주도적으로 하도록 지속하는 원동력이 된다. 또한 교사는 놀이과정에서 유아가 겪는 좌절, 걱정 등의 부정적인 정서에도 관심을 가지고 지속적인 격려와 위안을 얻을 수 있도록 도와야 한다.

참고문헌

권윤경, 이찬(2015). 어린이 놀이 공간에 대한 듀이의 경험론적 특성 연구. 한국공간디자인학회, 35, 151-163.

교육과학기술부(2013). 3~5세 누리과정 교사용 지침서. 세종: 교육과학기술부.

교육부, 보건복지부(2019a). 2019 개정 누리과정 놀이이해자료.

교육부, 보건복지부(2019b). 2019 개정 누리과정 해설서.

교육부, 보건복지부(2019c). 2019 개정 누리과정 놀이실행자료.

서석원, 박지선(2016). 유아교육기관 교사의 교수효능감과 교실환경이 유아의 또래놀이 상호작용에 미치는 영향: 교사-유아 상호작용의 매개효과. Family and Environment Research, 54(3), 293-305.

신동주, 류진순(2006). 유아교육기관의 물리적 환경과 유아의 실내외 놀이행동. 유아교육학논집, 10(2), 165-185.

신은수(2000). 놀이에 대한 교사효능감이 교사와 유아의 상호작용과 유아 놀이발달에 미치는 영향. 유아교육연구, 20(1), 27-43.

신은수(2002). 놀이와 유아. 서울: 이화여자대학교 출판부.

양옥승(2003). 자유선택활동에서 유아의 선택의 의미. 유아교육학논집, 23(3), 131-152.

조성연, 박은혜(2014). 유아의 그림을 통해 본 유아교육기관에서의 놀이에 대한 이미지. 유아교육학논집, 18(2), 35-37.

162 제6장 유아교육과 놀이

조형숙(2013). 유아와 자유선택활동. 영유아를 위한 자유선택활동의 효율적 운영. 제48회 중앙대학교 사범대학 유아교육과 유아교육 교사연수 미간행 자료집, 9-24.

지성애(2001). 유아놀이지도. 서울: 정민사.

한국유아교육학회(2010). 유아교육학사전. 서울: 한국사전연구사.

Dattner, R. (1995). 어린이 놀이환경 디자인 [*Design for play*]. (김정태 역). 서울: 기문당. (원저는 1986년에 출판).

Dudek, M. (2007). *A design manual schools and kindergartens*. Birkhauser. p. 52.

Frost, J. L., & Klein, B. L. (1979). *Children's play and playgrounds*. Boston: Allyn & Bacon.

Frost, J., Shin, D., & Jacobs, P. (1998). Play environments and children's play. In O. Saracho & B. Spoddek (Eds.), *Multiple perspective on play in early childhood education* (pp. 168-176). Albany, NY: State University of New York Press.

Getz, S. K., & Berndt, E. G. (1982). A test of a method for quantifying amount, complexity, and arrangement of play resources in the preschool classroom. *Journal of Applied Developmental Psychology, 3*, 295-305.

Huizinga, J. (2010). 호모 루덴스: 놀이하는 인간 [*Homo ludens: A study of the play element in culture*]. (이종인 역). 경기: 연암서가. (원저는 1971년에 출판).

Hutt, C. (1971). Exploration and play in children. In P. E. Herron & B. Sutton-Smith (Eds.), *Child's play* (pp. 231-251). New York: John Wiley & Sons.

King, N. R. (1979). Play: The kindergartener's perspective. *The Elementary School Journal, 80*(2), 81-87.

Reinsberg, J. (1999). Understanding your children's behavior. *Young Children, 54*(4), 54-57.

Smilansky, S. (1968). *The effects of sociodramatic play on disadvantaged preschool children*. New York: Wiley.

국제장난감도서관협회 http://itla-toylibraries.org
무궁화유치원 http://www.mghkids.co.kr
한국디자인진흥원 http://www.designdb.com

제7장

유아교육과 교사

1. 유아교사의 개념 및 역할
2. 전문성 함양을 위한 현직교육
3. 유아교사와 교사윤리

인생의 첫 스승인 귀한 존재, 유아교사에 대한 이해!

다음의 글을 읽으면서 유아교사란 어떤 존재인지 생각해 보세요.

나는 유아교사입니다

조그만 소리에도 몹시 놀라는 나는 유아교사입니다.

언제나 90도로 배꼽인사하는 나는 유아교사입니다.

쓰레기나 재활용을 보면 '이걸로 무얼 만들 수 있을까?'라는 질문이 제일 먼저 떠오르는 나는 유아교사
입니다.

가위질을 초스피드로 할 수 있는 나는 유아교사입니다.

아이들의 작은 상처 하나에 가슴이 철렁하는 나는 유아교사입니다.

컨디션이 매우 안 좋아도, 혹시 슬픈 일이 있어도 언제나 상냥하게 웃어야 하는 나는 유아교사입니다.

아이들의 똑같은 질문이 10번 넘게 반복되어 화가 차올라도 이내 진정시키고 대답하는 나는 유아교사
입니다.

소풍 갔다 돌아오는 차 안, 아이들이 피곤해 모두 잠들어 있을 때도 쉬지 않고 돌아다니며 챙겨야 하는
나는 유아교사입니다.

아이들을 혼내다가도 바짝 긴장한 표정이 귀여워 이내 웃어 버리는 나는 유아교사입니다.

점심시간에 밥을 초스피드로 먹어야 하는 나는 유아교사입니다.

문구점이나 화방에 있는 재료들의 명칭을 거의 다 알 수 있는 나는 유아교사입니다.

유치한 물건에도 욕심이 생기는 나는 유아교사입니다.

출근길 유치원을 보며 오늘은 화내지 말자고 다짐하는 나는 유아교사입니다.

가끔 투명한 도깨비와 대화를 나누기도 하고, 목소리가 들리지도 않는 경찰 아저씨와 통화하는 나는 유
아교사입니다.

주말에도 오전 10시쯤이 되면 자동적으로 정리가 하고 싶어지는 나는 유아교사입니다.

작은 아이들을 대할 때는 무릎 꿇고 눈높이를 맞춰 주는 나는 유아교사입니다.

하루 종일 천사들과 함께하고 그 천사들의 우상이며 그 천사들의 스승인 나는 유아교사입니다.

언젠가 그 천사들이 내 가르침을 받고 자라 우리나라에서 큰 존재가 되기 바라는 나는 유아교사입니다.

출처: 유튜브 동영상(https://www.youtube.com/watch?v=5CN88kQ2YFQ)의 내용을 재구성함.

유아교사란 어떤 존재인 것 같나요? 때로는 힘들고 어려운 일도 많지만 해맑은 아이들의 미소와 꿈, 희
망을 바라보며 꿋꿋이 소임을 다하는 귀한 존재가 아닐까 합니다.

이 장에서는 유아교육을 이끌어 갈 중요한 존재인 유아교사의 의미와 역할을 알아보고, 유아교사의 역
량 강화를 도울 수 있는 현직교육의 방법, 윤리의식 함양을 위한 실천법 등에 대해 살펴보고자 합니다.

1. 유아교사의 개념 및 역할

'교사로서 나는 어떤 존재인가?'에 대해 생각해 보는 것은 매우 중요한 일이다. 왜냐하면 교사는 교육 자체가 이루어지게 하는 핵심적인 존재이기 때문이다(Tickle, 1999). 특히나 유아기는 인성의 기초가 형성되는 시기이며, 유아를 둘러싼 사람들의 영향을 가장 민감하게 받는 시기이기 때문에 이 시기의 유아를 담당하는 교사는 유아의 사회화에 결정적인 역할을 하게 된다. 따라서 유아교사란 어떤 존재이며, 무엇을 어떻게 해야 하는지에 대한 역할 개념을 명확히 하는 것이 무엇보다 필요하다. 여기서는 유아교사의 정의에 대해 알아보고, 타 학교급과 다른 유아교사의 역할 특징에 대해 살펴본다.

1) 유아교사의 정의

법적 · 사회적 측면에서 유아교사를 정의해 보면 '일정한 자격증을 가지고 학생을 가르치는 사람'으로, 우리나라에서는 이원화된 유아교육체제를 유지하고 있기 때문에 「유아교육법」 「영유아보육법」에서 정한 소정의 교육과정을 이수한 후에 교육부에서 발급하는 유치원 교사 자격증, 보건복지부에서 발급하는 보육교사 자격증을 취득한 사람'이라고 할 수 있다. 「유아교육법」과 「영유아보육법」에서 정의하고 있는 유아교사의 법적 측면의 개념은 유아교육기관 영유아의 교육과 보호, 건강관리 및 학부모와의 상담, 그 밖의 유아교육기관의 관리 · 운영 등의 업무를 담당하는 교직원이다. 다시 말해, 유아의 전인적인 성장과 발달을 돕기 위해 유아교육기관에서 체계적인 노력을 기울이는 사람으로서 유아의 삶에 매우 중요한 책무를 지닌 존재라고 할 수 있다. 유아교사는 자녀를 돌보기 어려운 부모를 대신해서 영유아를 교육하고 보호하는 존재로서 부모와 마찬가지로 복합적인 역할을 수행하는 사람이다. 유아교육기관에서 근무하는 유아교사가 되기 위해서는 일정한 자격을 취득해야 한다. 유치원과 어린이집에서 근무하기 위해 갖추어야 할 자격 조건은 다른데, 각각의 자격 취득 및 승급 방법을 살펴보면 다음과 같다.

(1) 유치원 교사 자격 취득 및 승급

유치원의 경우 원장, 원감, 교사의 직급이 있다. 교사는 다시 유치원 정교사(1급)와 유치원 정교사(2급)로 나뉘는데, 유치원 교사로 일하려면 유치원 정교사(2급) 이상의 자격을 취득해야 한다. 유치원 정교사(2급) 자격을 취득하고 승급하는 방법은 다양할 수 있지만, 여기서는 가장 일반적인 방법을 중심으로 소개한다. 유치원 정교사(2급) 자격을 취득하기 위한 가장 일반적인 방법은 전문대학 이상의 유아교육과에서 소정의 교육을 이수하고 학점을 취득한 후 졸업 시점까지 무시험검정 자격취득 기준을 충족하는 것이다. 무시험검정 자격 취득 기준은 '교원자격검정 실무편람'에 자세히 제시되어 있다(교육부 홈페이지 참조). 유치원 정교사(2급) 자격을 취득하고 유치원에서 3년 이상 근무하면 유치원 정교사(1급) 자격을 취득할 자격 조건이 된다. 자격 조건이 된다고 1급으로 자동으로 승급하는 것이 아니고 소정의 교육을 이수해야 하며, 교육 이수 후 시험에 응시하여 일정 기준 이상의 점수를 획득해야 한다. 법적으로는 유치원 정교사(2급) 자격 취득 후 3년의 유치원 교사 경력이 있으면 1급 자격 취득 기회가 주어지는 것으로 되어 있으나, 승급교육의 인원이 해마다 정해져 있어 모든 자격 취득 대상자가 교육을 받을 수 없는 실정이다. 승급교육을 받지 못하고 적체된 인원으로 인하여 2급에서 1급으로 승급하는 데 소요되는 실제 기간이 지역마다 다를 수 있으며, 평균적으로는 약 6~8년이다. 유치원 정교사(1급) 자격을 취득한 후 유치원 교사로 3년 이상 근무하면 마찬가지의 절차로 원감으로 승급할 수 있고, 원감으로 승진한 후 3년 이상 유치원에서 근무하면 원장으로 승진할 수 있다.

〈표 7-1〉 유치원 교원의 종별 및 자격 기준

구분	자격 기준
원장	1. 유치원의 원감 자격증을 가지고 3년 이상의 교육 경력과 소정의 재교육을 받은 자 2. 학식, 덕망이 높은 자로서 교원자격검정위원회의 추천에 의하여 교육부 장관의 인가를 받은 자
원감	1. 유치원 정교사(1급) 자격증을 가지고 3년 이상의 교육경력과 소정의 재교육을 받은 자 2. 유치원 정교사(2급) 자격증을 가지고 6년 이상의 교육경력과 소정의 재교육을 받은 자

정교사 (1급)	1. 유치원 정교사(2급) 자격증을 가진 자로서 3년 이상의 교육경력과 소정의 재교육을 받은 자 2. 초등학교 정교사(1급) 자격증을 가진 자 3. 유치원 정교사(2급) 자격증을 가지고 교육대학원 또는 교육부 장관이 지정하는 대학원의 교육과에서 유치원 교육과정을 전공하여 석사학위를 받은 자로서 1년 이상의 교육 경력이 있는 자
정교사 (2급)	1. 대학에 설치하는 유아교육과 졸업자 2. 대학(전문대학 및 이와 동등 이상의 각종 학교를 포함한다) 졸업자로서 재학 중 소정의 보육과 교직 학점을 취득한 자 3. 교육대학원 또는 교육부 장관이 지정하는 대학원의 교육과에서 유치원 교육과정을 전공하고 석사학위를 받은 자 4. 유치원 준교사 자격증 소지자로서 2년 이상의 교육 경력을 가지고 소정의 재교육을 받은 자 5. 초등학교 정교사(2급) 자격증을 가진 자
준교사	1. 유치원 준교사 자격 검정에 합격한 자 2. 초등학교 준교사 자격증을 가진 자

출처: 「초 · 중등교육법」 제21조 제1항의 별표 1과 제2항의 별표 2.

(2) 어린이집 교사 자격 취득 및 승급

어린이집 교사가 되기 위해서는 어린이집 교사 자격을 취득해야 하는데, 어린이집 교사 자격의 경우 그 종류가 매우 다양하다. 보육교사 3급, 2급, 1급, 시설장으로 구분되는데, 보육교사 3급 자격 이상만 취득하면 어린이집에서 근무할 수 있다. 일반적인 보육교사 자격 취득 방법을 소개하면, 보육교사 자격 취득을 위한 최소 조건으로 지정된 보육교과목(17과목 51학점)과 보육실습을 전문대학 및 이와 동등 이상의 학교나 보육교사교육원에서 이수한 후 보육교사자격관리사무국의 자격검정을 거치면 된다. 보육교사 3급 자격을 취득한 후 2년 이상의 보육경력이 있으면 2급으로, 2급 자격을 취득한 후 3년 이상의 보육경력이 있으면 1급으로, 1급 자격을 취득한 후 3년 이상의 보육경력이 있으면 시설장으로 승급할 자격이 주어진다. 어린이집 교사 승급 역시 자격만 주어진다고 되는 것이 아니라, 소정의 기간 동안 승급교육을 받고 시험을 치른 후 기준 이상의 점수를 획득해야 한다. 자세한 자격 유형 및 기준은 보육교사자격관리사무국 홈페이지(http://chrd.childcare.go.kr)에 제시되어 있다.

 여기 보세요!

초임교사에서 원장으로

대학을 졸업하면서 초임교사로 교사생활을 시작하여 현재 총 10년 이상의 교직경력을 거쳐 사립 유치원 고용 원장으로 재직하고 있는 한 원장의 교직 생애사를 살펴볼까요?

A 원장은 교사가 되기 이전부터 경력교사가 되기까지 준비기(교직 입문), 적응기(1~2년), 성장기(3~6년), 성숙기(7~15년)의 과정을 거쳐 운영자, 지도자로서의 원장의 역할을 하고 있습니다. A 원장의 교직 생애사를 박수미(2001)는 4단계로 나누어 정리했습니다. 각 단계별 A 원장의 교직 생애 경험을 들여다보면서 여러분의 유치원 교직 생애를 그려 보면 어떨까요?

- 준비기(교직 입문): 대학생활과 생활 속의 경험이 교사 생활에 든든한 밑바탕이 되며 교직에 대한 확신은 없지만 학과 공부와 동아리 활동 등 다양한 경험을 통해 교사가 되는 데 필요한 자질을 함양하는 시기인 준비기에 A 교사는 '수월한 직업이고 유아교육과는 공부하기 쉬운 학과일 것'이라는 막연한 기대만을 가지고 교사 양성 기관에 입학하였다. 그러나 이론 위주의 학과 수업과 사전 실습 없는 본 실습 참여로, 쉽게만 여겼던 유치원 교사라는 직업에 부담을 느꼈다. 다른 곳으로의 취직도 생각했지만, 결국 현실적인 이유로 사명감 없이 교직을 선택하게 되었다. 현장에서 유아들과 함께하는 직접적인 경험 부족으로 유아를 피상적인 존재로 인식하게 되었지만, 신앙을 가지고 있던 터라 차별 없이 귀한 존재로 바라보기는 하였다. 대학 시절 다양한 교수 경험의 부족으로 교과서적인 내용에 기반한 수업을 주로 하게 되었다.

- 적응기(1~2년): 유치원 체제에 조용히 순응하며 살아남기 과정을 거치면서 유치원 교사의 역할을 정립하게 되는 시기인 적응기에 A 교사는 이상과 현실의 괴리감을 느끼고 힘겹게 유치원 체제에 적응해 가면서, 2년차부터는 자신이 당면한 역할을 보다 자연스럽게 받아들일 수 있는 여유가 생겼다. 유치원 환경에 적응해 나가면서부터 자신에 대한 관심에서 벗어나 교수 방법 쪽으로 관심을 확장시켜 나갈 수 있었다. 유아들의 능력을 서서히 인식하고, 혼자라도 새로운 시도를 하게 되었다. 그러나 적절한 장학의 부족으로 교직에 대한 확신은 여전히 갖지 못하였다.

- 성장기(3~6년): 장학의 충족으로 안정감을 갖게 되고 학교에서 배웠던 이론과 현장의 실제를 접목시키면서 교사로서의 자신감을 갖게 되어 교직을 천직으로 여기는 시기인 성장기에 접어들어 A 교사는 기존에 익숙했던 교수 자료에 변화를 주고, 직전 교육 시기에 받은 교육과 자신의 잠재된 재능들을 현장에 하나둘씩 펼쳐 가게 되었다. 교직에 확신이 없었던 시기를 지나 직

업에 소명의식을 갖게 되었고, 교수 방법과 유아를 보는 시각에도 변화가 생겼다. 정해진 단원에 맞춰 진행하는 수업에 단조로움을 느끼고, 무엇을 가르칠까가 아니라 어떻게 재미있게 가르칠까를 고민하게 되었다. 또한 유아를 '무한히 받아들일 수 있는 흡수적인 존재'로 바라보게 되었다.

- 성숙기(7~15년): 오랜 현장 경험을 바탕으로 멘토의 위치에서 원을 이끌어 나가는 시기인 성숙기에 이르러 A 교사는 오랜 경력 속에서 원 운영에 자신감을 갖게 되었다. 교사 주도의 수업이 아닌 아이들의 흥미와 관심을 반영하면서 유아들에게 주도권을 부여하게 되었고, 새로운 교수법을 지속적으로 적용하며 유아들을 단순히 흡수하는 존재가 아니라 자발적 탐색이 가능한 능동적인 존재로 인식하게 되었다. 자녀를 양육해 본 경험으로 인해 모든 유아를 내 자녀처럼 귀한 존재로 바라보게 되면서 수업 기술보다 관리 기술이 더욱 신장되었고, 학부모들과의 관계가 보다 친밀해졌다. 또한 지도자의 위치에서 조직을 지휘하며 열심히 일하는 분위기를 조성하고, 보수나 교사의 복지 문제에 대해 당당히 주장을 펼치게 되었다.

2) 유아교사의 중요성

교육은 현재보다는 미래를 위한 일이라 할 수 있다. 앞으로의 삶을 가치 있고 조화롭게 이끌 수 있는 힘이 교육에 있다. 이러한 교육의 핵심적인 주체가 바로 유아교사이다. 무슨 일이든 튼튼한 기초가 중요하듯이, 공교육의 첫 단계인 유아교육을 담당하고 있는 유아교사는 우리의 미래를 책임질 중요한 역할자라고 할 수 있다. 유아교사가 타 학교급 교사와 비교해 더욱 중요한 이유는 다음과 같다.

- 첫째, 유아교사는 유아가 만나는 첫 번째 선생님이기 때문에 중요하다. 첫 만남, 첫인상은 삶에 특별한 의미가 될 수 있고, 또한 중요한 영향을 미칠 수도 있다. 부모나 가족을 떠나 교사라는 이름으로 유아가 만나는 첫 사회적 대상이 바로 유아교사이다. 유아교사를 통해 유아는 세상을 이해할 수 있는 틀을 갖게 되고, 보다 넓은 사회적 관계를 맺게 된다. 유아에게 첫 번째 사회적 모델로서 유아교사는 남다른 책무성을 가져야 할 중요한 존재이다.

• 둘째, 유아교사에게는 자율과 책임이 있기 때문에 중요하다. 교육의 질은 교사의 질을 능가할 수 없다는 말이 있다. 그만큼 교육을 실시하는 교사의 역량이 중요하다는 뜻이다. 특히나 유아교사에게는 초·중등학교 교사보다 많은 자율권과 책임이 주어진다. 초·중등 교육과정은 교육 목표나 가르칠 내용이 정해져 있다. 교과도 나뉘어 있고 교과서도 있으며 교과별 시간표도 있다. 그러나 유아교육은 전인적인 성장과 발달이라는 목표는 같지만 그러한 목표에 도달하기 위한 방법이 다르다. 교육과정이 유아의 흥미와 관심에 따라 놀이를 중심으로 통합적·자율적·창의적으로 운영되므로 수업의 계획·진행·평가가 교사에 의해 좌우될 수 있다. 자율적으로 선택한 교육과정의 질은 유아교사가 책임져야 한다. 유아교사는 유아교육의 질을 결정하는 핵심적 역할을 수행하게 되는 것이다.

• 셋째, 유아교사의 일은 삶의 기초를 쌓는 일이기 때문에 중요하다. 유아교사가 담당하는 업무는 초·중등교사와는 많이 다르다. 교과 지도에만 국한되지 않고 식습관, 인사 예절 등의 기본생활습관 지도, 부모와의 연계 등 더 복잡하고 다양한 역할을 하게 된다. 그러나 역할이 많다는 것보다 유아교사의 역할이 영유아의 삶과 깊게 연관되어 있다는 점이 더 중요하다. 단순히 유아교육기관에 머무는 시간 동안만 가르치고 책임지는 존재가 아니라 가정에서도 또는 이후의 생활에서도 영향을 미칠 수 있는 귀중한 경험들을 마련하고 제공해야 하는 사람이 유아교사이다. "세 살 버릇 여든까지 간다."라는 속담을 예로 들지 않아도 유아기에 형성된 삶의 기초가 얼마나 중요한지는 누구나 공감할 수 있을 것이다. 누군가의 인생의 기초를 튼튼히 쌓도록 돕는 중요한 존재가 바로 유아교사이다.

이와 같이 유아기를 담당하는 유아교사는 유아가 만나는 첫 번째 사회적 존재라는 점에서, 자율과 책임이 있는 존재라는 점에서, 끝으로 삶의 기초를 쌓는 일을 담당하고 있다는 점에서 중요한 존재라는 것을 알 수 있다.

3) 유아교사의 역할

　교사의 역할이란 교육기관에서 교사가 담당해야 할 일, 교사에게 기대되는 행동 양식을 포괄한 것을 말한다. 따라서 유아교사의 역할이란 유아교육기관에서 유아 교사가 담당해야 할 일, 유아교사에게 기대되는 행동양식을 말한다. 유아교사가 담당해야 할 일이 다양하고 포괄적이기 때문에 유아교사의 역할을 한두 마디로 규정하기 어렵다. 가르치고 돌보는 일 이외에도 부모상담, 환경 구성, 교재교구 제작, 문서 처리, 간식과 식사 지도 등등 타 학교급 교사에 비하면 소소하지만 의미 있는 중요한 역할들을 하게 된다. 유아교사의 역할은 단순히 가르치는 일에 국한되지 않는다. 그 이유는 유아의 연령이 어리며 삶의 기초를 형성해야 하는 시기이므로 다루어야 할 교육 내용이 많기 때문이다. 타 학교급과 구별되는 유아교사의 역할에 대해 살펴보면 다음과 같다.

(1) 통합적 교육과정 운영자의 역할

　유아교사의 핵심적인 역할은 유아의 발달과 흥미에 적합한 교육과정을 운영하는 것이다. 교육 목표를 수립하고 적절한 내용을 선정한 후 영유아의 흥미와 발달에 적합한 교수-학습 방법을 사용하여 수업을 진행하고 평가하는 일이 유아교사가 담당해야 할 가장 핵심적인 역할이다. 유아의 발달과 주제에 적합한 학습 환경을 제공하며, 유아들의 놀이 상황을 체계적으로 관찰하여 기록하고 그 결과를 다음 계획에 환류(반영)하여 끊임없이 교육과정을 개선하는 것이 필요하다. 교육의 계획-실행-평가-결과 환류라는 절차는 타 학교급에서도 실시하는 것으로서 큰 차이가 없다고 볼 수 있는데, 내용상에는 차이가 있다. 초등학교 이상의 학교급과 달리 유아교육기관에서는 자율적인 교육과정 운영이 이루어진다. 목표에 이르는 과정과 방법이 유아의 흥미와 관심, 발달 수준에 따라 다양해질 수 있다. 따라서 유아교사는 타 학교급 교사보다 교육 대상자에 대한 민감성 발현, 창의적이고 다양한 아이디어 도출, 놀이를 중심으로 교육과정을 통합하여 운영하는 역할을 담당해야 한다.

 여기 보세요!

'통합적 교육과정 운영자의 역할' 사례

유아교육기관에서는 '생활주제'를 중심으로 교육과정을 운영합니다. 생활주제 중심의 교육과정은 통합교육을 위한 접근 방식의 하나로 유아의 주변 생활에서 유아에게 의미 있고 가치 있는 내용을 교육과정으로 조직하고 구성·운영하는 것을 말합니다. 유아가 자신들이 속한 사회문화적 환경을 느끼고 알아 갈 수 있도록 유아의 발달과 흥미에 맞는 교육과정을 교사와 유아가 함께 만들고 변화시키며, 통합적으로 운영해 나갑니다. 그 과정에서 유아와 교사 모두 삶을 즐기며 성장해 나갑니다. 예를 들어, 가을이라는 생활주제를 진행한다면, 유아와 교사가 느낀 가을을 이야기 나누고, 가을의 날씨, 우리 동네 가을의 풍경 변화, 내가 좋아하는 가을 곤충 등에 대해 알아보면서 관련된 노래도 불러 보고, 조형활동, 신체표현, 게임, 가을 동산으로 소풍도 하면서 유아들의 관심과 흥미에 따라 다양하고 심도 있게 가을을 느끼고 경험해 보는 것이지요. 이러한 통합적인 교육과정 운영의 핵심 역할자는 유아교사입니다.

사진 출처: (왼쪽) 문경대학교 유아교육과 홈페이지, (오른쪽) 제암산자연휴양림 홈페이지.

(2) 양육자의 역할

유아교사는 부모를 대신하여 어린 유아를 맡아 보호하고 교육하는 중요한 역할을 해야 하기 때문에 단순히 교과 지도 역할에만 국한되지 않는다. 교육뿐만 아니라 가정에서와 같이 식습관 지도, 자조활동 등 기본적인 생활습관 지도도 한다. 가정에서 부모가 양육하듯이, 먹이고 입히고 씻기는 일이 필요한 것이다. 그러한 일들이 교사의 역할로 적합하지 않다고 생각되거나 덜 가치 있게 여겨질 수도 있지만, 유아기에는 그것이 가장 가치 있고 중요한 일일 수 있다. 기본적인 것이 충족되었을 때 그다음 단계의 욕구가 생기고 발전할 수 있기 때문에, 어린 유아를 대상으로 기본적

인 욕구도 충족시키지 않은 상태에서 다음 단계의 교육을 추구하는 것은 힘든 일일
수 있다. 유아를 신체적·심리적으로 안전하게 보호해서 가정과 같은 안락함과 편안함을
느끼도록 잘 돌보는 일은 교육적인 노력만큼이나 중요한 것이다.

 여기 보세요!

'양육자의 역할' 사례

유아가 놀이에 집중하다가 그만 화장실에 가야 할 순간을 놓쳐 옷에 실수를 하였습니다. 교사는
어떻게 대처해야 할까요? 알맞은 답을 고르세요. (　　　)

1. 유아 스스로 옷을 갈아입도록 한다.
2. 교사가 씻기고 옷을 갈아입힌다.
3. 부모에게 연락해 처리하도록 한다.

이러한 상황은 어린 유아를 돌보는 유아교육기관에서는 자주 일어날 수 있는 상황입니다. 유아교
육기관에서는 스스로 옷 입고 벗기, 자기 물건 정리하기, 차례 지켜 생활하기 등 기본생활습관 교
육이 필수로 이루어집니다. 기본생활습관은 한번 형성하면 바꾸기가 어려우므로 처음에 올바른
습관을 바르게 형성하는 것이 중요합니다. '화장실 사용 후 물 내리기' '식사 후 먹은 그릇과 자리
정돈하기' '바깥놀이 다녀와서 손 씻기' '도움을 받았을 때 고맙다고 인사하기' 등등 일상생활에서
수시로 기본생활습관 지도가 이루어져야 합니다. 다만, 그 과정에서 교육적으로 유아에게 해야 할
것만을 강조하는 것이 아니라 잘할 수 있도록 양육자적 입장에서 대처해야 합니다. 대소변 실수,
음식 엎지르기 등 유아의 옷이 젖는 상황이 발생하였을 때 교사는 즉시 그 상황에서 유아를 도와
야 합니다. 소변을 제대로 누지 않았다고 야단치기 전에 젖은 옷을 서둘러 갈아입히고, 그다음에
상황이 생긴 이유와 앞으로 어떻게 하는 것이 좋은지에 대한 이야기를 나누는 것이 필요합니다.
어리기 때문에 유아를 신체적·심리적으로 안전하게 보호하는 것이 가장 우선되어야 하며, 그다
음에 교육적인 접근이 이루어져야 합니다.

교사의 양육자로서의 역할은 유아의 인생에 있어 매우 중요한 의미를 가집니다. 다음의 어린이집
교사와의 인터뷰(백금순, 2005)를 읽어 보세요.

　　어린이집 교사 12: 공개 입양한 아이였는데 입학하고 얼마 안 돼서 자다가 세 번씩 깨고,

　　깨서는 집에 간다고 울고 분리불안이 너무 심했어요. 자기를 또 버린다는 생각이 들었나

> 봐요. 그래서 저는 1년 내내 그 아이랑 스킨십 한 일밖에 없다고 생각하는데 아이가 변하더라고요. 어머님이 많이 고마워하시면서 울면서 감사하다 하셨지요. …… 정서적으로 힘들어하는 아이가 나로 인해 좋아졌다고 느낄 때 너무 기분이 좋죠.

(3) 정서적 지원자의 역할

어린 시기부터 부모와 떨어져 유아교육기관에 머무는 것은 유아에게 힘든 일일 수 있다. 그러한 유아의 심정을 이해하고 가정에서처럼 개별적인 요구를 수용해 주고 정서적으로 지지해 주는 교사의 역할이 필요하다. 물론 가정에서처럼 일대일의 상황이 아니므로 어려움이 있겠지만, 기본적으로 유아를 존중하고 인정하고자 하는 교사의 태도가 중요하다. 유아기에 유아가 존중받고 인정받는 것만큼 중요한 일은 없다. 10가지의 새로운 지식을 알려 주는 것보다 '세상은 아름답고, 네가 신뢰할 수 있는 사람이 있고, 위험에서 보호해 줄 수 있는 누군가가 있다.'는 정서적 믿음을 유아에게 주는 것이 더 중요할 수 있다. 그러한 믿음과 신뢰가 형성되면, 그것을 발판으로 지식 탐구, 사회적 관계 확장 등을 유아가 주도적으로 시도할 수 있게 된다. 심리적 안정감, 정서적 지원, 자존감 향상 등의 정서적 지원자로서의 역할이 유아교사에게는 교육자로서의 역할만큼이나 중요하다.

 여기 보세요!

'정서적 지원자의 역할' 사례

유아교사의 칭찬은 어떤 교육적 지시보다도 유아에게 의미 있게 다가간답니다. 다음 교사의 인터뷰를 읽어 보세요.

> 어린이집 교사 12: 전에는 학습적으로 무엇인가를 해 줘야만 하는 줄 알았는데, 이것보다는 아이한테 관심을 주고, '내가 너를 좋아해.'라고 표현해 주는 것이 가장 중요한 거라는 생각이 들기 시작했어요. 따뜻함이 중요한데, 아이한테 부모와 교사가 그것을 제공해 주면 아이는 변하고 행복하게 되는 것 같아요(백금순, 2015).

반면, 교사의 칭찬은 항상 좋은 것일까요? 다음의 교사와 유아의 가상 대화를 읽어 보세요.

유아: 선생님~ 제 그림 어때요?

교사: 그래. 멋지구나.

유아: 어디가 멋진데요?

교사: 모두 다. 잘 그렸어.

유아: 나 잘 그린 거 아닌데. 열심히 안 했어요. 이거 막 그린 건데요. 선생님은 만날 잘
　　　그렸다고 해요.

교사: …….

유아교육기관에서는 유아의 자아존중감 향상을 위해 또는 유아에게 상처를 주기 싫어서 칭찬을 많이 하게 됩니다. 그런데 최근 EBS에서 방송된 〈칭찬의 역효과〉라는 프로그램에서는 유아에게 의미 없는 칭찬은 불필요하다고 합니다. 칭찬이 유아를 사랑하는 방식이 아니라 행동을 통제하려는 수단이 될 수도 있기 때문입니다. 무의미한 형식적 칭찬 대신 유아의 행동이나 감정을 눈여겨보고 그에 적합한 구체적인 반응을 하는 것이 더 좋습니다. 유아를 향한 관심과 믿음이 있다면 굳이 칭찬은 필요하지 않습니다. 의미 없는 칭찬 대신 그냥 바라봐 주고, 본 것을 질문함으로써 유아가 반응하게 하면 유아는 교사가 자신에게 관심이 있다는 것을 알게 되고, 유아 스스로 자신과 자신의 행동에 대해 생각하게 되면서 교사를 신뢰하고 스스로 성장·발달할 수 있는 힘이 생깁니다.

(4) 사회적 모델의 역할

유아에게 유아교사는 좋은 사회적 모델이다. 유아교육 현장에서는 유아교사의 말, 행동, 태도를 그대로 모방하는 유아를 보며 웃음 짓는 때가 많이 있다. 유아와 온종일 함께 지내는 유아교사는 그들에게 바람직한 행동과 가치관을 전달하는 사회적 모델로서의 역할을 하게 된다. 그러므로 유아교사는 유아가 사회에서 요구하는 규범, 가치관, 바람직한 태도를 내면화함으로써 다른 사람과 더불어 행복하게 살아갈 수 있도록 바람직한 모델이 되어야 할 것이다. 바른 행동과 말로 유아를 지도하며 긍정적인 삶의 태도를 보임으로써 유아에게 바람직한 동일시 대상이 되어 주어야 한다.

여기 보세요!

'사회적 모델의 역할' 사례

교실에서 교사는 유아에게 어떤 존재일까요? 다음의 교사와 부모의 가상 대화를 읽어 보세요.

(부모상담 상황 가정)

부모: 선생님~ 평소 교실에서 아이들에게 단호하게 말씀하시는 편인가 봐요.

교사: 예? 무슨 말씀이신지…….

부모: ○○이가 집에만 오면 선생님 흉내를 내면서 선생님 표정, 말투 다 따라 하거든요.
어찌나 재미있는지 몰라요. 요즘 들어 ○○에게 엄한 표정으로 말씀하시는 모습을
우리 아이가 그대로 재현하더라고요. 힘든 상황이 많으신가 봐요.

교사: …….

유아는 성인의 영향을 가장 크게 받는 존재로서, 교사의 말과 행동은 유아에게 중요하게 여겨집니다. 그런데 교사가 의도한 것뿐만 아니라 의도하지 않은 것까지 유아가 중요하게 여길 수 있다는 점에 유의해야 합니다. 물론 하루 종일 유아와 머무는 유아교사의 말과 행동을 100% 통제하기는 어렵습니다만, 가능한 한 교사다운 바른 행동과 가치관을 내면화해서 평소 자연스럽게 바람직한 사회적 모델을 보여 줄 수 있도록 노력해야 합니다.

(5) 지역사회 연계자로서의 역할

"한 아이를 키우는 데 한 마을이 필요하다."라는 속담처럼 유아를 교육하고 보호하는 데 있어 협력이 중요하다. 유아교사는 유아의 가정환경과 부모에 대해서, 또한 유아가 살고 있는 지역사회에 대해서 잘 알고 연계할 수 있는 아이디어를 가지고 있어야 한다. 또한 가정과의 지속적인 의사소통으로 가정과 유아교육기관 간의 일관된 교육이 필요하며, 유아를 위한 보다 다양하고 풍성한 경험 마련을 위하여 지역사회의 자원을 적극 활용하는 것이 필요하다. 예를 들어, '떡'이라는 주제를 진행할 때 유아교육기관에서 떡을 만들어 보는 경험도 좋겠지만, 지역사회 떡 방앗간을 방문하여 주제를 진행하는 것이 훨씬 실제적이고 매력적이며 다양한 체험을 가능하게 한다. 가정 및 지역사회와의 협력은 교육과정의 질을 향상시키고 유아의 만족도를 높일 수 있는 좋은 기회가 된다.

'지역사회 연계자로서의 역할' 사례

잠시라도 제자리에 있는 것이 어렵고, 단체활동 참여가 전혀 안 이루어지고, 학습이 1~2년 늦는 상태의 6세 유아가 있습니다. 소아 ADHD일 수 있는데, 이런 유아를 위해서 교사는 무엇을 어떻게 해야 할까요?

어린이집 교사 2: 집중을 못하는 아이였어요. 그 아이에 대해 관찰한 내용을 편지로 쓰고 전화로 알려 드렸더니 부모님도 그 아이의 특성을 계속 원으로 적어 보내 주셨어요. 그리고 보이는 문제행동을 고치려고 같이 노력했더니 아이의 행동이 변하는 것이 보이더라고요.

어린이집 교사 6: 또래보다 발달이 늦어서 친구들과 어울리지 못하고 협동놀이나 다른 활동에 참여하는 것을 힘들어하는 친구가 있어요. 제가 관찰한 사실 그대로 말씀드리지는 않았지만, 아이에게 지금 당장 중요한 문제가 또래와 어울리지 못하는 것이니 어머니에게 이 부분을 강조해서 말씀드리고 개선하기 위해 같이 노력하자고 말씀드리죠. 그러면 아이 어머니도 동참하려고 노력하시죠.

어린이집 교사 9: 부적응 원인이 발달지연이었어요. 저와 상담을 통해 이야기를 나누고 병원에 가서 진단을 받고 나서 부모님이 적극적으로 변하셨어요(백금순, 2015).

ADHD 유아의 경우 조기에 전문가의 도움을 받아 적극적인 치료를 하는 것이 좋습니다. 쉽지는 않지만 부모와 솔직하게 상담하면서 전문치료기관을 연계하여 치료를 받을 수 있도록 해야 합니다. 그런데 장애 위험에 처해 있는 자녀를 둔 부모는 자녀의 문제를 무조건 거부할 수도 있고, 수용은 하되 부모 자신의 탓으로 돌리고 자괴감에 빠져 유아에게 도움이 되지 않는 태도를 보일 수도 있으므로 신중하면서도 단계적으로 상담하는 것이 중요합니다. 유아를 중심으로 가정과 기관에서 공통으로 느끼는 문제 상황을 공유하는 것, 그런 다음 문제 해결을 위해 유아교육기관에서 해야 할 일과 전문기관에 의뢰할 일을 정하는 것, 교사와 부모가 유아를 위해서 담당해야 할 역할을 분담하는 것 등을 체계적으로 계획해서 상담하는 것이 필요합니다. 무엇보다 교사는 지역사회의 전문상담기관(정신보건센터, 심리상담기관, 언어치료기관)에 대한 정보를 잘 알고 연계해 줄 수 있어야 합니다.

〈표 7-2〉에 제시된 유아교사 역할의 실제를 살펴보면서 미래에 유아교사가 되었을 때 담당하게 될 역할에 대해 생각해 보고, 그 역할을 잘 수행하기 위한 노력을 지금부터 시도해 보는 것이 도움이 될 것이다.

🐘〈표 7-2〉 유아교사 역할의 실제

직무 영역	주요 내용
시설 · 설비 관리	건물, 교실, 실외 놀이터 점검 및 관리, 시설 · 설비 구입 및 유지, 시설 · 설비의 안전 관리, 주변 환경 관리 등
교재교구 관리	교재교구의 구입 및 관리, 시청각 교재, 도서 구입 및 관리
공간(교실) 관리	환경 구성 및 관리, 흥미 영역의 구성 및 관리, 청결 유지 등
유아 관리	입 · 퇴원, 반 및 집단 편성, 출결석, 가정환경조사, 원아 관찰기록, 생활습관 지도, 안전 지도, 건강 · 영양 · 청결 · 위생 지도 등
교육활동 운영	교육과정 내용의 계획 수립 및 관리, 일과 계획 및 운영, 행사 계획 및 운영, 현장견학, 교육과정 평가 및 재구성
사무 관리	사무 업무 분담 및 사무 처리 조직, 서류 및 문서 처리, 통신 업무 등
부모와의 협력	가정통신문, 학부모 운영위원회 운영, 부모교육, 상담, 부모 참여, 가정 연계 등
지역사회와의 협력	지역사회 기관과의 협력, 관련 행정기관과의 협력, 자원봉사자 모집 운영 등
행사 관련 역할	행사 계획 · 진행 · 평가하기, 행사를 위한 정보 수집하기, 행사 역할 분담하기

2. 전문성 함양을 위한 현직교육

유아교사의 역할은 다양하고 폭넓은 것이 특징이다. 이러한 유아교사의 역할을 잘 수행하기 위해서는 물론 예비 유아교사 시절에 열심히 공부하고 준비해야 한다. 그러나 유아교육이라는 실용학문의 특성상 학교에서 배운 지식만으로는 어려울 수 있다. 유아교육 현장에서 실제를 경험하면서 깨닫고 발전시켜 가는 것이 더 많을 수 있다. 그래서 유아교육 분야에서는 교사가 되고 난 후에도 많은 현직교육이 이루어지고 있다. 현직교육이란 유아교사로서 생활하면서 교사로서의 전문성을 향상시킬 수 있도록 지원하는 다양한 형태의 교육을 말한다. 여기서는 유치원과 어린이집 교사를 대상으로 이루어지는 현직교육의 유형 및 내용에 대해 살펴본다.

1) 유치원 교사를 대상으로 한 현직교육

유치원 교사를 위한 현직교육은 왜 필요한 것일까? 교사의 지식과 기능을 유지시켜 주고, 교사가 담당하는 모든 직무에서의 지식과 교육능력을 확대 · 발전시켜 주기 때문이다. 또한 교사로 하여금 장차 다가올 사회에서의 새로운 상황을 이해할 수 있고, 제때 대응할 수 있도록 하며, 상위 자격을 취득하고 교사의 특수한 재능과 성향을 개발하도록 하기 때문이다. 무엇보다 전체적으로 교사의 문화적 · 전문적 수준을 제고하고 혁신성과 창의성을 강화하도록 함으로써 근본적으로 유아교사의 직무에 필요한 전문적 자질과 교직 생활에 대한 적응능력을 지속적으로 높여 줄 수 있다.

「유아교육법」에서 규정하고 있는 현직교육 관련 내용

제6조(유아교육진흥원)

① 국가 및 지방자치단체는 유아교육에 관한 연구와 정보 제공, 프로그램 및 교재 개발, 유치원교원 연수 및 평가, 유아 체험교육 등을 담당하는 유아교육진흥원을 설치하거나 해당 업무를 교육 관련 연구기관 등에 위탁할 수 있다.

제18조(지도 · 감독)

② 교육감은 유아교육을 충실히 하기 위하여 유치원 교육과정 운영에 대한 장학지도를 할 수 있다.

유치원 교사를 위한 현직교육의 유형은 관련된 여러 요소, 즉 교육 장소, 주최 기관, 교육 목적, 교육 방법 등을 기준으로 다양하게 분류할 수 있다. 일반적으로 교육의 실시 장소에 따라 원내 교육과 원외 교육으로 분류할 수 있다(김옥련, 1985). 현직교육은 교원연수를 행하는 단위, 즉 주최 기관에 따라 학교가 아닌 외부기관 중심의 현직교육, 학교 자체 현직교육, 개인 중심 현직교육이 있다(임재택, 1987). 다양한 유형에 기초하여 일반적으로 우리나라 유치원에서 현재 실시되고 있는 현직교육의

유형은 연수 주최 기관을 중심으로 하여 정부기관 중심, 유치원 중심, 개인 중심으로 분류(고미라, 2000)하는 경우가 일반적이다. 유치원 중심, 개인 중심은 기관이나 개인별 다양성이 존재할 수 있으므로, 여기서는 보편적인 기준이 되는 정부기관 중심의 현직교육을 중심으로 살펴보고자 한다.

정부기관 중심의 현직교육은 그 주체가 교사 자신이 아니며 외부의 기관, 즉 교육부, 시·도·군·구 교육청 그리고 각종 교원연수원에서 연수를 계획하고 시행하는 것을 말한다(고미라, 2000). 정부기관 중심 교육은 「초·중등교육법」 제21조에 의하여 연수 기관의 설치·운영과 교원 등의 연수에 관한 사항을 규정하는 목적을 가진 '교원 등의 연수에 관한 규정'에 기반을 두고 있으며, 교사연수 가운데 가장 대표적인 연수이다. 연수자의 선정·이수 등에서 교사의 자발적 의지에 의해 교육이 진행된다기보다는 타율성을 띠고 있다. 정부기관 중심 교육에는 자격연수, 일반연수, 직무연수, 특별연수, 해외연수가 있다.

첫째, 자격연수란 상급 자격을 취득하기 위하여 받는 연수로서 180시간 이상의 프로그램을 운영하고 있으며, 종류에는 유치원 정교사 1, 2급, 원감, 원장 등 상위 자격의 취득을 위한 연수가 있다. 이와 관련한 유치원 교원 자격연수 자격 기준에 관한 구체적인 사항을 보면, 정교사 1급 자격연수는 정교사 2급 자격 취득 후 3년 경력, 원감 자격연수는 1급 자격 취득 후 3년 경력, 원장 자격 연수는 원감 자격 취득 후 3년 경력이 지나면 신청 가능하나, 현실적인 상황을 볼 때 연수 기회가 연수 자격 충족 기간인 3년 기준을 넘는 경우가 많다. 서울특별시교육청 교육연수원 홈페이지(http://www.seti.go.kr)를 방문하면 자세한 사항을 알 수 있다.

둘째, 일반연수란 교육의 이론 및 방법들에 관한 일반적인 교양을 높이기 위한 연수로서 교육 이론 및 방법, 일반 교양에 관한 폭넓은 지식 습득, 새로운 정보 및 기술 습득을 목적으로 운영하고 있다. 하계 및 동계 방학 기간에 60시간 이상 실시하는 것이 일반적이다.

셋째, 직무연수란 직무 수행과 직장 적응에 필요한 능력과 자질 배양을 위한 연수로서 유아교사를 위한 직무연수는 각 시·도 지역의 교육청 및 교원 연수 단위로 실시되고 있고, 신규 임용 예정 교사 연수, 원장 및 원감 그리고 주임 직무연수 등이 있으며, 연중 1~6일의 기간 동안 운영되고 있다.

넷째, 특별연수란 교육공무원이 국내의 교육기관 또는 연구기관에서 일정 기간 동안 연수하는 것으로, 한국교원대학교에서 석사과정으로 4~6학기 정도 운영한다.

　다섯째, 해외연수란 일정 기간 동안 해외 교육기관에서 연수하거나 단기간 방문하는 것이다. 해외연수는 시찰연수와 장기 현장연수의 두 가지 형태로 이루어지며, 연중 10~12일 또는 방학 중 5~8주 정도 운영된다.

2) 어린이집 교사를 대상으로 한 현직교육

　어린이집 교사를 대상으로 하는 현직교육은 보수교육이라는 이름으로 불린다. 어린이집 교사의 자질 향상을 위해 실시하는 교육으로서 정기적으로 받는 직무교육과 상위 등급의 자격을 취득하기 위해 필수로 받아야 하는 승급교육이 있다.

　직무교육에는 어린이집 교사와 어린이집 원장을 대상으로 하는 일반직무교육(기본교육, 심화교육)과 영아보육, 장애아 보육, 방과 후 보육을 담당하고 있는 어린이집 교사와 원장을 대상으로 하는 특별직무교육이 있다. 각 직무교육의 교육 시간은 40시간이고, 일반직무교육은 3년마다, 특별직무교육은 이수하고자 하는 사람을 대상으로 실시된다. 3년마다 받게 되는 일반직무교육의 내용은 인성 · 소양(8시간), 건강 · 안전(9시간), 전문지식 · 기술(23시간)로 구성된다. 상위 등급 자격 취득을 위한 승급교육에는 2급 승급교육과 1급 승급교육이 있고, 승급교육의 시간은 80시간이다. 승급교육의 내용은 일반직무교육과 내용 영역은 같으나 시간 배정이 다르다. 전문지식 · 기술이 55시간으로 일반직무교육의 2배 이상이며, 교육 후 평가 시험을 거쳐야 한다는 특징이 있다. 80점 이상의 평가 시험 성적을 획득하지 못하면 재시험을 치르거나 추후 과정을 다시 이수하고 평가 시험에 응해야 한다. 어린이집 원장 자격을 취득하고자 하는 자는 80시간의 원장 사전직무교육을 이수해야 한다.

　어린이집 교사를 대상으로 하는 현직교육인 보수교육의 실시 절차는 다음과 같다. 시장 · 군수 · 구청장은 자체 계획에 따라 보수교육 과정별 교육 개시 전까지 교육 대상자를 선정하고, 어린이집 원장 또는 어린이집을 설치 · 운영하는 자는 특별한 사정이 없는 한 어린이집 교사가 보수교육을 이수할 수 있도록 지원 · 허락해야 한다. 보수교육 실시 전문기관은 시장 · 도지사로부터 통보받은 과정별 보수교육 대상자에게 보건복지부 장관이 정하는 교과목 및 교육 시간을 기준으로 교육 내용을 편성 · 운영한다. 보수교육 실시 전문기관은 교육생을 대상으로 보수교육 이수

여부를 평가하는데, 기본적으로 해당 교육 시간을 모두 출석한 경우에만 이수한 것으로 인정하고, 평가 시험에서 80점 이상 획득한 경우에 이수한 것으로 한다. 보수교육 실시 전문기관은 보수교육을 수료한 사람에게 보수교육 수료증을 발급하고, 수료자 명단을 시장·도지사에게 통보해야 한다. 자세한 사항은 보육인력 국가자격증 홈페이지 '임신육아종합포털 아이사랑(http://www.childcare.go.kr)'에 제시되어 있다.

3. 유아교사와 교사윤리

교사윤리란 가르치는 일을 직업으로 가진 교사가 교사로서 마땅히 해야 할 일이나 지켜야 할 규범을 말한다. 예비 유아교사가 윤리에 관심을 가져야 하는 첫 번째 이유는 교사윤리 형성 과정의 중요성 때문이다. 윤리란 도덕성으로도 불리는데, 이 도덕성은 하루아침에 형성되는 것이 아니다. 오랜 기간에 걸쳐 다양한 경험을 통해 서서히 형성되는 것으로, 본인이 끊임없이 반성적 사고를 하고 옳고 그름에 대한 나름대로의 기준을 만들어 가면서 바른 윤리의식이 완성되는 것이다. 따라서 예비 유아교사가 되기로 작정한 때부터 교사로서의 윤리가 무엇이며, 바른 윤리를 가지기 위해 어떤 노력을 어떻게 해야 하는지에 관심을 갖는 것이 필요하다. 두 번째 이유는 유아교사란 아직 스스로를 보호하고 당당히 권리를 주장할 능력을 갖추지 못한 유아를 부모 대신 돌보아야 할 책임 있는 존재이기 때문이다. 유아교사에게는 유아에 대한 존중과 도덕적인 민감성이 더욱 많이 요구되기에, 예비 유아교사 시절부터 유아교사 윤리의 중요성을 깨닫고 바른 윤리와 행동 실천력을 갖추려는 노력이 경주된다면 좋은 교사로 성장·발전하는 데 도움이 될 것이다.

1) 유아교사 윤리의 중요성

가르치는 일은 지적이며 윤리적인 작업이다(염지숙, 이명순, 조형숙, 김현주, 2018). 윤리란 무엇이며, 왜 유아교사에게 윤리라는 것이 필요한가? 윤리란 개인생활이나 사회생활에서 꼭 지켜야 할 도덕 실천으로서 생활을 바르게 이끌어 줄 강제성 없는

규범을 말한다. 강제성이 있는 법률이 공식적인 통제체제라면, 윤리는 강제성은 없
지만 최고 수준의 자율적 통제체제라 할 수 있다. 윤리를 다른 말로 '도덕' '양심'이
라고 부르기도 하는데, 도덕과 양심과 같은 자율적인 통제가 유아교사에게 필요한
이유는 교사라는 직업이 인간을 대상으로 하는 일이기 때문이다. 교사가 교육활동
을 수행하면서 마땅히 지키고 실천해야 할 행동 규범 또는 도덕적 의무인 윤리의식
이 없다는 것은 상상할 수 없는 일이다. 특히 어린아이들을 보호하고 교육하는 유
아교사는 교사가 유아에게 미치는 영향력을 생각할 때 윤리의식이 더욱 중요하다
할 수 있다. 영유아는 자신의 생각과 감정을 언어적으로 표현하는 것에 서툴기 때
문에 그들을 돌보는 유아교사가 양심과 도덕에 어긋나는 일을 해도 잘 드러나지 않
을 수 있다. 교육을 계획할 때, 영유아와 상호작용을 할 때, 부모 및 동료들과의 관
계에 있어서도 교사는 윤리적인 기준을 늘 염두에 두고 공정하고 배려하는 태도로
행동해야 한다. 특히 유아는 부당한 대우를 당해도 그것이 부당한 것인지조차 모르
거나 부당함을 누군가에게 호소할 방법도 모르는, 스스로를 지키고 보호하기에는
아직 연약한 존재이다. 따라서 누군가의 보호를 받아야 할 소중한 영유아를 맡고 있는
교사에게는 남다른 윤리의식과 실천력이 필요하다. 또한 유아들과 매일을 지내면서 유
아교사는 수없이 많은 딜레마에 직면하게 된다. 윤리는 교사가 바로 이런 딜레마에
직면했을 때 가장 적절한 의사결정을 내릴 수 있도록 도와주는 지침이 된다.

2) 유아교사 윤리강령

  교사에게 꼭 필요한 윤리에 대한 관심은 예전부터 있었지만, 윤리강령이라는 이
름으로 가시화된 것은 비교적 최근의 일이다. 미국에서는 2005년에 윤리강령을 제
정하였지만, 우리나라는 2010년에 유아교육선진화위원회, 유아교수협의회를 비롯
한 유아교육단체가 공동으로 '유치원 교사 헌장'과 '유치원 교사 윤리강령'을 제정·
공포하였다.

유치원 교사 헌장

유아교육은 유아의 삶에 초석이 되며, 우리 사회와 국가의 미래를 결정한다. 우리는 국민의 생애초기 교육을 책임지며 사회로부터 존경받는 교사로서 자신을 연마하고 소명의식을 가지고 유아교육자로서 가야 할 길을 밝힌다.

1. 우리는 유아를 사랑하고, 개성을 존중하며, 전인 발달을 지원하고, 평화로운 교실 문화를 조성한다.
2. 우리는 미래지향적이며 질 높은 교육을 계획하고 실천하여 교육자로서의 책임을 다한다.
3. 우리는 가정에 대한 이해와 연대를 강화하여 교육복지사회 구축에 공헌한다.
4. 우리는 사회의 변화와 요구에 적극 부응하여 유아교육의 혁신과 발전을 위해 노력한다.
5. 우리는 교육자로서의 품위를 유지하고, 부단한 자기계발을 통해 유아교육 전문가로서의 위상을 갖춘다.

출처: 유아교육선진화위원회(2010).

유치원 교사 헌장은 유아교육의 중요성과 유아교사의 역할 및 사명에 대해 선언하고 나아갈 바를 5가지로 제시하고 있다. 유치원 교사 헌장에서는 유아에 대한 사랑과 존중이 첫 번째로 제시되고 있고, 바로 다음에 교육자로서의 책임을 이야기하고 유아교사의 역할과 책임을 강조하고 있으며, 가정과 사회의 변화와 요구에 부응하여 유아교육의 혁신과 발전을 도모할 책임과 함께 교육자로서의 품위와 전문가로서의 위상을 갖출 것을 끝으로 다시 다짐하고 있다. 이를 통해 유아교사로서의 소명의식과 자기계발에 전반적인 강조점을 두고 있음을 알 수 있다. 유치원 교사 헌장보다 더욱 구체적인 유치원 교사 윤리강령은 유치원 교사와 유아, 유치원 교사와 가정, 유치원 교사와 사회, 유치원 교사의 책무라는 4가지 영역으로 제시되고 있는데, 각 영역마다 핵심 개념을 제시하여 영역별 특색을 명료화하고 있다.

유치원 교사 윤리강령

1. 유치원 교사와 유아

• 핵심 개념: 사랑 · 평등 · 개성 존중, 전인교육, 안전과 보호

　－우리는 유아를 사랑하며, 유아의 인격을 존중한다.

　－우리는 유아의 개인적 · 가정적 배경에 관계없이 모든 유아를 평등하게 대한다.

　－우리는 유아의 개성을 존중하며, 개인의 흥미와 잠재력에 적합한 교육을 제공한다.

　－우리는 유아의 전인적 발달을 지원하는 교육과 환경을 제공한다.

　－우리는 유아의 안녕을 위협하는 가정적 · 사회문화적 · 경제적 상황을 적극적으로 파악하고, 유아를 보호하기 위해 노력한다.

2. 유치원 교사와 가정

• 핵심 개념: 가족에 대한 이해, 권리 보호, 협력, 지원

　－우리는 유아를 교육하고 지원하기 위해 가정과 연계하고 협력관계를 구축한다.

　－우리는 교육적 목적으로 수집한 가족 정보에 대해 기밀을 유지하고, 가족의 사생활을 보장한다.

　－우리는 유치원에서 일어난 안전사고나 위험 상황에 대해 가족에게 충분히 설명한다.

　－우리는 가족에게 유치원을 개방하며, 필요한 정보를 제공한다.

　－우리는 유치원 운영에 관련된 중요한 의사결정 과정에 부모를 참여시킨다.

　－우리는 가족에게 필요한 지역사회 자원에 대한 정보를 구축하고, 이를 가족에게 적극 제공한다.

3. 유치원 교사와 사회

• 핵심 개념: 사회에 대한 이해, 교원의 지위 향상, 유아교육 위상 강화, 교직문화, 지역사회와의 협력

　－우리는 사회의 흐름을 파악하고, 이를 교육에 반영하고자 노력한다.

　－우리는 유아에 관련된 법률과 정책을 이해하고, 이를 개선하기 위한 활동에 적극 참여한다.

　－우리는 교직 관련 단체와 전문가 협회를 통해 교권 확립을 위한 활동에 참여한다.

　－우리는 유치원 교육을 사회에 널리 알려 유아교육의 위상을 높인다.

−우리는 교직원 간의 상호 존중과 협력을 통해 건전한 교직문화를 형성한다.

　　−우리는 유치원과 연계하여 지역사회의 생활과 문화 향상에 기여한다.

4. 유치원 교사의 책무

• 핵심 개념: 직업의식과 긍지, 인성(열정, 개방성, 창의성, 자율성), 교사로서의 품위, 연구와 자기계발

　−우리는 교육 전문가로서의 직업의식을 가진다.

　−우리는 건전한 국가관과 확고한 교육관을 가지고 교직에 종사한다.

　−우리는 유아에게 최적의 교육을 제공하기 위해 열과 성을 다한다.

　−우리는 건전한 언행과 생활 태도로 유아에게 모범이 되도록 한다.

　−우리는 열린 사고와 개방적 태도를 가지고 전문성 향상에 매진한다.

　−우리는 다양한 분야의 전문가와 교류하고, 새로운 지식과 정책을 비판적으로 수용한다.

출처: 유아교육선진화위원회(2010).

'보육시설 원장 및 교사의 윤리강령'은 한국보육교사연합회와 육아정책연구소 주관으로 연구를 수행하여 '보육시설장 · 보육교사 윤리강령'을 제정 · 공포한 것이다. 유치원 교사 윤리강령과 기본적인 방향은 비슷하나, 보육시설 원장 및 교사의 윤리강령으로 구분하였다는 점에서 차이가 있다.

보육시설 원장 및 교사의 윤리강령

제1장 영유아에 대한 윤리

1. 영유아의 인격을 존중하고, 개인의 잠재력과 개성을 인정한다.

2. 영유아에게 고른 영양과 충분한 휴식을 제공하여, 몸과 마음이 건강한 사람으로 자라도록 돕는다.

3. 성별, 지역, 종교, 인정, 장애 등 어떤 이유에서도 영유아를 차별하지 않고, 공평한 기회를 제공한다.

4. 영유아는 다치기 쉬운 존재임을 인식하여 항상 안전하게 보호한다.

5. 영유아에 대한 정서적 · 언어적 · 신체적 학대를 행하지 않는다.

6. 시설 내외에서의 영유아 학대나 방임을 민감하게 관찰하며, 필요한 경우 관련 기관(아동보호기관 등)에 보고하고 조치를 취한다.

7. 개별적 상호작용 속에서 영유아의 요구를 수용하기 위해 노력한다.

8. 영유아의 사회 · 정서 · 인지 · 신체 발달을 통합적으로 지원하는 보육 프로그램을 실시한다.

9. 영유아가 특별한 도움을 필요로 하는 경우, 전문가와 협력하여 영유아의 입장에서 최선의 대안을 찾는다.

10. 보육활동을 계획 · 실행 · 평가하는 모든 과정에 영유아의 흥미와 의사를 반영한다.

11. 영유아의 개인적 기록과 정보에 대해 비밀을 보장한다.

제II장 가정에 대한 윤리

1. 상호 신뢰를 바탕으로 영유아의 가정과 동반자적인 관계를 유지한다.

2. 각 가정의 양육 가치와 의사결정을 존중한다.

3. 경제적 수준, 가족 형태, 지역, 문화, 관습, 종교, 언어 등 어떤 것에 의해서도 영유아의 가정을 차별 대우하지 않는다.

4. 보육활동 및 발달 상황에 관한 정보를 공개하여 영유아에 대한 가정의 이해를 돕는다.

5. 다문화, 심신장애 등으로 의사소통에 도움이 필요한 경우 문제를 해결할 최선의 방법을 도모한다.

6. 시설 운영 전반에 관한 정보를 공개하여 영유아 가정의 알 권리에 응한다.

7. 보육 프로그램과 주요 의사결정에 영유아의 가정이 참여하도록 안내한다.

8. 필요한 사회적 지원, 전문 서비스 등 관련 정보를 제공하여 영유아 가정의 복리 증진을 돕는다.

9. 영유아 가정의 사생활을 보호하고 익명성을 보장한다.

제III장 동료에 대한 윤리

〈보육시설장〉

1. 최상의 보육 서비스 제공에 필요한 인적 · 물적 환경의 조성 및 유지를 위해 노력한다.

2. 보육교사를 신뢰하고 존중하며 전문성과 자율성을 인정한다.

3. 성별, 학연, 지연, 인종, 종교 등에 따라 보육교사를 차별하지 않는다.

4. 업무 관련 의사결정이 필요한 경우, 보육교사의 의견 개진 기회를 보장한다.

5. 보육교사에게 지속적 재교육 등 전문적 역량 제고의 기회를 제공한다.

6. 보육교사에게 적정 수준의 보상(보험, 급여 등)을 안정적으로 제공하여 복지 증진에 힘쓴다.

7. 보육교사 개인의 기록과 정보에 대한 비밀을 보장한다.

〈보육교사〉

1. 존중과 신뢰를 바탕으로 협력하며, 서로의 전문성과 자율성을 인정한다.

2. 상호 간 역량 계발과 복지 증진에 부합하는 근무 환경이 되도록 힘쓴다.

3. 시설장 및 동료와 영유아 보육에 대한 신념을 공유한다.

4. 보육교사로서의 전문성 향상을 위해 스스로 노력한다.

5. 보육교사의 인권과 복지를 위협하는 비윤리적 사태가 발생한 경우, 법률규정이나 윤리기준('한국보육시설연합회 윤리강령위원회' 참조)에 따라 조치를 취한다.

제IV장 사회에 대한 윤리

1. 보육에 대한 책임을 인식하고, 항상 질 좋은 보육서비스를 제공한다.

2. 영유아의 안전을 위협하는 환경이나 정책이 발견될 시, 관계기관과 협의하여 개선한다.

3. 공적 책임이 있는 시설로서 재정의 투명성을 유지하고, 부정한 방법으로 사적 이익을 취하지 않는다.

4. 영유아의 권익 보호를 위해 관련 정책 결정 및 법률 제정에 적극 참여하며, 사회적으로 이를 널리 알리는 데 앞장선다.

5. 지역사회 실정에 맞는 시설의 책임과 역할을 인지하고, 실천하고자 노력한다.

출처: 육아정책연구소 홈페이지.

영유아를 존중하고 공평하게 대한다는 점은 공통 사항이나, 유치원 교사 윤리강령에 비해 보육시설 원장 및 교사의 윤리강령이 더욱 세분화되어 있고 아동학대 방지 및 안전 보호에 강조를 두고 있다. 가정에 대한 윤리강령은 순서에 차이만 있을 뿐 유치원 교사 윤리강령과 내용이 비슷하다. 핵심적인 것은 가족을 이해하고 존중하며 그들의 권리를 보호하도록 돕는 역할이 중요하다는 것이다.

동료나 교사가 지녀야 할 책무로 교사의 전문성과 자율성 인정, 전문성 향상에의 매진 등은 유치원 교사 윤리강령에서도 제시하고 있는 공통 사항이나, 보육시설 원장 및 교사의 윤리강령은 원장과 교사의 역할을 분리하여 강령을 제시하고 있다는 점이 특색 있다. 또한 보육시설 원장 및 교사의 윤리강령에는 재정의 투명성 그리고 부정한 방법으로 사적 이익을 취하지 않는다는 내용이 제시되어 있고, 유치원 교사 윤리강령에는 건전한 교직문화를 형성한다는 내용이 제시되어 있는 것이 차이점이라 할 수 있다.

보육인 윤리선언

나는 영유아의 신상한 성장과 발딜을 지원하는 보육인으로서, 직무 상의 윤리저 책임을 다하여 다음 사항들을 지킬 것을 다짐합니다.

1. 나는 내가 영유아에게 지대한 영향을 미치는 존재임을 잊지 않으며, 항상 스스로의 말과 행동에 신중을 기한다.
2. 나는 영유아의 인격과 권리를 존중하며, 어떠한 경우에도 영유아에게 해가 되는 일을 하지 않는다.
3. 나는 영유아 가정의 다양성을 이해하고 존중하며, 상호 신뢰하는 동반자적 관계를 유지한다.
4. 나는 동료를 존중하고 지지하며, 서로 협력하여 최상의 보육서비스를 제공하기 위해 노력한다.
5. 나는 보육의 사회적 책임과 역할을 인식하고, 영유아의 권익과 복지를 위한 활동에 앞장선다.
6. 나는 '보육시설 원장 및 교사의 윤리강령'을 직무수행의 도덕적 규준으로 삼아 진심을 다하여 충실히 이행한다.

출처: 육아정책연구소 홈페이지.

보육인 윤리선언도 유치원 교사 헌장, 유치원 교사 윤리강령과 지향하는 바는 대동소이하고, 윤리강령을 충실히 이행한다는 다짐을 마무리에 제시하고 있다는 점이 유치원 교사 윤리헌장과 차별화된 점이라 할 수 있다.

유치원 교사나 어린이집 교사 모두 그들의 윤리강령의 핵심 내용은 같다고 할 수 있다. 다만, 표현 방식이 더 세부적이냐 포괄적이냐의 차이가 있고, 유치원이나 어린이집의 문화적 특성상 더 강조된 부분과 그렇지 않은 부분이 존재할 뿐이다. 두 강령 모두에서 강조하고 있는 가장 핵심적인 윤리는 영유아에 대한 존중과 지원에 대한 윤리이다. 그만큼 유아교사에게 있어서는 영유아가 가장 중요하고 소중한 존재라는 뜻이 될 수 있다. 그다음 영유아를 둘러싼 가정과의 소통, 동료 간의 긍정적 상호작용, 지역사회와의 협력이 제시되고 있는데, 영유아에 대한 존중과 지원이 잘 이루어지려면 영유아를 둘러싼 다양한 인적 · 물적 자원과의 교류가 중요하기 때문이다.

'참으로 아는 것은 행하는 것'이라고 한다. 아무리 좋은 윤리강령이 있다 하더라도 행함이 없으면 아무 소용이 없다. 부단히 실천하는 윤리강령을 통해 세상의 사표(師表)로서 소임을 다하는 멋진 유아교사가 되도록 노력해야 할 것이다.

 참고문헌

고미라(2000). 개인연수에 대한 유치원 교사의 인식 및 실태분석. 전남대학교 교육대학원 석사학위논문.

김옥련(1985). 유치원 경영관리. 서울: 교육과학사.

박수미(2001). 유치원 교사의 생애에 관한 연구: 한 교사의 생애를 통해 본 유치원 교사의 발달 과정 탐색. 중앙대학교 대학원 석사학위논문.

백금순(2015). 부모상담과정에서 어린이집 교사가 경험하는 협력적 관계형성에 관한 현상학적 연구. 동국대학교 교육대학원 석사학위논문.

보건복지부(2016). 2016년도 보육사업안내. 세종: 보건복지부.

손논산(2005). 유치원 교원의 현직연수체제 개선방안에 관한 연구. 전주대학교 대학원 석사학위논문.

염지숙, 이명순, 조형숙, 김현주(2018). 유아 교사론(제4판). 경기: 정민사.

유아교육선진화위원회(2010). 유치원 교사 헌장과 교사 윤리강령.

이은화, 배소연, 조부경(1995). 유아교사론. 서울: 양서원.

임재택(1987). 유치원 운영관리. 서울: 창지사.

Tickle, L. (1999). Teacher self-appraisal and appraisal of self. In R. P. Lipka & T. M. Brinthaupt (Eds.), *The role of self in teacher development* (pp. 121-141). Albany, NY:

State University of New York Press.

「초 · 중등교육법」(법률 제13943호, 공포일 2016. 2. 3., 시행일 2016. 8. 4. 일부 개정)

교육부　http://www.moe.go.kr

문경대학교 유아교육과　http://child.mkc.ac.kr

보육교사자격관리사무국　http://chrd.childcare.go.kr

서울특별시교육청 교육연수원　https://www.seti.go.kr/index.go

유튜브 동영상 '나는유치원선생님입니다'　https://www.youtube.com/watch?v=5CN88
　　　kQ2YFQ

육아정책연구소　http://www.kicce.re.kr

임신육아종합포털 아이사랑　https://www.childcare.go.kr

제암산자연휴양림　http://www.jeamsan.go.kr

제8장

유아교육과 부모교육

1. 유아교육에서 부모교육의 개념 및 중요성

2. 유아발달에 영향을 주는 부모 요인

3. 유아교육기관에서의 부모-교사 관계

4. 유아교육기관의 부모교육

들어가기에 앞서

유아발달에서 가장 중요한 환경, 부모에 대한 이해!

다음의 대화를 읽으면서 유아의 발달과 부모의 관계, 유아교육 현장에서 부모교육의 필요성에 대해 생각해 보세요.

> 학습자: 유아교육을 공부하는 데 왜 부모에 대해 아는 게 필요한가요?
>
> 교수자: 유아의 발달에 가장 영향을 많이 미치는 사람이 부모이기 때문이지요.
>
> 학습자: 교사는 교실에서 유아를 교육하고, 부모는 원장님이나 원감선생님이 만나는 것 아닌가요?
>
> 교수자: 여러분이 맡은 학급의 유아가 어느 날 문제행동을 일으킨다고 생각해 볼까요? 그런데 아이들의 문제행동은 대부분 양육자와의 관계를 포함해 가정에서 발생하는 상황이 불안하거나 불안정할 때 일어나게 된답니다. 유아의 문제행동을 이해하고 이를 지도하기 위해서는 유아의 삶에 대해 부모와 이야기 나누는 상담의 과정이 꼭 필요하답니다. 그래서 부모의 양육 태도나 부모가 유아에게 미치는 영향, 부모와의 바람직한 관계 형성 등을 공부할 필요가 있습니다.

이 장에서는 유아교육과 부모의 관련성을 살펴보고, 유아의 발달을 위해 교사와 부모가 어떠한 관계를 맺어야 하는지, 유아교육기관에서 운영되는 부모교육 프로그램은 무엇인지 알아보고자 합니다.

1. 유아교육에서 부모교육의 개념 및 중요성

1) 부모교육의 개념

'자녀는 또 다른 나이다.' '자녀는 내 삶의 전부이다.' 이러한 말들은 '자녀에 대해 어떻게 생각하는가?'라는 질문에 자주 등장하는 부모들의 대답이다. 자녀가 또 다른 자기라는 생각이나 자녀가 자기 삶의 전부라는 말에는 자녀에 대한 부모의 전적인 사랑이 담겨 있다. 그러나 자녀를 또 다른 자기라고 생각하는 부모는 자신의 삶을 자녀의 삶에 그대로 적용시키려 노력한다. 자신의 삶에서 긍정적이라 생각하는 것들은 자녀가 그대로 경험하기를 원하지만, 자신의 삶에서 부정적이었던 것은 자녀의 삶에서는 반복되지 않기를 원한다. 자녀는 자신과는 다른 성격적 · 정서적 특성을 지닌 개별적 존재이고, 그들이 사는 세상은 자신이 살았던 과거가 아닌 현재 혹은 미래임에도 부모는 자녀의 삶에서 긍정적인 것과 부정적인 것을 미리 구분하여 긍정적인 것만 경험하도록 자녀의 삶을 설계하는 셈이다. 이러한 상황에서 자녀가 부모의 삶의 전부가 될 때 부모는 삶의 에너지 대부분을 자녀에게 쏟게 되고, 부모의 과도한 애정과 개입은 오히려 실패를 통한 성취의 경험, 자율적 선택과 행동을 통한 주도성의 성장 등 자녀의 독립적이고 자발적인 성장을 저해하는 요인이 되기도 한다. 이에 올바른 부모가 되기 위해서는 적극적이고 체계적인 노력이 필요하다.

전통사회에서는 가족이나 친지, 마을과 같은 지역사회의 정신적 · 물리적 도움을 받으며 부모 역할의 균형을 맞추어 나갔다. 반면, 현대사회는 출산율의 급격한 감소, 핵가족화 등으로 자녀양육에 대한 관심은 증가했으나 부모를 돕는 사적 지원체계 및 긍정적 역할모델이 되는 관계는 감소했다. 이에 유아교육기관은 유아의 건강한 성장과 발달에 가장 큰 영향을 미치는 부모 요인에 관심을 기울이며, 부모를 위한 다양한 형태의 활동을 지원하고 있다.

부모를 지원하는 것과 관련된 용어는 부모훈련(parent training), 부모참여(parent participation), 부모개입(parent involvement), 부모교육(parent education) 등 여러 가지로 분류된다. 부모훈련은 자녀를 기르기 위한 행동적 기술 및 전략을 강조하고, 부모참여는 부모가 자녀의 교육기관에 파트너로서 참여하여 협력하는 것을 강조한다. 부모개입은 부모가 교육기관과 긴밀한 관계를 유지하면서 아동을 이해하고 교육의 질을 높이기 위해서 학습현장에 직접 개입하는 것을 말한다. 부모교육은 가장 오랜 시간 사용되고 있는 용어로, 대부분의 부모 지원 활동에 포괄적으로 사용되어 온 용어이다. 우리나라에 최초로 '부모교육' 과목을 신설한 김애마(1903~1996)에 따르면, 부모교육은 "부모-자녀 관계를 개선하는 교육"이다(이원영, 이태영, 강정원, 2013). 이후 우리나라에서 '부모교육'을 처음으로 체계화한 이원영(1985)은 "부모교육은 부모로 하여금 자녀교육의 책임을 인식하고, 부모에게 자녀 발달 및 자녀교육에 대한 지식이나 정보를 제공함으로써 부모가 자녀양육을 책임감 있게 수행할 수 있도록 돕는 학문"으로 정의하였다. 그림리와 로빈슨(Grimley & Robinson, 1986)은 부모교육의 개념을 부모-자녀 간 상호작용의 질을 개선하고 부모와 자녀의 행동을 긍정적으로 변화시키기 위한 의식적인 목적지향적 학습활동이라 정의하였다.

이와 같은 정의를 종합하여 정리하면, 부모교육은 부모의 관심과 사랑이 자녀 발달에 긍정적 요인이 될 수 있도록 부모 역할에 대한 정보를 제공하고 부모 자신도 인격적으로 성

여기 보세요!

이화학당 재직 시절의
김애마 선생(1929년)

강연을 듣고 있는 이화유치원 부모들(1960년)

김애마 선생님은 이화여자대학교 사범대학 교육학과의 학령 전 교육 전공 교수로, 1941년에 '부모교육'이라는 교과목을 이화여자대학교에 처음으로 개설했어요.

출처: 이화여자대학교 블로그.

숙하여 부모–자녀 관계를 개선할 수 있도록 도와 유아교육의 효과를 증진시키는 것이라 말할 수 있다.

2) 부모교육의 중요성

부모교육의 중요성은 크게 유아, 부모, 사회의 입장에서 살펴볼 수 있다.

(1) 유아의 입장

유아의 성장과 발달에 부모의 양육 태도와 가치관이 절대적 영향을 미치기 때문에 부모교육의 중요성은 더욱 강조되고 있다. 자녀를 독립된 개체로 존중하는 부모인가, 자녀를 미성숙하여 통제와 도움이 필요한 존재로 보는 부모인가에 따라 유아의 행동은 동일할지라도 각기 다른 평가를 받게 된다. 유아의 성장과 발달에 영향을 주는 요인을 밝혀내고자 많은 노력을 기울인 결과, 유아기에는 부모가 아동의 사회, 신체, 정서, 인지, 언어 등 발달의 모든 영역에 영향을 미치고 그 영향이 일생 동안 지속된다는 것이 여러 연구 결과를 통해 입증되었다. 따라서 유아의 성장과 발달을 돕기 위해서는 체계적 부모교육을 통해 바람직한 방식으로 자녀를 양육할 수 있도록 도움을 주는 것이 중요하다.

(2) 부모의 입장

부모는 자녀를 낳아 기르며 부모가 된다. 부모가 된다는 것은 한 번도 경험해 본 적 없는 것으로, 대부분의 부모는 그들의 부모가 자신을 기르던 양육 방식으로 자녀를 기르게 된다. 어떤 부모는 식사할 때 조용히 식사에 집중하는 것을 예의라 생각하는 반면, 어떤 부모는 일상을 공유하고 의견을 교환하는 장으로 식사 시간을 활용하기도 한다. 자녀의 안전에 과도한 불안을 느껴 행동 하나하나에 개입하고 통제하는 부모도 있지만, 어떤 부모는 자녀가 자유롭게 다양한 경험을 하도록 독립적으로 양육하기도 한다. 이처럼 자녀를 양육하는 방법은 부모마다 다르고, 양육 방법은 부모 자신의 고유한 경험이나 가치관, 신념 등의 영향을 받게 된다. 정신분석학에서는 이를 '세대 간 전이'로 설명하는데, 부모가 자녀에게 보이는 애착의 유형이나 정도, 자녀를 키우며 적용하는 규칙과 규범 등이 적절성 여부와 관련 없이 부모에서 자녀에게로 반복적으로 이어진다고 본다. 부모교육의 필요는 '적절성 여부와 관련 없이' 부모의 삶의 일부가 자녀에게 전이된다는 데 있다. 부모가 자녀를 양육하는 방법에는 바람직하고 적절한 양육 태도도 있으나, 그렇지 않은 신념이나 태도도 있다. 이러한 부분에 대한 반성적 사고나 고민 없이는 바람직한 부모 역할을 수행해 내기 어렵고, 바로 이러한 점에서 부모교육의 중요성이 제기된다.

(3) 사회의 입장

사회는 개인과 달리 공적 가치에 의미를 둔다. 유아와 부모의 입장에서 부모교육은 한 개인의 성장과 발달을 위해 중요하다면, 사회의 입장에서 부모교육은 건강한 발달과 성장을 이룬 개인이 공적 가치를 구현해 낼 가능성에서 그 중요성을 갖는다.

인간의 성장과 발달을 전 생애에 걸쳐 설명한 에릭슨(Erikson)은 중년기 이후의 삶의 성장과 발달은 한 개인의 욕망을 벗어나 공적 세계를 향해 열려 있어야 한다고 주장한다. 그에 따르면, 중년기의 과업은 생산성을 이루는 것인데 이때의 생산성은 자녀의 출산 및 양육이나 사회경제적 활동의 결과로서 개인의 부의 창출이나 증식을 넘어서는 것이다. 이웃과 동료와 사회를 향해 자신이 지니고 있는 역량을 발휘하고, 부모로부터 받은 관심과 애정을 세상과 타인에 대한 공감과 연민으로 돌리는 것이 이 시기의 생산성인 것이다. 인간 발달의 원리를 설명하는 누적성의 원리에 따르면, 그러한 과업을 실현하기 위해서는 유아기부터 긍정적·심리사회적 과업을 이루어야 하고, 이를 위해서는 지지적 환경으로서의 건강한 부모가 필수적 요인이 된다. 경제학자 헤크만과 동료들(Cunha, Heckman, Lochner, & Masterov, 2005)은 이를 인적자원의 투자 대비 회수 비율로 설명했는데, 이들의 연구에 따르면 유아교육에 투자하는 것이 초·중·고등교육이나 대학교육에 비해 투자 대비 회수 비율이 높은 것으로 나타났다. 즉, 질적 수준이 높은 인적자원을 확보하기 위해서는 영유아기에 교육 투자를 할 필요가 있으며, 그 일환으로 영유아의 성장과 발달에 가장 큰 영향을 미치는 부모교육은 효율성 측면에서도 이 시기의 주요한 투자 활동이라 볼 수 있다.

이처럼 사회 입장에서는 공적 가치에 기여하는 개인의 형성 및 효율적인 인적자원의 투자 대비 회수 비율이라는 점, 그리고 건강한 부모를 통해 건강한 개인이 출현할 수 있다는 점에서 부모교육이 중요하다.

2. 유아발달에 영향을 주는 부모 요인

1) 부모의 원가족

부모 역할은 자신이 출생한 원가족(family of origin)에서의 경험과도 관련이 있다. 자신의 부모와 안정된 관계를 형성한 성인은 그들의 자녀와도 안정된 애착을 형성하고 양육하는 경향이 있다. 이들은 자녀와의 상호작용에서 정서적 지지나 도움을 제공해 주며, 발달상의 문제점을 이해하고, 그들 자녀의 개별성을 수용한다. 그러나 성장 과정에서 부모와 바람직하지 못한 관계를 형성한 사람들은 자녀와의 상호작용에서도 결함을 보일 가능성이 높아진다. 초기에 어머니로부터 분리된 영아는 이후 아동기나 청년기의 대인관계 문제나 성인기의 역기능 및 우울증과 관련이 있는 것으로 보고되고 있으며, 이러한 상실감은 강한 불안이나 죄책감, 분노의 감정을 유발하는 것으로 보고되고 있다(Hesse & Main, 1999, 2000; Rutter, 1999: 정옥분, 정순화, 2013에서 재인용). 이처럼 부모 역할은 자신의 부모에 대한 동일시를 통해 한 세대에서 다음 세대로 전해지게 된다.

원가족에서의 경험과 성인기의 부모-자녀 관계의 관련성은 아동학대에서 보다 분명하게 드러난다(Muller, Hunter, & Stollak, 1995). 부모와의 관계에서 문제가 있었던 사람들은 성인기에 자녀를 학대하는 비율이 높다는 것이다. 하지만 이러한 관련성을 단정하는 데에는 방법론적 한계가 있으며, 부모의 양육 태도가 과거의 영향을 받는 것으로만 생각할 수는 없다. 오히려 자신의 경험을 극복하고자 하는 욕구가 강하여 보다 효율적으로 부모 역할을 수행할 수도 있다. 그러나 초기의 관계가 이후 학대의 주요 원인이 될 수 있다는 사실에 많은 학자가 의견의 일치를 보이고 있다. 특히 이러한 요인이 부부관계의 문제나 낮은 교육수준, 혼전임신, 스트레스 상황과 같은 다른 위험 요인과 결부되는 경우에는 실제로 학대를 유발할 가능성이 더욱 높아지게 된다. 즉, 원가족에서의 발달 역사가 개인의 성격이나 성인기의 관계 형성에 영향을 미치며, 이것이 궁극적으로 부모 역할에 영향을 미치는 것으로 볼 수 있다.

2) 부모의 사회경제적 배경

계층 간 사회경제적 수준도 부모 역할에 영향을 주는 요인이다. 사회경제적 수준이 계층 간에 어떻게 다른 역할을 수행하는가에 대한 연구는 오랫동안 다양하게 연구되어 왔다. 특히 빈곤이라는 경제적 배경은 의식주, 의료, 보육, 안전 등 사회문화적 배경에도 지속적인 불안감을 조장하게 된다는 점에서 높은 수준의 가족 스트레스를 초래한다.

사회경제적 배경에서 취약계층의 부모는 건강과 여가 서비스를 이용하거나 주류 문화의 기회를 가지기 어려우며, 그들의 자녀는 도서, 장난감, 컴퓨터 등 문화 자극이 부족하다(Dearing, Berry, & Zaslow, 2006). 또한 한 사람이 가족 전체를 부양하는 경향이 높기 때문에 교회, 심지어 학교 등 지역사회의 공동체적 관계에 참여하는 것이 어려워지며, 공식적ㆍ비공식적 사회 지원을 받기 어렵다(Kaiser & Rasminsky, 2013). 사회학자들은 이를 '사회해체(social disorganization)'라고 부른다. 사회해체 현상은 도심지역에서 점점 더 일반적인 현상이 되어 가며, 가족과 유아에 대한 위험 요인으로 작용한다. 사회경제적 배경에서 취약계층의 부모를 둔 자녀의 35% 이상이 건강한 심리사회적 성장을 방해하는 7가지 이상의 위험 요인을 지니는 반면, 중류ㆍ상류 계층의 자녀는 7%만이 위험 요인을 가진다(Sameroff & Fiese, 2000)는 연구 결과가 이를 뒷받침한다. 사회적ㆍ문화적ㆍ경제적 스트레스 상황에서 자녀를 양육하는 것은 매우 힘든 일이며, 최상의 노력에도 불구하고 불안, 분노, 우울 등으로 고통받는 부모는 거칠고 체벌적이며 강제적이고 내성적인 방법으로 자녀를 양육할 가능성이 높아진다(Dearing et al., 2006). 가족의 역경에 자주 직면한 아이는 어릴 때부터 어른이 될 때까지 공격적이거나 반사회적인 행동을 발전시키게 될 가능성도 높아지므로(NICHD ECCRN, 2004; Zoccolillo, Paquette, & Tremblay, 2005: Kaiser & Rasminsky, 2013에서 재인용), 결과적으로 부모의 사회적ㆍ문화적ㆍ경제적 배경은 자녀의 건강한 발달을 저해하게 된다. 그러나 이러한 연구 결과들은 모든 계층 간에 일반적으로 나타날 수 있는 개연성이 높은 현상일 뿐, 보편적인 현상으로 일반화할 수 있는 것은 아니다.

3) 부모의 양육 태도

부모의 양육 태도란 부모가 자녀를 기르고 키우는 양육과정에서 취하는 일반적인 태도나 행동의 경향성을 의미한다(김현주, 손은경, 신혜영, 2013). 부모의 양육 태도는 시대에 따라 유형화되거나, 시대를 초월하며 나타나는 보편적 태도에 따라 그 유형이 나뉘기도 한다. 여기서는 부모가 자녀에게 보이는 애정의 정도와 자녀의 행동을 허용하는 수준에 따라 양육 태도를 구분한 셰퍼와 베이리(Schaefer & Bayley, 1959)의 분류를 살펴본다.

셰피는 신생아기부터 초기 청년기에 이르기까지 30여 년간의 종단적 기록에 근거하여 부모의 양육 태도와 그에 따른 자녀의 성격적·심리적 발달 특성을 연구하였다. 연구 결과, 부모의 양육 태도와 그에 따른 자녀의 발달 특성에 보편적 규칙이 나타나는 것을 발견하였고, 이를 4가지 유형으로 구분하여 설명하였다. 셰퍼는 부모의 양육 태도를 애정-적의, 자율-통제의 두 축으로 나누고, 애정-적의를 x축으로, 자율-통제를 y축으로 [그림 8-1]과 같이 구분하였다. 부모의 양육 태도는 두 축에 따라 애정-자율적 유형, 애정-통제적 유형, 적의-자율적 유형, 적의-통제적 유형으로 나

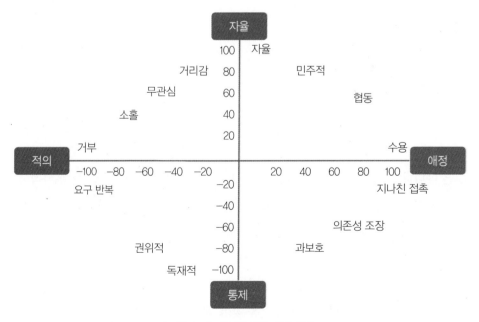

[그림 8-1] 셰퍼의 양육 태도 유형

닌다. 나의 부모는 어떤 유형에 속하는지, 그에 따라 자신은 어떤 성격적 · 정서적 특성을 발달시켰는지, 자신의 경험에 적용하며 부모-자녀 관계를 이해해 보자.

(1) 애정-자율적 유형

애정-자율적 유형에 속하는 부모는 자녀에게 가지는 애정을 자녀가 느낄 수 있도록 표현하며, 자녀의 가치와 판단, 행동을 존중하는 양육 태도를 지닌다. 이러한 유형의 부모는 자녀를 인격적인 존재로 대우하며 자녀와 민주적 관계를 유지한다. 자녀가 스스로 선택하고 행동하는 것들을 인정하면서도 그들에게 애정이 있어 방임하지는 않는다. 행동에 스스로 책임을 질 수 있도록 지지하고 격려하며, 문제가 발생할 때에는 비판하거나 거부하는 대신 문제를 해결할 수 있도록 함께 의논하고 토론하며 관심을 기울인다.

이러한 부모의 양육 태도는 자녀를 자신감 있고 당당하면서도 타인에게 협조적이며 부모가 그렇듯이 갈등 상황을 민주적으로 해결할 수 있는 능력을 갖추도록 한다. 양육 과정에서 자신의 선택이나 행동을 부모로부터 격려받았기 때문에 이들은 자신에 대한 신뢰와 높은 자존감을 발달시킨다. 설령 자신이 선택한 행동에 문제가 발생할지라도 부모가 이를 비판하기보다 책임 있게 해결할 수 있도록 도와주는 경험을 했으므로, 성장한 후에도 갈등을 겪거나 어려움을 겪으면 위축되거나 죄책감을 느끼는 대신 세상을 향해 도움을 요청하거나 갈등 대상과 타협하며 적극적으로 문제해결을 위한 행동을 취할 수 있다.

물론 이런 자녀도 자신의 고집을 내세우거나 공격적 성향 등 부정적 정서를 나타내기도 한다. 인간의 정서는 기쁨, 행복, 연민 등 긍정적 정서뿐 아니라 분노와 짜증, 슬픔 등 부정적 정서 또한 포함한다는 점에서 부정적 정서 자체가 문제가 되는 것은 아니다. 다만, 부정적 정서를 느끼는 빈도, 표현 방법, 해소 방법 등 부정적 정서를 지각하고 표현하며 다른 방식으로 전환하고자 하는 의지가 중요하며, 이러한 의지는 부모, 소속된 사회의 문화 등에 의해 영향을 받는다. 이런 점에서 애정-자율적 부모와 상호작용하며 성장하는 자녀는 부정적 정서에 죄책감을 느끼고 억압하기만 하거나 이를 폭발적이고 폭력적으로 표현하기보다는, 상황에 적절하게 표현하고 이러한 감정이 발생하는 근원을 찾아 해결하는 방법으로 감정을 활용하는 경우가 많을 것으로 기대된다.

(2) 애정-통제적 유형

애정-통제적 유형에 속하는 부모는 자녀를 사랑하지만 자녀의 선택이나 행동을 존중하기보다는 자신의 가치나 신념에 따라 자녀를 양육하려는 특성이 강하다. 이러한 유형의 부모는 자녀가 독립된 하나의 주체이며 자신을 위한 최선의 선택을 하는 완성된 인간이라고 인식하는 대신 자녀를 자신의 소유물로서 결핍되고 미흡한 존재로 인식하는 경우가 많다. 자녀의 선택이나 행동을 '어려서' '아직 세상 경험을 많이 해 보지 않아서' '잘 몰라서' 등의 이유로 폄하하고 자녀를 위한 부모 자신의 판단이나 선택만이 가장 올바른 것이라고 생각하는 유형이 이에 속한다. 이러한 양육 태도를 지닌 부모는 자녀를 사랑하면서도 그 사랑을 온전히 표현하기보다는 은연중에 자녀를 통제하기 위한 수단으로 사랑을 사용한다. 자녀에 대한 통제는 보통 부모가 자녀를 너무 사랑하고 아끼기 때문에 좀 덜 고생하고 덜 실패하는 방향으로 자녀의 삶이 이루어지도록 하려는 부모의 노력으로 치환되기도 된다. 부모에 의한 통제는 언어적 통제와 심리적 통제부터 신체적인 체벌에 이르기까지 다양한 방식으로 이루어진다.

이러한 양육 태도를 지닌 부모 밑에서 성장한 자녀는 부모와 다른 생각, 다른 선택, 다른 행동을 하게 되는 경우 격려받기보다는 비판받거나 거부될 가능성이 높아지며, 자신에 대한 신뢰, 자신에 대한 존중감이 애정-자율적 양육 태도의 자녀에 비해 상대적으로 낮아진다. 자녀 자신보다 부모의 생각이나 판단에 따라 선택하는 경험이 많아질수록 자녀는 자신의 독자적인 생각이나 선택을 신뢰하기 어렵고, 대신 부모 혹은 부모 역할을 하는 주변 사람에게 선택이나 결정을 의존하게 되는 경우가 많다. 이러한 경우, 자신에 대한 인정 기준이 자기 내부에 있기보다는 외부의 판단이나 시선에 따라 자신을 인정하고 수용하는 정도가 달라진다.

물론 애정-통제적 양육 태도는 자녀가 부모의 통제를 따르고 순응하듯이, 조직에 순응하고 협조하도록 하며 성실한 혹은 착한 사람이라는 이미지를 만들어 주기도 한다. 그러나 이러한 순응이나 협조는 마음에서 우러나오기보다는 자신의 감정이나 생각을 주장하지 못하는 데서 나타나는 현상이라는 점에서, 반복될 경우 마음과 다르게 말하고 행동하는 자신이나 상황에 대해 불만과 적대감을 키우게 되기도 한다. 이렇게 만들어진 불만이나 적대감은 원인을 제공한 대상이나 관계를 통해 해소되기보다는 더 약한 관계에서 일방적으로 분출되기도 한다.

(3) 적대-자율적 유형

적대-자율적 유형에 속하는 부모는 자녀를 진심으로 사랑하지 않을 뿐 아니라 적대감을 느끼기도 한다. 자녀의 생각이나 판단, 행동에 대해서도 전혀 통제하지 않는데, 이러한 양육행동은 자녀에 대한 애정을 가지고 자녀를 존중하는 의미에서 자율성을 인정해 주는 애정-자율적 양육 태도와는 다르다. 자녀에 대한 애정이 약하거나 없기 때문에 자녀의 행동을 자유롭게 인정하기보다는 무관심으로 자녀의 행동을 방치하는 경우로 나타나게 된다. 자녀가 어떤 행동을 하든, 그것이 긍정적이든 부정적이든 부모는 자녀에게 관심을 기울이지 않는다. 이것은 자녀의 자유를 인정해서 나타나는 결과이기보다는 자녀에게 애정과 관심이 없어 나타나는 행동이라는 점에서 방임형 양육 태도이기도 하다.

이러한 양육 태도를 지닌 부모는 자녀가 사회에 적응하며 살 수 있도록 어떤 행동이 올바르고 어떤 행동이 그렇지 않은지 사회적 규범을 안내하지 않는다는 점에서 반사회적인 자녀를 길러 낼 확률이 높다. 부모로부터 사랑받지 못한 경험은 누군가에게 관심을 주고 따뜻하게 사랑하는 방법을 자녀가 자연스럽게 익히지 못하도록 하며, 사회적 권위를 수용하고 이를 위해 자신을 통제하는 것을 경험하지 못한 자녀는 자신의 행동이나 감정을 사회적 상황에 맞게 조절하고 통제하는 데 어려움을 겪는다.

(4) 적대-통제적 유형

적대-통제적 유형에 속하는 부모는 자녀에 대한 애정의 수준이 낮거나 심지어 자녀에게 적의를 지니며, 심리적 · 신체적으로 자녀의 행동을 통제함으로써 자녀를 수용하지 않는다. 자녀에 대한 애정 수준은 적대-자율적 유형의 부모와 유사하지만, 심리적 · 신체적으로 자녀를 직접 통제한다는 점에서 자녀에게는 적대-자율적 유형의 부모보다 더 위협적일 수 있다. 자녀를 학대하여 신체적 가혹 행위를 하거나 심지어 자녀의 목숨을 위협할 정도로 신체적 통제를 가하는 부모의 유형이 이에 속한다.

이런 부모의 자녀는 부모로부터 존중받지 못하고, 심지어 학대당하는 경험을 통해 자신의 존재 자체에 대한 의심과 분노를 지니게 될 확률이 높다. 어린 시절부터 경험한 고통으로 인해 내면화된 갈등과 분노를 가지게 되고, 경우에 따라서는 자학적이거나 퇴행적인 행동을 보이며 사회적 관계 형성에 어려움을 겪기도 한다. 히긴

스와 맥케이브(Higgins & McCabe, 2003)는 엄격히 통제하는 방식으로 학대받은 영유
아기의 경험은 성인이 되었을 때 내적 · 외적 · 성적 부적응 행동 등과 같은 정신병
적 증상을 일으킬 수 있으며, 후일 자신의 자녀를 학대하는 결과를 가져올 수 있다
고 하였다(Rubin, Burgess, & Dwyer, 2003: 이원영, 이태영, 강정원, 2013에서 재인용).

우리나라 어머니의 양육 태도에 대한 연구는 이원영(1983)의 「어머니의 자녀양육
관 및 양육태도와 유아발달과의 관련성 연구」, 박은정(1996)의 「유치원 및 초, 중, 고
등학생 어머니의 양육태도 현황」, 전우경과 강정원(2007)의 「유아기 자녀를 둔 어머
니의 양육태도에 대한 1980년대 초반과 2000년대 중반의 차이 비교 연구」를 통해
이루어졌다. 1980, 1990년대에 이루어진 이원영과 박은정의 연구에서는 우리나라
어머니들은 셰퍼가 구분한 4가지 기본 유형 중 애정-통제적 양육 태도가 가장 많았
으나, 2007년에 이루어진 전우경과 강정원의 연구에서는 애정-통제적 양육 태도와
함께 애정-자율적 양육 태도도 높게 나와 우리나라 어머니의 양육 태도에 변화가
있음을 알 수 있다.

부모의 양육 유형에 따라 자녀의 심리사회적 발달이 다른 양상으로 나타난다는
점에서 유아기 부모의 바람직한 양육 태도는 중요하다. 그러나 한 인간의 발달은 단
순히 유아기 부모의 양육 태도에 의해 모든 것이 결정되는 것은 아니다. 방임적이거
나 학대적인 부모에게서 성장했더라도 성장기 동안 어떤 교사나 친구와 상호작용
하며 어떤 문화의 영향을 받았는가 하는 것은 한 개인의 성장에 지속적인 변화와 발
달을 가져온다. 그것이 우리가 교육자로서 교육의 힘을 믿는 이유이기도 하다. 유
아교육기관에서 만나게 되는 유아의 문제행동 뒤에 더 크게 자리 잡았을지 모르는
부모의 문제적 양육 태도는 교사로 하여금 어떠한 방식으로 접근하여 부모와 유아
에게 영향을 미칠 것인가를 진지하게 고민하게 하는 문제가 된다.

3. 유아교육기관에서의 부모-교사 관계

1) 부모와 교사의 관계

유아는 부모가 있는 가정 그리고 교사가 있는 유아교육기관이라는 두 세계를 오

가며 살고 있다. 유아가 경험하는 두 세계가 분리되고 이질적이며 서로 배타적이라면 그 영향은 유아에게 부정적으로 나타날 수밖에 없다. 따라서 유아가 속해 있는 두 세계의 축, 즉 부모와 교사가 어떠한 관계를 이루고 있느냐는 매우 중요한 문제이다. 여기서는 부모와 교사가 맺는 독특한 관계의 특성을 살펴보고, 부모와 교사 역할의 공통점과 차이점을 살펴본다.

부모와 교사는 영유아를 매개로 유아교육기관에서의 만남을 통해 그 관계가 형성된다. 이들 관계의 특성은 다음과 같다(정계숙 외, 2014).

첫째, 부모와 교사의 인간관계는 거의 대부분 자신들의 의지와는 관계없는, 선택의 여지가 없는 우연한 만남이다.

둘째, 부모와 교사의 인간관계는 서로의 적극적인 주도로 이루어지는 직접적 만남이 아니라 유아를 매개로 맺어지는 간접적 관계이다.

셋째, 부모와 교사의 인간관계는 통상의 인간관계에서 나타나는 전면적 접촉 관계가 아니라 유아의 교육과 관련해서만 접촉이 이루어지는 부분적 관계이다.

넷째, 부모와 교사의 인간관계는 아주 특별한 경우를 제외하고 해당 유아가 그 교사에게서 지도를 받는 기간만 지속되는 일시적 관계로 비영구적이라는 특성을 갖는다.

다섯째, 부모와 교사의 인간관계는 이중성을 지닌다. 즉, 부모-교사 관계는 공식적으로 만남을 가질 수 있는 당당한 관계이면서 한편으로는 '치맛바람'으로 상징되는 비공식적 성격도 지니는 이중적 관계이다.

유아기 부모-교사 관계는 통상의 인간관계와 다른 특성을 나타내며, 이러한 특성은 부모와 교사가 서로 관계를 형성하는 데 있어 긍정적으로 기여하기도 하지만 갈등을 일으키는 문제로 나타나기도 한다. 특히 갈등을 일으키는 요소는 부모-교사 간의 관계적 측면에만 영향을 미치는 것이 아니라, 관계의 중심에 있는 유아의 발달과 교육에도 부정적 영향을 미칠 수 있기 때문에 더욱 중요하게 고려되어야 한다.

부모-교사 간에 발생하는 관계의 특수성은 부모의 양육적인 측면과 교사의 교육적인 측면이 유아교육기관이라는 공간에서 행해지며 발생한다. 이러한 특수성에도 불구하고 부모-교사 관계는 유아의 발달과 교육이라는 공통된 목표를 지니고 형성된 관계라는 점에서 상호보완적 관계로 발전되는 것이 중요하다. 부모와 교사 역할의 공통점과 차이점을 살펴보면 다음과 같다(유효순, 이원영, 2009).

공통점은 다음과 같이 다섯 가지로 요약될 수 있다.

첫째, 부모와 교사는 유아를 가르치고 보호하는 역할을 담당한다.

둘째, 부모와 교사의 역할은 에너지를 쏟아야 하는 일, 즉 신체적 노동이 많은 활동을 요한다.

셋째, 부모와 교사는 유아를 돌보는 일을 담당하며, 이러한 과정에서 특별한 주의 집중을 요한다.

넷째, 부모와 교사의 역할은 유아를 돌본다는 일의 특성상 무엇보다 인내심이 요구된다.

다섯째, 부모와 교사의 역할은 변화무쌍한 유아와 매일 함께해야 한다는 데 특별한 어려움을 갖는다.

부모와 교사가 서로의 역할을 이해하고 상호 협력하기 위해서는 부모와 교사의 역할 특징과 차이점을 고려할 필요가 있다. 이를 위해 캐츠(Katz, 1980)가 부모 역할과 교사 역할의 차이를 일곱 가지로 나누어 제시한 내용을 살펴보면 다음과 같다.

첫째, 기능의 영역에서 차이를 갖는다. 교사의 역할은 학급이라는 좀 더 제한된 영역에서 유아들에 대한 책임을 가지는 반면, 부모는 매일 자녀의 발달과 보호와 관련된 역할을 수행한다.

둘째, 교사가 유아에 대해 가지는 애정은 공식적이며 비영속적인 데 비해, 부모는 긍정적이든 부정적이든 자녀의 모든 것에 관해 강력한 애정을 지속적으로 갖는다.

셋째, 교사는 학급 내 모든 유아와 애착을 형성해야 하기 때문에 특정 유아와 상대적으로 깊은 애착을 형성하기 어려운 반면, 부모는 시간의 경과에 따라 더 긴밀한 상호 애착을 자녀와 형성하게 된다.

넷째, 교사는 자신의 역할 수행을 교육학적 관점에서 합리적이고 객관적으로 수행할 가능성이 높은 데 비해, 부모는 자신의 자녀에 대한 애정을 바탕으로 자녀와 관련된 역할 수행에 주관적 태도를 가지게 된다.

다섯째, 교사는 하나의 직업적 선택으로서 유아에 대한 행동이나 상호작용이 교육적이고 계획적인 의도성을 지니는 반면, 부모와 자녀의 관계는 자연발생적인 것으로 부모의 역할은 자발성에 기반한다.

여섯째, 교사는 교실에서 여러 유아와 상호작용하므로 한 명에게만 편파적인 감정을 가지거나 상호작용할 수 없는 데 비해, 부모는 자신의 자녀에 대해 일방적이고 편파적인 태도를 지니게 된다.

일곱째, 교사는 학급 전체의 유아에 대한 책임을 가지는 반면, 부모는 자기 자녀에 대한 책임만 가진다.

이와 같이 부모와 교사는 그 역할 수행에 있어 공통점과 차이점을 함께 가진다. 역할 수행에 대한 교사의 인식을 통해 부모-교사 관계에서 나타나는 갈등을 줄여 나감으로써 유아가 두 환경에서 안정감을 가지고 지낼 수 있도록 도울 수 있다.

2) 교사가 바라는 부모

유아교육기관의 교사들이 바라는 부모상은 여러 학자가 연구해 온 주제이다. 유아교육기관에서 교사가 겪는 어려움의 주요 원인 중 하나가 부모와의 관계라는 점(고선아, 2008; 염지숙, 홍춘희, 2006)에서 교사가 바라는 부모상에 대한 연구는 부모들에게 교사와의 관계에서 무엇을 고려해야 하는지에 대한 정보를 제공한다.

교사가 바라는 부모상에 관한 연구 결과를 바탕으로 교사와의 관계에서 교사가 바라는 부모 및 유아와의 관계에서 교사가 바라는 부모를 정리하면 다음과 같다.

(1) 교사와의 관계에서 교사가 바라는 부모

첫째, 전문가로서 교사를 인정해 주는 부모이다. 교사는 유아를 보호하기도 하지만 교육하기도 한다. 유아교육에서 교육은 '놀이'로써 배움이 이루어지도록 프로그램을 구성하고 실행하는 것이다. 그러나 많은 부모가 이러한 유아교육 방법에 대한 이해 부족이나 조기교육에 대한 열망으로 직접적인 학습 및 가시적 결과를 원하기도 하는데, 이는 교사가 부모에게 기대하는 모습과는 다른 것이다. 교사들은 '교사'라는 이름이 주는 권위에 맞는 활동, 즉 수업과 놀이를 훌륭하게 이끌어 내는 것이 교사의 첫 번째 조건이라 생각하고 있고, 이러한 교사로서의 노력을 부모가 알아주기를 기대한다. 교사들은 자신이 유아의 성장과 발달에 책임을 가진 교육자임을 부모들이 인정하고, 유아교육기관의 프로그램을 신뢰하기를 원한다.

둘째, 유아의 교육에 대해 유아교육기관과 교사들은 부모와의 연계를 기대한다. 교사들은 유아의 성장과 발달을 도모해야 한다고 강하게 인식하는데, 이를 위해서는 부모와의 연계가 중요하다고 생각한다. 특히 유아에 관한 정보 공유를 통한 유아의 성장 발달과 유아와 함께 만들어 가는 수업을 위한 가정에서의 협조를 기대하는 것으로 나타났다.

(2) 유아와의 관계에서 교사가 바라는 부모

첫째, 일관성 있는 부모이다. 바람직한 부모의 가장 중요한 특성 중의 하나는 부모가 자녀를 양육할 때 상황과 장소 그리고 시간에 상관없이 자녀교육의 원칙을 세운 대로 지켜 나가는 일관성을 유지하는 것이다. 흔히 부모들은 어떤 상황에서는 자녀의 행동을 묵시하거나 방관하지만, 다른 상황에서는 엄격하게 통제하는 경우가 있다. 이러한 부모는 자녀에게 혼동을 주고 어느 행동이 바람직한 것인지를 알 수 없도록 만드는 결과를 초래한다. 즉, 자녀가 어떻게 행동해야 하는지에 대한 원칙을 발견할 수 없도록 한다. 따라서 교사들이 기대하는 부모의 바람직한 모습 중 하나는 일관성 있게 자녀를 양육하는 것이다.

둘째, 이해하고 수용하는 부모이다. 부모가 자녀를 이해하고 수용하려고 노력하면 자녀는 독립심을 신장시켜 나갈 수 있고, 자기통제의 기법을 스스로 계발시킬 수 있는 기회를 부여받게 된다. 또한 자아존중감과 부모와의 관계를 이해하고 수용하는 자세를 가지게 된다. 수용하는 부모는 자녀에게 건전한 성격을 발달시킬 수 있는 기회를 부여하는 부모이다. 어떤 경우라도 무조건 이해하고 수용하는 부모가 바람직하다는 것을 의미하는 것이 아니라 기본적인 태도와 행동에 있어서 수용하고 이해하는 부모가 되어야 함을 강조하는 것이다.

셋째, 모범적인 행동을 하는 부모이다. 우리는 주변에서 자녀를 훈육하고 가르치면서도 자신의 행동이나 태도는 조심하지 않는 부모를 흔히 볼 수 있다. 그러나 바람직한 부모의 특성 중 하나는 부모 자신이 스스로 모범을 보임으로써 자녀에게 바람직한 모델을 제시하는 것이다. 모범적인 행동을 하는 부모는 자녀를 훈육하는 태도만을 지닌 것이 아니라 솔선수범하는 행동을 하는 부모이다. 부모가 모범적인 행동을 할 때 자녀는 자연스럽게 부모의 행동을 모방하거나 따르게 되며, 모범적인 행동

을 보이는 부모에게 존경심을 가지게 된다. 즉, '입으로만 가르치는 부모'보다 '행동
으로 보여 주는 부모'가 자녀교육을 위해 더욱 바람직하다.

　　넷째, 객관적인 시각으로 상황을 이해하고 행동하는 부모이다. 이러한 부모는 자신의
자녀만 우선시하는 것이 아니라 다른 아이를 배려하는 모습을 보인다. 또한 발달 특
성에 대한 이해를 바탕으로 유아교육기관에서 일어나는 일에 대해 유아가 하는 말
이나 행동을 가지고 교사에게 따지는 것이 아니라 객관적인 시선을 유지한다.

교사가 부모와의 관계에서 겪는 어려움과 보람

• 교사가 어려움을 느끼는 부모

　① 자녀의 문제에 대해 방어적인 부모　　② 교사를 불신하는 부모

　③ 예의 없는 부모　　　　　　　　　　　④ 예민하고 까다로운 부모

　⑤ 무관심하고 비협조적인 부모　　　　　⑥ 교사와 교육관이 맞지 않는 부모

• 교사가 보람을 느끼는 부모

　① 교사의 전문성을 인정해 주는 부모　　② 교사의 어려움을 공감해 주는 부모

　③ 교사를 한 개인으로서 배려해 주는 부모

출처: 고선아(2008).

3) 부모가 바라는 교사

　　유아교사란 통찰력과 지식을 가지고 유아를 돌보고 교육하는 사람이며, 유아의
성장·발달을 돕기 위해 부모, 유아교육기관의 교직원 및 지역사회 인사와 의사소
통하는 사람이다. 이는 무척 복합적이고 어려운 일이다. 교사의 질이 유아의 삶에
얼마나 중요한가 하는 문제는 다양한 연구 결과를 통해서도 밝혀져 왔다. 부모가 바
라는 유아교사의 모습도 일반적으로 유아교사에게 요구되는 자질과 크게 다르지
않게 나타났으나, 특히 부모들은 인성적 자질을 유아교사의 주요한 요건으로 생각
한다.

　　부모가 바라는 유아교사의 모습은 다음과 같다(정명숙, 황해익, 2010).

첫째, 유아를 사랑하는 교사이다. 부모들이 바라는 유아교사상에서 가장 많은 요구가 나타나는 것은 유아를 사랑하는 교사의 모습이다. 부모들은 유아를 인격적으로 대하고 자기 자식처럼 아끼고 사랑하는 교사를 바란다. 이러한 요구는 일부 유아교육기관에서 발생하는 학대와 관련된 부모들의 우려를 담고 있기도 하다. 부모들은 교사가 훈육 상황에서 자신의 감정을 적절하게 조절하며 유아를 이해하고 수용하기를 원한다.

둘째, 바른 인성을 가진 친절한 교사이다. 부모들은 유아교사가 유아가 생애 초기에 만나는 대상이므로 상냥하고 자상하여 유아의 자존감을 충분히 키워 줄 수 있기를 바란다. 이뿐만 아니라 호기심이 많은 유아들의 다양한 질문에 자상하고 친절하게 반응해 줄 수 있는 교사를 원한다.

셋째, 유아와 눈높이를 맞추는 교사이다. 이는 몇 가지 의미를 내포하는데, 눈높이에 맞춘 교육을 하는 교사, 눈높이를 맞추는 친구 같은 교사, 유아의 생각을 거부하거나 가치 없는 것으로 취급하기보다 수용하고 인정해 주는 교사, 유아의 입장을 이해해 주는 교사 등 다양한 의미를 지닌다.

넷째, 긍정적이고 행복한 교사이다. 부모들은 긍정적인 교사가 유아를 좀 더 칭찬하고 유아의 장점을 찾을 수 있으며 유아에게 잘 웃는 모습을 보여 줄 것이라고 믿기 때문에 긍정적인 교사를 원한다.

4) 부모-교사의 동반자적 협력관계

부모와 교사가 유아를 사이에 두고 동반자로서의 역할을 수행하는 것이 현대사회의 교육 이념으로 기대되고 있다. 그러나 앞에서 살펴본 것과 같은 독특한 관계 특성 및 역할의 공통점과 차이점으로 인해 부모와 교사의 동반자적 협력관계가 쉽게 이루어지지는 않았다. 1970년대 전까지만 하더라도 부모와 교사의 관계는 월러 (Waller, 1932)가 이야기한 것처럼 '자연적인 적대관계(natural enemies)'로 인식되었으며 유아교육에 있어 각자가 지켜야 할 경계를 설정하는 문제로 갈등하는 관계에 있었다. 이후 교육학이 하나의 학문으로 자리 잡으며 전문적인 연구가 수행되었으나, 이러한 정보에 대한 접근이 교사에게 한정되었으며, 교사들이 정보나 조언을 부모들에게 일방적으로 전수하는 수준의 접촉이 이루어졌다. 부모들도 주로 자녀가 문제가 있을 경우에만 교사와 접촉하는 방식으로 교사-부모 관계가 형성되었다.

이후 자녀교육에 대한 부모의 개입, 특히 부모와 교사의 우호적 관계가 자녀의 인지적 · 정서적 발달에 긍정적으로 기여한다는 연구 결과들이 발표되면서 유아교육기관에 대한 부모의 참여가 확대되고 부모와 교사 간의 교류도 비교적 활발하게 이루어지기 시작했다. 또한 부모와 교사의 관계는 현대사회의 다른 관계들과 마찬가지로 점차 수평적인 관계로 변화되며 부모와 교사의 동반자적 협력관계가 강조되었다. 부모와 교사는 그들 모두가 유아의 성장과 발달을 위해 기여해야 하는 동일한 목적을 지니고 있으므로 서로의 관계를 원활하게 하는 것이 무엇보다 중요하다.

부모와 교사의 동반자적 협력관계는 교육 대상이 가장 어린 유아라는 점에서 더욱 강조된다. 유아교육은 한 개인의 전인적 성장을 위한 기본 토대가 되는 교육으로서 유아의 일상생활에 필요한 기본 능력과 태도를 기르는 데 중점을 두고 있다. 교사는 유아교육기관에서 유아의 전인적 성장을 위한 교육 환경을 만들어 주고, 부모는 가정에서 자녀의 전인적 성장을 위한 양육 환경을 만들어 주어야 한다는 점에서 부모와 교사는 동반자적 협력관계를 유지하는 것이 중요하다. 부모가 자녀의 교육을 유아교육기관에 모두 위임하는 경우, 유아교육기관을 단순히 돌봄을 제공하는 장소로만 인지하는 경우, 혹은 교사가 지나치게 권위적이어서 부모와의 상호작용을 등한시하는 경우에는 동반자적 협력관계를 맺기 어렵다. 부모와 교사가 상호 신뢰를 바탕으로 보다 원활한 상호작용으로 협조할 때만이 바람직한 유아의 성장과 발달을 이끌 수 있다. 유아의 성장과 발달을 도모하기 위한 동반자적 협력관계로서 부모와 교사의 관계가 설정되고 유지되는 것은 무엇보다 중요하다.

부모와 교사의 동반자적 협력관계는 다음과 같은 효과를 갖는다(유효순, 이원영, 2009).

첫째, 유아는 새로운 환경인 유아교육기관에 빠르게 적응할 수 있으며, 따라서 유아의 자아존중감 발달을 도울 수 있다. 유아가 처음으로 유아교육기관에서 생활하기 시작할 때 그들의 안전기지가 되어 온 부모와의 애착관계는 이제 다른 성인인 교사에게로 확대될 수 있어야 한다. 이러한 과정에서 부모와 교사가 편안한 관계를 형성하고 있다면 유아는 보다 수월하게 기관에 적응할 수 있으며, 부모 이외의 다른 성인인 교사에게도 자신이 존중받는다는 느낌을 가짐으로써 자존감이 높아지게 된다.

둘째, 부모는 부모 역할에 대한 지지감을 형성할 수 있게 되고, 자녀양육에 관련된 다양한 지식과 기술을 배울 수 있게 된다. 부모가 교사에게 자녀에 대한 고민을 이야기함으로써 교사로부터 위안을 받고 다양한 해결책을 제시받을 수 있다면, 부모는 좀 더 편안하게 부모 역할을 할 수 있게 된다. 또한 교사로부터 유아의 발달과 교육에 관한 다양한 정보를 듣는 것은 부모의 역할 수행에 중요한 자원이 되며, 이는 곧 부모 역할의 어려움을 극복할 수 있는 자신감을 가지게 한다.

셋째, 교사는 부모로부터 유아에 대한 개인정보를 얻음으로써 지도에 도움을 받을 수 있으며, 다양한 부모 자원을 활용하여 유아교육의 효과를 극대화할 수 있다. 부모로부터 무엇인가를 배우는 데 있어서 개방적인 교사는 직접적인 양육 경험이 없어도 실제적 정보와 지식을 많이 얻게 되며, 이를 통해 다른 부모에게도 응용할 수 있는 아이디어가 축적된다. 또한 부모로부터 얻은 유아에 대한 다양한 정보를 토대로 유아를 지도하는 데 보다 유능해짐으로써 자신감이 증가할 수 있다. 아울러 교사 혼자 학급의 교육활동을 구성하기보다 다양한 부모 자원을 활용함으로써 보다 풍부한 학습 경험을 유아에게 제공할 수 있다.

종합해 보면, 부모와 교사 간의 긍정적이고 동반자적인 협력관계는 필연적인 것이다. 유아의 발달과 성장을 돕는 중요한 책임자들로서 부모와 교사는 보다 효율적이고 긍정적인 협력관계를 맺을 수 있도록 노력해야 할 것이다.

4. 유아교육기관의 부모교육

1) 부모교육의 유형

(1) 부모 오리엔테이션

부모 오리엔테이션은 신입 원아의 부모에게 유아교육기관의 특성, 교사 및 기관의 전반적인 운영 방침 등을 소개하는 시간이다. 부모들과 유아교육기관의 공식적인 첫 만남의 자리라고 볼 수 있으며, 오리엔테이션을 통해 기관장은 기관의 교육철학과 유아에 대한 철학을 부모에게 소개하게 된다. 오리엔테이션을 통해 부모는 유아교육의 목표, 철학 등을 이해하게 되며, 자녀가 다니게 될 유아교육기관의 교육 방향을 가늠할 수 있게 된다. 부모 오리엔테이션은 보통 신학년도 개원일로부터

5~7일 전쯤 실시하므로, 2월 말이나 3월 초에 이루어지는 것이 일반적이다.

(2) 가정통신문

가정통신문은 유아교육기관에서 가장 많이 사용하는 부모교육 방법으로, 기관에서 진행하는 여러 사항을 부모에게 알려 가정과의 연계를 도모하고 부모-자녀 간의 상호작용을 촉진하는 역할을 한다. 가정통신문의 가장 대표적인 형태는 주간교육계획안이다. 주간교육계획안은 보통 매주 금요일에 영유아를 통해 부모에게 전달된다. 내용은 한 주의 교육 프로그램, 프로그램 진행을 위해 부모나 가정에 요청하는 협조문, 식단, 기관이나 지역사회의 부모 관련 행사 안내, 양육에 도움이 되는 다양한 정보 등이다.

(3) 전화상담

전화상담은 부모와 교사가 전화로 유아의 생활과 교육에 대한 의견을 교환하는 활동을 의미한다. 전화상담은 유아에게 특별한 일이 발생하여 당일 부모에게 알려야 하거나 의논해야 하는 경우, 부모가 직장에 다녀 유아교육기관을 방문하여 면담할 시간적 여유가 없는 경우에 이루어진다. 유아교육기관에서 전화상담은 필요에 따라 수시로 교사나 부모에 의해 이루어지는 유형 중 하나인데, 유아의 문제행동에 대한 의견 등 민감한 사항은 전화상담보다는 일정을 계획하여 면담하는 것이 바람직하다. 왜냐하면 의사소통에는 언어뿐 아니라 목소리, 표정, 몸짓 등 다양한 요소가 포함되는데, 전화는 목소리와 언어로만 이루어진다는 점에서 바람직한 소통을 방해할 여지가 있기 때문이다.

(4) 면담

면담은 부모와 교사가 직접 만나 유아에 대한 상담을 진행하는 것이다. 면담은 개별면담과 집단면담으로 나뉘는데, 대부분의 기관에서는 집단면담보다는 개별면담이 좀 더 빈번하게 이루어진다. 개별면담은 부모 또는 교사의 요청에 의해 이루어지거나, 정기적인 기간을 두고 계획적으로 이루어지기도 하고, 수시로 이루어지기도 한다. 학기 초나 학기 말에 진행되는 개별면담은 유아의 발달 상황에 대해 교사의 관찰 자료, 유아의 포트폴리오 등을 중심으로 부모와 의견을 교환하는 방식으로

이루어진다. 계획 없이 수시로 이루어지는 개별면담은 등원·하원 시 간단히 주고
받는 유아의 일상에 대한 내용이 주를 이루는 경우가 많다. 집단면담은 기관에 따라
활성화 정도에 편차가 있다. 집단면담은 보통 한 반의 부모들이 학급이나 기관의 다
양한 문제에 의견을 제시하거나 정보를 주고받는 방식으로 이루어진다.

(5) 부모 참여수업

부모 참여수업은 유아교육기관에서 준비한 수업에 부모와 유아가 함께 참여하여
경험하는 것을 의미한다. 참여수업을 통해 부모는 가정이 아닌 공간에서의 자녀의
행동을 객관적으로 관찰할 수 있고, 유아에 대한 교사의 상호작용 방법을 배워 육아
에 적용할 수도 있다. 부모 참여수업은 유아교육기관에서 아버지 참여수업, 어머니
참여수업으로도 불리나, 현대사회의 다양한 가족 형태를 고려하여 이러한 용어는
부모 참여수업, 가족 참여수업 등의 용어로 바꾸어 부를 필요가 있다.

(6) 강연회

강연회는 효율적인 자녀교육을 위해 필요한 지식과 정보를 부모들에게 제공하기
위한 것으로, 각 유아교육기관의 연간 부모교육 계획안에 따라 체계적으로 실시된
다. 연간 부모교육 계획의 강연 주제에 따라 강연은 기관 내부 강사로 원장이나 원
감 혹은 각 연령 주임교사들이 진행하거나 외부의 전문가를 초빙하여 진행한다. 강
연회는 과거에는 부모교육의 주요 유형으로 각 기관에서 선호했으나, 일회적이고
부모의 특수한 상황에 대한 고려 없이 이상적 양육관을 제시한다는 점에서 부모의
지속적인 변화를 이끌기 어렵다는 지적을 받기도 한다. 그러나 부모 역할에 대한 멘
토나 모델링 대상 등 외부의 지원이 현저히 부족한 상황에서 유아교육기관의 강연
회는 부모들이 자신의 육아 방식을 점검하고, 바람직한 육아 방식에 대해 전문가의
조언을 듣고 고민할 수 있는 기회를 제공한다.

2) 부모교육 이론 및 프로그램

유아교육기관에서 진행되는 부모교육 프로그램의 토대가 되는 이론은 다양하다.
여기서는 그중 대표적인 이론인 교류분석 이론과 부모효율성 훈련이론을 살펴본

다. 이러한 부모교육 프로그램은 대집단 중심의 특강 형태의 교육보다는 10~15명의 소집단 부모들을 대상으로 짧으면 4회에서 길면 14회 정도까지 중기·장기로 부모교육을 시행한다. 이러한 부모교육 프로그램에서는 일방적인 강의 위주의 교육보다는 참여자가 자신의 삶 속에서 양육 및 양육에 영향을 미치는 다양한 관계에서 겪는 어려움을 실제적으로 드러내고 이야기 나누는 과정을 중요하게 여긴다. 관련 이론을 부모 개인의 삶 속에 적용해 해석할 수 있도록 돕는 전문가가 필요하다는 점은 한계로 작용하지만, 참여한 부모들이 양육행동을 자신의 성격으로부터 이해할 수 있도록 돕고 양육에 대해 진지하게 이야기 나눌 수 있는 육아 공동체를 형성하는 데 도움이 된다는 점에서 의미가 있다.

(1) 교류분석 이론

교류분석(transactional analysis)은 1950년대 중반 정신의학자 번(Berne, 1910~1970)이 개발한 이론이다. 교류분석 이론은 인간의 성격을 객관적으로 살펴볼 수 있도록 성격을 부모자아상태, 아동자아상태, 성인자아상태로 구분하여 설명한다. 번은 인간이 자신의 성격을 이해하면 인간관계에서의 의사소통이 좀 더 바람직한 방식으로 전개되리라 생각했다. 이후 다양한 교류분석 학자는 인간관계, 특히 부모-자녀 관계를 개선하기 위해 교류분석 이론을 부모교육에 활용하여 부모가 자신의 성격을 이해하고, 그에 따라 자녀와 상호작용할 수 있도록 했다. 교류분석에 기초한 부모교육 프로그램은 우리나라에서도 유아교육기관을 중심으로 활발히 사용되고 있다. 교류분석은 자신의 성격에 대한 이해를 기반으로 의사소통을 개선하는 것이 주요 목적이므로 부모교육 프로그램은 부모 개인의 성격을 검사하고, 이를 바탕으로 각각의 부모가 실제적으로 사용하고 있는 의사소통 패턴을 살펴보고 개선의 방향을 고민할 수 있도록 구성된다.

〈표 8-1〉은 교류분석 이론의 핵심 개념인 인간의 성격을 구성하는 자아상태와 그 특성을 보여 준다.

 여기 보세요!

교류분석 이론에 기초한 부모교육 프로그램의 구성체계

다음은 한 유아교육기관에서 13주간 주 1회, 총 13회기로 진행한 교류분석 이론에 기초한 부모교육 프로그램의 실제 구성표입니다. 부모가 자녀와 건강한 상호작용을 할 수 있도록 부모의 정서적 양육 역량 증진을 목적으로 자기이해, 타인이해, 자율성 회복, 바람직한 관계 형성이라는 교류분석의 핵심 개념을 강의와 토의, 과제 발표를 통해 부모들이 이해할 수 있도록 돕습니다.

목적 및 목표	목적	• 유아기 자녀를 둔 부모의 정서적 양육 역량 증진
	목표	• 인간의 심리사회적 발달 및 자아상태와 교류 패턴 분석을 통해 자신을 이해하고 수용할 수 있다. • 자아상태와 교류 패턴 분석 및 인정 자극에 대한 이해를 통해 타인을 이해하고 수용할 수 있다. • 성인자아상태의 활성화와 자기분화 수준 증진을 통해 자율성을 회복할 수 있다. • 의사소통 기술과 양육 태도에 대한 이해를 바탕으로 바람직한 관계를 형성할 수 있다.
교육 내용	자기이해	• 인간의 심리사회적 발달 • 성격을 구성하는 자아상태의 구조와 기능 • 타인과 소통하는 교류 패턴의 유형과 특성
	타인이해	• 자아상태의 구조와 기능에 따른 타인의 행동 분석 • 인정 자극의 개념 및 유형
	자율성 회복	• 이성과 감정의 사용, 독립과 의존을 결정하는 자기분화의 개념과 특성 • 성인자아상태 활성화를 통한 자율성 회복
	바람직한 관계 형성	• 반영적 경청, 나 전달법, 승승전략을 통한 의사소통 기술의 이해 • 양육 태도의 유형과 자녀 발달의 관계
교수-학습 방법	교수-학습 단계	• 마음 열기, 과제 접근하기, 정보 · 지식 제공하기, 적용하기, 느낌 나누기
	교수 방법	• 강의, 토의, 과제
	교수 매체	• 시각물, 인쇄물, 검사 결과

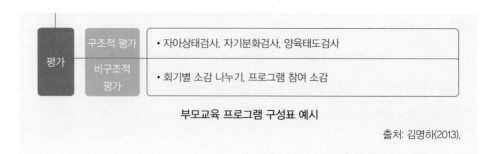

부모교육 프로그램 구성표 예시

출처: 김명하(2013).

〈표 8-1〉 성격을 구성하는 각 자아상태의 특성

자아상태	특성
비판적 부모자아상태	자신과 타인에 대하여 삶의 신념이나 가치판단을 가르치는 기능의 자아상태
양육적 부모자아상태	타인의 성장을 돕고 양육하며 보호하는 기능의 자아상태
성인자아상태	현실 적응을 위해 지식을 축적하고 사실에 입각해서 사물을 판단하여 수정·평가하는 기능의 자아상태
자유로운 아동자아상태	자신의 감정을 자발적이고 자유롭게 표현하는 기능의 자아상태
순응적 아동자아상태	자신의 참된 감정을 억제하고 권위 있는 주변 인물들의 요구에 맞추려는 반응으로 나타나는 기능의 자아상태

부모는 이러한 자아상태의 수준과 특성에 따라 자녀와 상호작용하고 의사소통하는 방식이 달라진다. 교류분석에서는 부모와 자녀의 의사소통을 다음의 3가지 유형으로 나누어 설명하고 있다.

첫째, 상보교류(complementary trasaction)이다. 상보교류는 갈등 없이 원만한 의사소통을 이루는 형태를 의미한다. 상보교류는 서로의 기대를 충족시킨다는 점에서 '교류가 상보적인 한, 끝없이 계속된다.'는 특성을 지닌다. 이러한 특성은 다음의 사례 ①처럼 긍정적인 상보교류에서는 문제가 되지 않으나, 사례 ②처럼 부정적 상보교류의 경우에는 자녀의 감정이나 욕망이 지속적으로 억압될 가능성이 높으므로 교류 패턴의 변화가 필요하다.

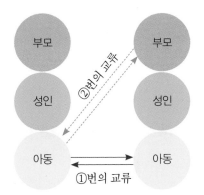

① 자녀: 난 세상에서 엄마가 제일 좋아. (아동자아상태
　　　의 반응)
　부모: 엄마도 세상에서 우리 딸이 제일 좋아. (아동자
　　　아상태의 반응)

② 부모: 너는 왜 늘 이 모양이니? (부모자아상태의 반응)
　자녀: 잘못했어요. (아동자아상태의 반응)

둘째, 교차교류(crossed transaction)이다. 교차교류는 기대 밖의 응답이 주어질 때 나타나는 교류로서, 부모-자녀 관계에 있어 대화의 단절, 무시, 침묵 등으로 이어지는 경우가 많다. 교차교류의 예는 다음과 같다.

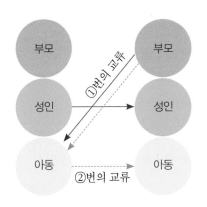

① 자녀: 빨대를 2개 꽂으면 더 빨리 마실 수 있을 것 같
　　　아요. (성인자아상태의 반응)
　부모: 자꾸 장난칠래? (부모자아상태의 반응)

② 자녀: 우와! 이 음식 너무 맛있어요. (아동자아상태의
　　　반응)
　부모: 음식 먹을 때는 조용히 하랬지? (부모자아상태
　　　의 반응)

셋째, 이면교류(ulterior transacion)이다. 이면교류는 표현된 메시지에 숨겨진 심리적 메시지를 담고 있는 교류로서 2개 이상의 자아상태를 동시에 포함한다. 사회적으로는 언어를 매개로 정보를 전달하는 듯 보이지만, 표정, 목소리의 고저 등을 사용하여 사회적 언어와 일치하지 않는 심리적 메시지를 함께 전달하며 혼란을 유발하고 급기야는 대화의 단절로 이어지는 의사소통 유형이다. 이면교류의 예는 다음과 같다.

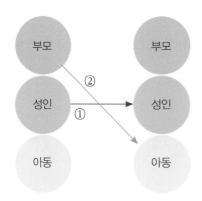

(경직된 표정과 격양된 목소리로)
부모: 모자를 어디에 두었니?

① 사회적 메시지: 모자의 위치에 대한 정보 확인
② 심리적 메시지: 제자리에 모자를 정리하지 않은 것에
　　대한 힐난

(2) 부모효율성 훈련이론

부모효율성 훈련(Parent Effectiveness Training: PET)이론은 부모의 수용능력과 언어사용능력을 향상시킴으로써 부모-자녀 관계를 개선하는 데 목적을 둔 이론이다. 부모효율성 훈련이론에서는 부모의 수용능력에 따라 동일한 자녀의 행동도 수용되거나 거부된다고 본다. 이 이론에서는 문제행동이라고 인식되는 자녀의 행동은 사실상 부모의 수용능력에 따라 문제행동으로 해석되는 것이라고 본다. 부모효율성 훈련이론은 독자적인 부모교육 프로그램으로 구성되기도 하고, 교류분석 이론에 기반한 부모교육 프로그램의 내용 중 일부로 포함되기도 한다(김명하, 2013).

부모효율성 훈련이론의 첫 번째 단계는 부모가 자신의 수용성 수준을 파악하는 것이다. 수용성 수준이 지나치게 낮은 부모는 자녀의 행동을 문제시하기에 앞서 자신의 수용성 수준에 대해 고민하는 과정이 필요하다. 두 번째 단계는 갈등 상황에 대한 문제의 소유자를 가려내고 나 전달법, 적극적 경청, 승승전략의 의사소통 기법을 활용하도록 훈련하는 것이다. 각각의 단계와 내용을 구체적으로 설명하면 다음과 같다.

① 수용성 수준 파악하기

부모는 자녀를 대할 때 부모 자신의 수용성 수준에 따라 자녀의 행동을 보는 견해가 달라진다. 동일한 자녀의 행동일지라도 부모의 수용성 수준이 높을 때와 낮을 때 부모의 반응은 달라지기 마련이다. 예를 들면, 음식을 흘리는 자녀의 행동에 대해 수용성이 높은 부모는 연령에 따른 자녀의 특성으로 이해하고 식사를 다 한 후 정리를 도와주는 방식으로 반응을 보이지만, 수용성이 낮은 부모는 자녀의 행동을 잘못

된 행동으로 간주하여 비난하거나 통제하는 반응을 보인다. 따라서 부모는 자녀의 행동에 대해 무조건적으로 통제하고 개입하는 대신, 자신의 수용성 수준을 파악하고 이를 높이기 위한 노력을 하는 것이 중요하다.

②문제의 소유자를 가려내기

부모는 자녀와의 관계에서 발생한 문제의 소유자가 부모 자신인지 자녀인지를 구분하는 것이 필요하다. 자녀와의 갈등에 있어 소유자가 부모 자신인 경우에는 '나 전달법', 소유자가 자녀인 경우에는 '적극적 경청', 소유자가 부모와 자녀 모두인 경우에는 '승승전략'의 의사소통 기법을 사용한다.

'나 전달법'은 발생한 문제에 대해 '너'라는 주어 대신 '나'라는 주어를 사용하여 상대를 비난하지 않고도 자신의 감정을 전달하는 의사소통 기법이다. 나 전달법은 자녀의 행동을 판단하지 않는 가운데 부모의 감정 상태를 전달하기 때문에 부모-자녀 관계를 원만하게 이끌 수 있다. 나 전달법은 자녀가 스스로 문제해결을 책임질 수 있도록 유도함으로써 개방적인 의사소통을 터득하게 한다.

> **📖 사례**
>
> 장난감 정리를 하지 않는 자녀에게 화가 났을 때, 갈등의 소유자는 부모이다.
>
> 부모: 30분만 놀기로 엄마와 약속을 했으니 이제 장난감을 정리하는 것이 좋겠다. 엄마와 약속한 시간을 지키지 않으니 엄마는 속상하구나.

'적극적 경청'은 자녀의 이야기를 비판하거나 판단하지 않고 그대로 수용하며 자녀의 감정을 진심으로 이해하려는 태도이다. 적극적 경청을 하기 위해서는 자녀와의 개방적인 자세가 필요하며, 자녀의 문제를 해결하는 데 도움을 주고자 하는 자세가 요구된다. 적극적 경청은 '자녀의 말을 반복해서 따라 하기-자녀의 말에 숨겨진 감정을 읽어 주기-비슷한 부모의 사례 소개를 통해 문제해결 전략을 토론하기'의 3단계로 이루어진다. 적극적 경청은 자녀가 자신의 문제에 대해 부모로부터 위로받는다는 느낌을 갖도록 한다는 점에서 가치가 있다. 자녀는 부모의 위로를 발판 삼아 스스로 문제를 해결하고자 하는 힘을 얻게 된다.

 사례

유치원에서 친구들이 이름을 가지고 놀려서 화가 났을 때, 갈등의 소유자는 자녀이다.

자녀: 친구들이 내 이름을 가지고 놀렸어.

부모:

① 친구들이 이름을 가지고 놀렸구나. (자녀의 말을 반복함으로써 공감받는다는 느낌 전달하기)

② 친구들이 놀려서 많이 속상했겠네. (말 속에 숨겨진 감정을 읽어 주기)

③ 예전에 엄마도 친구들이 이름을 가지고 놀려서 많이 속상했어. 그래서 엄마는 친구들에게 이름을 가지고 놀리면 많이 속상하니까 그러지 않았으면 좋겠다고 말했단다. (부모의 사례 소개를 통해 자녀의 문제해결 전략에 대해 토론하기)

'승승전략'은 갈등의 소유자가 부모–자녀 두 주체인 경우 사용하는 의사소통 기법이다. 승승전략은 타협과 협상을 통해 부모–자녀 간의 힘겨루기 대신 부모와 자녀 모두가 합의할 수 있는 해결책을 도출하는 방법이다. 이 방법은 부모가 자녀의 인격을 존중할 때 사용할 수 있으며, 두 사람의 요구가 합의될 때 가능하다. 이러한 승승전략은 유아 스스로 타협과 협상에 참여하여 갈등을 해결해야 하기 때문에 합리적인 사고의 훈련이 가능하도록 한다. 승승전략은 갈등 확인, 문제의 원인 파악, 가능한 해결책 모색, 최선의 해결책 결정, 해결책 실천, 평가 등의 6단계로 이루어진다.

사례

마트의 장난감 가게 앞에서 장난감을 사 달라는 아이와 사 줄 수 없다는 부모의 갈등 상황에서, 갈등의 소유자는 부모와 자녀 모두이다.

1. 갈등 확인: 막무가내로 장난감을 사 달라고 하니 엄마는 지금 화가 나려고 해.

2. 문제의 원인 파악: 네가 갖고 싶어 하는 장난감이라는 건 알지만, 엄마는 계획에 없는 장난감은 사 줄 수가 없어.

3. 가능한 해결책 모색: 돌아오는 너의 생일까지 기다리면 그땐 엄마가 그 장난감을 선물로 사 줄 수 있어. (자녀가 이 의견에 합의하면 다음 단계로 넘어가지만, 합의되지 않으면 합의가 도출될 때까지 해결책을 계속 제시한다.) 그때까지 기다리기 어려우면 네 장난감 중 몇 개를 아름다운 가게에 기증하고, 이번 주 일요일에 네가 원하는 새 장난감을 사는 방법도 있어. 엄마가 제시할 수 있는 방법은 두 가지이니까 네가 새로운 방법을 제시하거나 두 방법 중 하나를 선택해 주면 좋겠다.

4. 최선의 해결책 결정: 네 장난감 중 세 개를 아름다운 가게에 기증하고, 다음 주 일요일에 갖고 싶어 하던 장난감을 사기로 하자.

5. 해결책 실천(장난감 세 개를 기증하고, 다음 주 일요일에 새로운 장난감을 산다.)

6. 평가: 엄마와 네가 서로 원하는 것을 이야기 나누고 둘 다 만족한 방법으로 문제를 해결할 수 있어서 엄마는 많이 기뻐.

토론 중심 소그룹 부모교육

교류분석 이론과 부모효율성 훈련이론에 기초한 소그룹 부모교육 장면이에요. 소그룹 부모교육을 진행하는 사회자가 그날의 주제에 대해 설명하고 있네요. 사회자는 주제를 설명하거나 주제에 대한 이론적 개념을 설명하는 역할을 해요. 부모들은 그러한 이론들을 자신의 삶에서 겪는 양육 상황에 접목해 생각하고 토론하게 됩니다. 이처럼 소그룹 부모교육은 전문강사에 의한 일방적 강의보다는 참여 부모들이 자신들의 육아 경험을 노출하고 토론하며 부모 자신에 대한 반성적 성찰과 최선의 양육 방법을 찾아가는 방식으로 이루어집니다.

참고문헌

고선아(2008). 사립유치원 초임교사와 경력교사가 부모관계에서 겪는 어려움과 보람에 관한 이야기. 중앙대학교 대학원 석사학위논문.

김명하(2013). 유아기 자녀를 둔 부모의 정서적 양육역량 증진 프로그램의 구성 및 적용 효과. 중앙대학교 대학원 박사학위논문.

김현주, 손은경, 신혜영(2013). 부모교육. 경기: 공동체.

김희진(2006). 유아교육기관에서의 부모교육과 지원. 서울: 파란마음.

박선미(2016). 정부 개발 부모교육 자료의 시대적 분석. 이화여자대학교 대학원 박사학위논문.

박은정(1996). 유치원 및 초, 중, 고등학생 어머니의 양육 태도 현황. 중앙대학교 대학원 석사학위논문.

염지숙, 홍춘희(2006). 부모와의 관계형성에서 초임교사가 겪는 경험에 관한 연구. 한국교원교육연구, 23(2), 407-434.

유효순, 이원영(2009). 부모교육(개정판). 서울: 한국방송통신대학교출판부.

이원영(1983). 어머니의 자녀교육관 및 양육 태도와 유아발달과의 관련성 연구. 이화여자대학교 대학원 박사학위논문.

이원영(1985). 부모교육론. 서울: 교문사.

이원영, 이태영, 강정원(2013). 영유아교사를 위한 부모교육. 서울 : 학지사.

전우경, 강정원(2007). 유아기 자녀를 둔 어머니의 양육 태도에 대한 1980년대 초반과 2000년대 중반의 차이 비교 연구. 한국교육문제연구, 25(2), 61-84.

정계숙, 문혁준, 김명애, 김혜금, 심희옥, 안효진, 양성은, 이정희, 이희선, 정태회, 제경숙, 한세영(2014). 부모교육(개정판). 서울: 창지사.

정명숙, 황해익(2010). 부모가 인식하고 있는 유치원 교사의 이미지. 아동학논집, 31(3), 67-82.

정옥분, 정순화(2013). 부모교육. 서울: 학지사.

홍승우(2005). 동병상련. 비빔툰 2. 서울: 문학과지성사.

Cunha, F., Heckman, J. J., Lochner, L., & Masterov, D. (2005). Interpreting the evidence of life cycle skill formation. NBER Working paper No. 11331. Cambridge, MA: National Bureau of Economic Research.

Dearing, E., Berry, D., & Zaslow, M. (2006). Poverty during early childhood. *Blackwell handbook of early childhood development* (pp. 399-423). Malden, MA: Blackwell Publishing.

Gestwicki, C. (2000). *Home, school, and community relations: A guide to working with families* (4th ed.). Clifton Park, NY: Delmar Learning.

Grimley, L. K., & Robinson, R. (1986). Parent education in early childhood: The Growing Child Model. *Techniques, 2*, 81-87.

Hesse, E., & Main, M. (1999). Second-generation effects of unresolved trauma as observed in non-maltreating parents: Dissociated, frightened and threatening parental behavior. *Psychoanalytic Inquiry, 19*, 481-540.

Hesse, E., & Main, M. (2000). Disorganized infant, child, and adult attachment: Collapse in behavioral and attentional strategies. *Journal of the American Psychoanalytic Association, 48*, 1097-1127.

Higgins, D., & McCabe, M. (2003). Maltreatment and family dysfunction in childhood and the subsequent adjustment of children and adults. *Journal of Family Violence, 18*(2), 107-120.

Kaiser, B., & Rasminsky, J. S. (2013). 유 · 아동기 문제행동 예방 및 지도 [*Challenging behavior in young children*]. (이병인, 윤미경, 이지예 공역). 서울: 시그마프레스. (원저는 2007년에 출판).

Katz, L. G. (1980). Mothering and teaching-some significant distinctions. In L. G. Katz (Ed.), *Current topics in early childhood education* (pp. 47-63). Norweed, NJ: Ablex.

Muller, R. T., Hunter, J. E., & Stollak, G. (1995). The intergenerational transmission of corporal punishment: A comparison of social learning and temperament models. *Child Abuse and Neglect, 19*, 1323-1335.

NICHD Early Child Care Research Network. (1999). Child outcomes when child care center classes meet recommended standards for quality. *American Journal of Public Health, 89*, 1072-1077.

RESULTS the power to end poverty. (2014. 8.). Recent Developments in Early Childhood Development Policies (http://www.results.org/issues/recent_developments_in_early_childhood_development_policies).

Rubin, K. H., Burgess, K. B., & Dwyer, K. M. (2003). Predicting preschooler's externalizing behaviors from toddler temperament, conflict, and maternal negativity. *Developmental Psychology, 39*(1), 164-176.

Rutter, M. (1995). Psychosocial adversity: Risk, resilience, and recovery. *Southern African Journal of Child and Adolescent Psychiatry, 7*(2), 75-88.

Sameroff, A. J., & Fiese, B. H. (2000). Transactional regulation: The developmental ecology of early intervention. *Handbook of early childhood intervention, 2,* 135-159.

Schaefer, E. S., & Bayley, N. (1959). Development of a maternal behavior research instrument. *The Journal of Genetic Psychology, 95*(1), 83-104.

Waller, W. (1932). *The sociology of teaching.* Eastford, CT: Martino fine books.

Zoccolillo, M., Paquette, D., & Tremblay, R. E. M. (2005). Maternal conduct disorder and the risk for the next generation. In D. Pepler, K. Masden, C. Webster, & K. Levene (Eds.), *Development and treatment of girlhood aggression* (pp. 225-252). Mahwah, NJ: Lawrence Erlbaum Associates.

이화여자대학교 블로그 http://m.blog.naver.com/PostList.naver?blogId=the_ewha
이화여자대학교 사범대학 부속이화유치원 http://ewhakids.cafe24.com/?page_id=2196

유아와 교육복지

들어가기에 앞서

모두가 평등한 교육을 위한 노력, 교육복지에 대한 이해!

다음의 내용을 읽으면서 유아에게 있어서 교육복지의 의미는 무엇인지 생각해 보세요.

교수자: 유아에게 복지가 왜 필요한가요? 복지의 개념을 알고 있나요?

학습자: 복지는 생활이 어려운 사람들을 돕는 서비스 체계 아닌가요?

교수자: 네. 좀 더 구체적으로 이야기하자면, 복지는 삶의 질에 대한 기준을 높이고, 국민 전체가 행복하게 살아갈 수 있도록 하는 데 중점을 두어 노력하는 정책이라고 할 수 있어요.

학습자: 네. 그런데 유아에게 복지가 필요한 이유를 잘 모르겠어요.

교수자: 앞서 이야기한 복지의 개념을 잘 생각해 보면, 유아에게 복지가 왜 필요한지 알 수 있어요. 유아교육기관에 재원하는 유아의 가정환경은 모두 달라요. 교사가 모든 가정의 상황에 일일이 개입할 수 없지요. 때로는 긴급한 지원이 필요한 가정에서 생활하는 유아가 있을 수도 있고, 전문가의 도움이 필요한 가정에서 생활하는 유아가 있을 수 있어요. 교육복지는 국가에서 정책적으로 도움이 필요한 상황에 처한 유아와 가정을 돕는 시스템이에요. 즉, 모든 유아가 유아교육기관과 가정에서 행복하고 안전하게 삶을 살아가도록 돕는 정책이 바로 교육복지랍니다. 예비 유아교사로서 교육복지를 잘 알고 있어야 앞으로 만나게 될 다양한 환경에서 살아가는 유아에게 필요한 정보를 제공할 수 있답니다. 잘 기억해 두어야겠죠?

이 장에서는 교육복지의 개념에 대해 알아보고, 유아의 여건에 따른 유형별 교육복지정책을 살펴보겠습니다.

1. 현대사회의 변화와 교육복지의 필요성

'산업화'와 '도시화'로 대변되는 현대사회의 변화는 가족의 삶에 직접적인 영향을 미쳐 왔다. 우리나라에서 현대를 살아가는 몇몇 가정의 아침 풍경을 살펴보자.

남편과 함께 만 4세 유아를 키우는 직장맘 수현 씨

아침 6시. 힘차게 울리는 휴대폰 알람을 끄고 벌떡 일어난 수현 씨. 잠든 남편을 흔들며 일어나라고 한 뒤 욕실에 들어간다. 10분 뒤 욕실에서 나온 그녀는 아이에게 줄 아침밥을 준비한다. 어제 먹다 남은 국과 반찬으로 대충 아침상을 차린 뒤 아이를 깨운다. 남편은 식탁에 앉아 부랴부랴 아침을 먹으며 아직 일어나지 않는 아이를 큰 소리로 부른다. 옷을 입고 대충 화장을 마친 뒤 눈도 못 뜬 아이에게 밥을 몇 숟갈 먹인다. 현관문을 나서는 남편에게 오늘 회사에서 일이 있어 늦게 끝나니까 오후에 일찍 퇴근해서 아이를 좀 데리고 와 달라고 부탁한다. 투덜거리는 남편의 투정과 함께 현관문이 닫힌다. 아이에게 옷을 입히다가 그제서야 오늘이 아이가 소풍 가는 날인 것이 생각났다. 아이 손을 잡고 일찍 문을 여는 집 근처 분식집으로 가서 제일 통통한 김밥을 사서 가방에 넣어 주며 다음에는 맛있는 도시락을 꼭 싸 주겠다고 다짐한다.

자녀의 학업을 위해 가족이 모두 해외에 있는 기러기 아빠 정국 씨

아침 7시. 하품을 하며 식탁 옆 서랍에서 즉석밥을 꺼내 전자레인지에 돌린다. 이어 냉동실을 열어 지난 명절에 아내가 얼려 놓은 국을 꺼내 전자레인지에 돌린다. 식탁 위에 차려진 아침상이 조촐하다. 깔깔한 입맛을 다스리기 위해 휴대폰을 꺼내 가족의 사진을 보다가 문득 전화가 걸고 싶어졌다. 시계를 흘끔 보니 아내와 아이들이 있는 나라는 아직 한밤중인 듯해서 이내 마음을 접고 아침 뉴스를 크게 틀어 놓는다.

가정마다 상황은 매우 다르지만, 분명 이전 전통사회에서는 볼 수 없었던 가족의 아침 풍경임에는 틀림없다. 구조적인 측면에서 가족은 핵가족화되어 전통사회의 대가족 내에서 자연스럽게 익혔던 인간관계가 축소되었다. 또한 가족 내에서도 개인화 경향으로 인해 생활의 공통성이 상실되었다(김연진, 이상희, 2013). 기능적인 측면에서는 여성의 취업으로 인해 전통적으로 가정에서 담당해 오던 양육의 기능을 일정 부분 사회에서 분담하게 되었다. 이처럼 현대사회에서 사회적 관심과 제도적 지원은 늘었지만 출산은 여전히 여성의 사회 진출을 막는 걸림돌로 인식되고 있고, 이러한 인식은 저출산으로 이어져 사회문제로 이어지고 있다. 가족의 이러한 구조적인 변화와 기능적인 변화는 가족 형태를 변화시켜 결과적으로 가족의 유형이 매우 다양해졌다. 이러한 가족의 변화에 따라 기존의 제도만으로는 충분한 복지를 제공할 수 없게 되었고, 보다 세분화된 복지지원 정책이 필요해졌다.

가족 유형의 다양화 외에도 현대사회의 변화는 국가 전반의 경제적인 상황 변화에 직접적인 영향을 미쳐 왔다. 최근 우리나라는 중산층이 감소하고 저소득층이 증가하는 추세를 보이고 있다. 실제로 중산층의 7%가 빈곤층으로 유입되고 있으며, 절대 빈곤층뿐 아니라 상대 빈곤층이 계속 확대되고 있는 것으로 나타났다(유경준, 최바울, 2008). 이러한 경제 상황의 변화는 사회 전반의 소득 불균형을 야기하고 있다. 사회 불평등 정도를 나타내는 지니계수를 살펴보면, 2018년 우리나라의 지니계수는 이전보다 소폭 개선되었으나 여전히 OECD 회원국의 평균보다는 상대적으로 높게 나타났다(e나라지표 홈페이지). 즉, 우리 사회는 유사한 수준의 다른 국가에 비해 소득 분배가 평등하지 않은 것을 알 수 있다. 소득 분배 수준의 악화는 저소득층과 국제결혼 가정, 북한이탈주민 가정 등의 취약계층을 확대시키는 결과를 가져왔다.

또한 현대사회의 산업화 결과로 도시와 농산어촌 간 경제적·문화적 생활 여건의 차이가 발생하였다. 우리나라의 경우 산업화 이후 대부분의 인적·물적 자원이 수도권에 집중되어 있으며 농촌 인구는 지속적으로 줄어들어 전체 학력인구의 15% 내외만이 읍·면 지역에 거주하고 있다. 농산어촌의 경우 저소득층 학생 비율이 도시보다 현저히 높은 것으로 나타났다.

가장 심각한 문제는 이러한 경제적·지역적 격차가 결국에는 교육에 있어서 계층 대물림 현상이 나타나게 한다는 점에 있다. 여러 연구 결과에 따르면, 우리나라 부모의 학력, 직업 유형, 사회경제적 지위는 자녀들의 학업성취도 수준, 진학률, 향후 사회경제적 지위에 영향을 미치는 것으로 나타났다(김경근, 2005; 방하남, 김기헌, 2003; 한국보건사회연구원, 2007). 계층 대물림 현상은 사회 통합을 저해하며 국가 성장 잠재력 저하를 초래한다는 점에서 반드시 개선되어야 할 사항이다. 따라서 저소득층을 비롯한 사회 취약집단 및 기초학력을 획득하지 못한 집단에 대한 교육지원을 통해 계층 대물림을 차단하고 취약계층의 성장 잠재력을 최대로 확대하기 위한 정부의 정책적 지원이 요구된다(한국교육개발원, 2008). 이에 우리나라에서는 '교육복지' 개념을 도입하고 맞춤형 복지정책을 수립하게 되었다.

2. 교육복지의 개념

교육복지는 2000년대부터 교육 분야에서 사용된 개념으로서, 교육과 복지의 관계를 바라보는 입장에 따라 조금씩 다른 개념으로 사용되고 있다(김인희, 2006).

첫째, 교육은 인간다운 삶의 조건을 구현한다는 점에서 그 자체가 복지와 같은 목적을 지닌다는 입장이다. 교육의 개념 안에 교육복지의 개념이 내재되어 있으므로 교육의 가치를 충실히 실현하면 복지의 목적도 동시에 실현되는 것으로 본다. 이 입장에서 교육은 인적자원개발이나 국가 경쟁력 향상 등과 같은 교육 밖의 가치 실현을 위한 수단으로 기능하게 된다. 둘째, 교육복지를 사회복지의 한 영역으로 보는 관점이다. 이 입장에서 교육복지는 의료, 주거, 환경 등의 사회보장과 같은 차원, 즉 복지 실현을 위한 필수 과제로서의 수단적인 기능을 가진다고 본다. 즉, 교육복지를 복지의 하위 개념으로 보는 것이다. 셋째, 교육을 사회복지의 한 구성요소로서 복지사회 구현을 위한 수단적 기능, 즉 불평등 해소를 위한 수단이라고 규정하는 입장으로, 사회복지적 방법을 통한 교육지원 활동을 교육복지로 보는 관점이다.

홍봉선(2004)은 교육복지의 개념을 넓은 의미와 좁은 의미로 해석하여 정리하였다. 좁은 의미에서의 교육복지는 국가 및 학교를 중심으로 교육 기회의 불평등을 완화하기 위해 교육취약계층을 우선 선별하여 최소한의 교육 기회 제공의 일환으로서 교육비 보조 등의 서비스를 제공하는 것을 말한다. 반면, 넓은 의미에서의 교육복지는 모든 국민의 교육적 욕구 충족 및 복지 구현을 목적으로 하는, 모든 국민을 위한 평생교육체계를 다 포함하는 개념이라고 본다. 이를 정리하면 〈표 9-1〉과 같다.

〈표 9-1〉 교육복지 개념 정의

구분	좁은 의미	넓은 의미
목적	최소한의 교육 기회 제공으로 교육 기회의 불평등 완화	교육적 욕구 충족 및 교육 기회·과정·결과의 불평등 해소를 통한 인간을 육성하는 복지 실현
주체	국가 및 지방자치단체, 학교	국가와 지방자치단체 및 학교와 개인 포함
객체	교육취약계층	모든 국민
원리	선별주의	보편주의
범위	최소한의 교육 기회 보장	취학 전, 초·중·고등 교육 기회 제공 및 교육과정, 결과의 불평등 해소 포함
접근 방법	서비스 중심의 미시적 접근	정책 및 제도 중심의 거시적 접근
주요 내용	최소한의 의무교육, 교육취약계층에 대한 교육비 보조, 학생 및 가족 중심의 학교사회복지	의무교육 포함, 교육 환경 및 여건 개선, 교육복지 관련 법·제도·전달체계 구축, 직업 및 평생교육체제 구축, 학생·가족·교사·학교 대상의 학교사회복지

출처: 홍봉선(2004).

　　한국교육개발원(2008)은 교육복지란 한 사회에서 설정하고 있는 교육에서의 최소 기준에 모든 국민이 도달할 수 있고, 나아가 모든 국민이 처한 위치에도 불구하고 각자 필요한 교육을 받아 그 잠재력을 최대한 발휘할 수 있는 상태(state) 혹은 이를 보장하기 위한 공적 지원(public service)을 의미한다고 보았다. 즉, 교육복지는 상대적으로 취약한 집단에 대한 집중적인 관심을 통해 어느 누구도 교육의 장에서 배제되지 않도록 한다는 취지로 사용되는 개념이라고 보고 있다. 다시 말해, 교육복지는 한 사회에서 교육적으로 가장 취약한 집단의 상황을 그렇지 않은 집단과의 관계 속에서 판단하며 교육취약집단을 중심에 두고 그들에게 필요한 정책을 개발·지원하여 궁극적으로 '모든 이'를 위한 교육이 될 수 있도록 한다는, 곧 교육에서의 형평성(equity)을 보장하려는 개념이라고 할 수 있다.

　　우리나라에서 교육복지의 개념은 노무현 대통령의 참여정부에서 '참여복지 5개년 계획의 일환'(2004~2008년)으로 도입되었다. 참여정부에서의 교육복지정책은 개인적·가정적·지역적·사회경제적 요인 등으로 인해 발생하는 교육소외, 교육부적응 및 교육여건 불평등 현상을 해소하고, 모든 국민이 질적으로 높은 수준의 교육을 누리도록 하여, 국민 삶의 질 향상과 사회 통합을 기함은 물론 국가의 성장 동력을 강화하기 위해 펼치는 다양한 정책적 노력의 총체를 의미하는 개념이다. 교육은 복지의 핵심 요소이자 국가 발전의 토대로 본다. 교육은 개인의 능력을 개발하고 사회경제적 역량과 지위를 제고하여 개인 삶의 질을 결정하는 핵심 요인임과 동시에, 교육을 통한 개인의 발전은 사회 통합 및 인적자원개발을 통한 국가 성장 동력의 기초를 형성한다고 본다.

세계교육포럼, 인권선언문 채택! 모두가 평등한 교육을 향하여

2015 세계교육포럼, 인권선언문 공표!

2015 세계교육포럼에서는 인권선언문을 채택해 앞으로 15년간 세계 교육 발전을 이끌어 나갈 실천 방안을 공표했어요. 인권선언문에는 2030년까지 모두를 위한 포용적이고 평등한 양질의 교육과 평생학습의 기회를 보장한다는 목표가 담겨 있어요.

인권선언문 '모두를 위한 양질의 교육 보장'

세계교육포럼은 '모두를 위한 평등하고 양질의 교육 보장'과 '평생학습 기회의 보장'을 총괄 목표로 설정하고 이를 실현하기 위한 행동강령인 인권선언문을 채택했어요. 인권선언문에는 최소 9년의 의무교육을 포함한 양질의 무상교육 접근성을 확대하고, 교육의 배제 · 소외 · 격차 문제를 해결하며, 양성평등을 실현하도록 하는 내용이 담겨 있어요. 이를 실행하기 위해 아동 · 장애인 · 여성에 대해 배려된 교육 시설을 설치하고 모두를 위한 안전하고 비폭력적인 학습 환경이 제공될 예정이에요. 또한 2020년까지 최빈국과 개발도상국 학생들이 받는 장학금이 최대한 확보될 계획이에요. 앤서니 레이크(Anthony Lake) 유니세프 총재는 "이 선언은 미래로 나아가는 큰 발걸음이다. 모든 어린이와 청소년이 자신의 잠재력을 발견하고, 책임 있는 세계시민으로 성장하여 사회에 기여하도록 하는 데 영향을 줄 것이다."라고 전하며 어린이가 발전할 수 있도록 정부가 학습 기회를 제공해야 한다고 강조했어요.

교육의 불평등을 겪고 있는 저소득 국가 어린이들

한편, 이번 세계교육포럼을 통해 저소득 국가 어린이들의 교육 문제가 대두되었어요. 유네스코(UNESCO)가 펴낸 『EFA(Education for All) 세계 현황 보고서』에 따르면, 전 세계적으로 2011년 기준 6,900만 명의 청소년이 학교를 다니지 않고 2004년 이후 이 수치는 개선되지 않고 있는 것으로 나타났어요. 저소득 국가에서는 37%의 청소년만 중등교육을 이수했고, 저소득 국가의 빈곤층 중에서는 14%만 중등교육을 이수한 것으로 조사됐어요. 양성불평등에 있어서도 2011년 기준 초등교육에서는 단 60%의 국가만이, 중등교육에서는 38%의 국가만이 목표를 달성한 것으로 나타났어요.

평등한 교육을 위한 노력 계속되어야

교육의 불평등을 겪고 있는 전 세계 어린이를 위해 유니세프를 포함한 각국의 정상, 교육단체, 시민단체 등은 계속 노력할 예정이에요. 이번 인권선언문에 참여한 교육부 장관과 국제기구 수장 등은 "이번 세계교육포럼에서 우리는 모두를 위한 교육을 달성하기까지 먼 길이 남았다는 데 공감했다. 하지만 여전히 삶을 변화시키는 것은 교육이라고 생각하기에 더 나은 미래를 위한 목표를 설정하고 실행 방안을 확정했다."라고 전했어요.

앤서니 레이크 유니세프 총재 역시 평등한 교육을 위한 노력을 아끼지 않겠다고 전하며, "전 세계에 만연한 불평등과 불공평을 줄이기 위해 모든 어린이가 평등하게 배울 수 있도록 반드시 기회를 주어야 한다. 그것이 우리 모두의 비전이자 약속이다."라고 강조했어요.

교육은 새로운 지속 가능한 개발 목표를 달성하기 위한 핵심 요소예요. 교육만이 빈곤을 막고, 경제성장을 이끌며, 평화로운 사회를 건설할 수 있는 길이에요. 이 선언문 발표를 통해 삶은 변화할 것이며, 우리 모두의 비전이 열릴 수 있도록 모두 응원해 주세요.

출처: 유니세프 한국위원회 홈페이지.

3. 교육복지정책의 현황

최근 정부에서 발표한 자료에 따르면, 균등한 교육 기회 보장을 통해 교육이 희망이 되는 사회 구현이라는 비전하에 이를 실현하기 위한 정책목표와 그에 따른 추진 과제로 저소득층에 대한 실질적인 교육 기회 보장, 취약계층별 맞춤형 지원, 성장단계별 학습결손 예방, 수요자 중심 지원 기반 구축을 제시하고 있다(교육부, 2017). 이 중 성장단계별 학습결손 예방과 수요자 중심 지원 기반 구축 등을 중점 추진 과제로 제시하고 있다. 특히 누리과정, 고등학교 무상교육 등 보편적 지원을 기본으로 하면서 저소득층 및 취약계층을 위한 맞춤형 지원과 교육결과의 평등 차원을 강조하는

성장단계별 학습결손 예방을 강조하였다. 또한 수요자 중심 지원 기반 구축을 강조
하면서 각 추진과제별로 통합시스템 구축 및 활용을 강조하고 데이터 축적 및 관리
를 통한 정책추진을 도모하고 있다. 이러한 정책을 추진하기 위해 문재인 정부 첫해
인 2017년에는 교육복지재정이 약 6조 9,000억 원, 2018년에는 약 7조 원, 2019년에
는 약 7조 3,000억 원의 예산이 책정되어 지속적으로 확대되고 있다. 특히 최근 급식
지원 예산을 대폭 증액하였으며, 학비지원, 교육급여지원, 방과후학교교육지원 등
의 예산 규모를 지속적으로 유지하면서 보편적 교육복지를 추구하는 경향을 보이
고 있다(한국교육개발원, 2019).

저소득층에 대한 실질적 교육 기회 보장 확대	취약계층별 맞춤형 지원 강화
• 저소득층 학생의 교육비 부담 경감 • 저소득층에게 질 높은 교육서비스 제공 확대 • 사회적 배려 대상자 입학 전형 확대 • 잠재력 있는 저소득층 장학지원 확대	• 장애학생 교육 지원 • 다문화학생 교육 지원 • 탈북학생 교육 지원 • 학업중단(위기)학생 교육 지원 • 농산어촌학생 교육 지원 • 비문해 성인교육 지원

교육복지정책

성장단계별 학습결손 예방 내실화	수요자 중심의 종합적 · 체계적 지원 기반 구축
• 유아교육 내실화를 통한 학습결손 예방 • 기초학력 보장 지원체계 강화 • 학교급별 특화된 학습결손 예방 추진 • 취약계층 진로 · 직업교육 지원 강화	• 교원의 취약계층 교육역량 강화 • 수요자 중심의 종합 지원체계 구축 • 지역사회 자원을 활용한 교육기부 활성화 • 균형적인 교육복지 재정 투자 • 안정적인 지원을 위한 법령 · 제도 정비

[그림 9-1] 교육복지정책 현황

출처: 교육부(2017).

 여기 보세요!

교육복지우선지원사업이란?

교육복지우선지원사업은 교육취약 아동·청소년의 교육 기회·과정·결과에서 나타나는 주요 취약성을 최대한 보완하기 위한 교육, 문화, 복지 등의 통합지원체제 구축 사업으로, 2003년부터 시작된 교육복지투자우선지역 지원사업의 취지와 성과를 계승하고 있어요. 이 사업의 주요 목적은 교육취약계층 학생의 교육적 성장을 도모하기 위해 학교가 중심이 되는 지역교육공동체를 구축함으로써 학습, 문화 체험, 심리정서, 보건 등을 통합적으로 지원하는 것이에요. 이 사업은 학습, 문화 체험, 심리정서, 복지로 지원 영역을 구분하여 각 영역별 프로그램을 운영함으로써 해당 학생들의 전인적 성장을 통합적으로 지원하고자 한답니다.

• 우선지원 영유아 선정 방법 및 절차

① 보육료 및 교육비 지원 명단을 활용하여 공식적인 기준에 의한 영유아 선정

 −국민기초생활보장수급권자 가정, 법정한부모가정, 위탁가정, 탈북가정 영유아 등

 −소득인정액 확인을 통해 소득 하위 70% 가정의 영유아 파악

 −지원받고자 하는 가정은 소득인정액 증명서를 지역 내 주민자치센터를 통해 발급받을 수 있도록 보호자에게 안내

② 담임교사 추천을 통한 영유아 선정

 −담임 추천서와 그 외에 가능한 증빙 자료에 기초하여 우선지원 영유아를 선정하되, 담임교사나 영유아 사업 실무 담당 인력 등이 가정방문을 실시하여 자의적인 선정을 지양하고, 지원이 필요한 영유아가 누락되지 않도록 함

③ 선정 심의를 통한 최종 명단 확정

 −지역별로 선정심의위원회를 구성하여 우선지원 영유아 선정을 위한 기준과 절차를 마련하고 그에 근거하여 최종 선정함

 −지역별 선정심의위원회는 유치원장, 프로젝트 조정자, 영유아사업 담당자(영유아교육, 복지 전문가 등), 저소득가정 및 저소득층 지원 관련 경험이 많은 전문가, 영유아교육 및 보육 관련 전문가 등으로 구성 가능

교육복지우선지원사업의 목표 및 프로그램

영역	목표	프로그램(예시)
인지 발달	• 초등학교 적응력 향상 • 소근육 협응능력과 시공간 능력 및 주의 집중력 제고 • 기초적인 읽기 · 쓰기 능력 및 말하기	• 그림책 활동을 통한 인지발달 지원 • 멘토링 활동을 통한 인지발달 지원 • 학습장애 요소 진단 및 치료
문화 체험	• 다양한 문화체험	• 문화예술 관련 체험학습
심리 정서	• 긍정적인 자아개념과 자아존중감 형성 • 자아효능감 제고 • 상호작용 능력 제고 • 특별한 심리정서적 문제해결	• 개별상담 및 집단상담 • 가정방문 및 가족상담 • 정신건강 진단 및 치료 • 정서 멘토링
건강 지원	• 건강한 신체발달 지원 및 보호	• 안과 검진 및 치료 • 치과 검진 및 치료 • 신체발달 점검
기타 지원	• 교사와 학부모 역량 제고 • 가족 및 부모의 긍정적인 역할 강화 • 지역사회와 협력하기	• 학부모 연구 및 가족지원 • 교사 연수 • 사업 홍보 • 유 · 초등학교 연계사업 • 인력 자원 발굴 및 프로그램 개발

출처: 교육과학기술부, 한국교육개발원(2012).

4. 유아와 교육복지정책

여기서는 교육복지정책 중 유아에 해당하는 내용을 관련 부처와 기관의 문헌들을 참고하여 정리한 내용을 살펴본다.

1) 저소득층 가정과 유아

취약계층은 경제적, 정치적, 문화적, 심리적 상황에서 사회적으로 배제될 확률이 높은 집단으로, 저소득층 가정, 농어촌 가정, 다문화 가정, 장애인 가정, 북한이탈주민 가정 등을 포함하고 있다. 그중 저소득층은 취약계층의 상당 부분을 차지하고 있으며, 농어촌, 다문화, 장애인, 북한이탈주민 등 그 외 가정들도 잠재적인 저소득층이라고 볼 때 지원이 가장 시급한 계층이라 볼 수 있다. 우리나라는 기초생활보장제도를 통해 이들 계층의 최저생활을 보장하고 있다. 저소득층은 소득 수준에 따라 기초생활수급자, 차상위계층을 포괄하는 개념이다.

가정의 소득은 자녀의 건강, 안전, 교육, 성장 · 발달, 심리, 언어, 인지 발달 등 모든 면에 직접적인 영향을 미친다. 이러한 아동기에서의 빈곤 경험은 장차 성인이 된 후에 학업 중퇴, 결혼, 노동력, 소득에 영향을 미칠 확률이 큰 것으로 알려져 있다(임동진, 2011). 따라서 조기에 이를 지원하는 제도가 필요하다. 미국의 헤드스타트(Head Start) 프로그램은 대표적인 저소득층 유아를 위한 지원 사업으로, 저소득층 아동을 대상으로 한 조기중재의 결과로 언어와 인지 발달에서 효과가 나타났으며, 문제행동 예방과 사회적 비용 절감의 효과도 있었다는 결과가 나타났다. 이 밖에도 영국의 슈어스타트(Sure Start), 호주의 베스트스타트(Best Start) 등도 잘 알려진 사례이다.

5년에 한 번씩 18세 미만 자녀를 양육하는 가정을 대상으로 실시하는 우리나라 아동종합실태조사(보건복지부, 한국보건사회연구원, 2018)에 따르면, 18세 미만 자녀를 양육하는 가구 중 약 4.3%가 기초생활보장급여 혹은 한부모가족지원사업의 수급가구로 나타났다. 복지의 사각지대에 있는 빈곤아동은 전체 아동 중 약 53만 8,000명에서 65만 1,000명, 즉 전체 아동의 5.6~6.7% 정도에 해당되며, 이러한 결과는 절대빈곤상태에 있는 아동 가구의 약 3분의 2가 넘는 가구가 빈곤의 사각지대에 있다는 것을 보여 준다(정은희, 2015).

현재 저소득 가정의 유아를 위해서 정부부처 및 민간단체별로 다양한 지원을 실시하고 있다. 교육부의 경우 교육복지우선지원사업을 운영하고 있으며, 보건복지부의 경우 드림스타트 사업을 운영하고 있다. 민간단체의 경우 위스타트 사업, 삼성 포괄적 보육서비스 사업 등이 추진되고 있다.

 여기 보세요!

드림스타트란?

보건복지부에서 2008년부터 운영하고 있는 사업으로서 취약계층 아동에게 맞춤형 통합 서비스를 제공하여 아동의 건강한 성장과 발달을 도모하고 공평한 출발 기회를 보장함으로써 건강하고 행복한 사회 구성원으로 성장할 수 있도록 지원하고자 하는 사업입니다.

• 대상: 0세(태아)~만 12세(초등학생 이하) 아동 및 가족 중 수급자 및 차상위계층 가정, 보호대상 한부모 가정(조손가정 포함), 학대 및 성폭력 피해아동 등 우선 지원
• 사업의 내용: 대상자의 복합적인 욕구를 파악하여 지역 자원과 연계한 맞춤형 통합 서비스 제공
  −인적 조사 및 사정을 통해 대상자의 욕구 및 문제를 파악하여 보건, 복지, 보호, 교육 등 필요한 서비스를 종합적으로 지원하고 주기적인 모니터링 실시
  −대상자에게 필요한 서비스를 제공할 지역 자원 발굴 및 관리
• 서비스 구분: 양육 환경 및 아동발달 영역별 서비스 제공(신체 · 건강, 인지 · 언어, 정서 · 행동, 부모 · 가족의 양육)

드림스타트 사업 내용

서비스 구분	서비스 내용
신체 · 건강	• 아동의 건강한 성장과 신체 발달 증진 • 건강한 생활을 위한 건강검진 및 예방, 치료 • 아동발달에 필요한 신체 · 건강 정보 제공
인지 · 언어	• 아동의 의사소통 및 기초학습 능력 강화 • 맞춤형 인지 · 언어 서비스를 통한 아동의 강점 개발
정서 · 행동	• 자아존중감 및 긍정적 성격 형성을 위한 정서발달 서비스 제공 • 사회성 발달 및 아동 권리 신장을 위한 교육
부모 · 가족의 양육	• 부모−자녀 상호작용 및 적합한 교육 환경을 위한 부모 역량 강화 • 부모의 유능감 및 자아존중감 강화 • 부모의 양육기술 지원 • 임산부의 건강한 출산 및 양육 지원

출처: 드림스타트 홈페이지.

위스타트란?

빈곤 및 소외된 어린이들이 뒤처지지 않고 공동의 출발선에서 미래의 희망으로 자라날 수 있도록 아동, 가족, 지역사회의 역량을 강화하고 지원해 주는 역할을 수행하기 위해 중앙일보, 사회복지공동모금회, 한국복지재단(현 어린이재단) 등의 언론사와 50여 개의 민간단체가 뜻을 모아 2004년에 출범한 '위스타트 운동본부'에서 수행하는 각종 사업을 의미합니다. 위스타트는 '마을 만들기' 사업을 핵심으로 한국형 사업을 개발하고 시범마을 운영을 비롯하여 '건강지킴이' '교육출발선 만들기' '후견인 맺기' '희망의 집 꾸미기' 등 다양한 사업을 펼쳐 오고 있습니다.

복지	교육	건강
• 학교사회복지(공부방) • 가족기능 강화 프로그램 • 주거환경 개선 • 경제적 자립을 위한 교육 · 자활 연계 • 문화체험 활동 • 결연 후원 연계 • 지역주민 참여 프로그램	• 영유아 가정 · 기관 방문 교육중재 프로그램 • 기초학력 증진(멘토링 사업) • 예비 초등학생 프로그램 • 부모교육 및 양육 지원 • 특기적성 교육 지원	• 가정방문 보건사업(발달 스크리닝, 건강관리) • 임신, 출산 및 양육 지원 • 정신건강 증진 사업 • 영양지도 교육 및 지원 • 의료비 지원

가정방문을 통한 통합 사례관리

위스타트 사업 운영 내용

출처: 위스타트 홈페이지.

이 밖에도 의료급여, 생계급여, 저소득층 가구 영아(0~12개월)를 대상으로 기저귀 및 조제분유 구입비용 지원 등 다양한 지원을 하고 있다. 보다 구체적인 정보는 복지로 홈페이지(https://www.bokjiro.go.kr)를 통해 검색할 수 있다.

[그림 9-2] 복지로 홈페이지 화면

2) 다문화 가정과 유아

다문화 가정은 국제결혼 가정 및 외국인 근로자 가정의 가족 구성원을 포함한 개념으로서, 한국인만으로 구성된 가정과 달리 다른 민족적·문화적 배경을 가진 사람으로 구성된 가정을 통칭하는 말이다(교육인적자원부, 2006). 2018년 기준으로 다문화 가정의 자녀는 총 23만 7,506명이고, 이 중 6세 미만 유아는 11만 4,125명인 것으로 나타났다(다누리 홈페이지).

다문화 가정을 위한 정부 정책 중 유아를 대상으로 한 정책은 '제3차 다문화가족정책 기본계획(2018~2022년)'의 정책과제 중 다문화가족 자녀의 안정적 성장지원과 역량 강화, 상호존중에 기반한 다문화 수용성 제고에 나타나 있다. 이를 실현하기 위해 정부 및 지방자치단체별로 다양한 지원 프로그램을 마련하고 있다(여성가족부, 2020).

- 교육정보 다누리포털 연계(여가부)
- 다문화가족 아이돌봄인력(다보미) 양성(서울)
- 다문화교육 코디네이터(대구), 초등학교 입학 전 준비 프로그램(대전)
- 다문화가족 자녀 공부방(울산), 도서연계 창의인성 우리놀이, 생활요리 만들기(전북)
- 유치원 및 어린이집 교육과정(누리과정) 내 다문화 교육 강화를 위해 현장지원자료(해설서, 놀이이해, 놀이실행), 놀이운영사례집(5종) 등 교수-학습자료 보급 및 현장 적용 확대(교육부)

- 결혼이주여성이 지역공동체의 일원으로 유치원, 어린이집, 학교 등에서 다문화 수용성 제고 활동에 직접 참여하는 '多이음사업' 추진(여가부)
- 다문화 가정 독서 멘토링(울산)

　다문화 가정 유아의 발달을 중심으로는 크게 생활 지원사업, 언어 · 인지 · 학습 발달 지원사업, 사회 · 정서 발달 지원사업, 신체 발달 및 건강 지원사업, 기타 사업으로 나뉘어 운영되고 있다. **생활 지원사업**의 경우 다문화가족지원센터 운영, 사회보장수급권 확대, 보육료 지원 등 구체적인 지원이 운영되고 있다. 민간 주도 사업 중 안산이주민센터는 외국인 가정에 분유와 이유식을 지원해 주고 있으며, 임신 및 출산에 따른 양육지원, 부모교육을 실시하고 있다. **언어 · 인지 · 학습 발달 지원사업**의 경우 여성가족부와 교육부를 중심으로 언어영재교실, 언어발달 지원사업, 기초 및 기본 학습 능력 발달 지원 등 많은 사업을 운영하고 있다. 민간단체의 경우 음악 · 과학 · 미술 등 예체능 교육과 관련된 서비스를 제공하고 있으며, 보육시설 및 대안학교를 운영하고 있다. **사회 · 정서 발달 지원사업**의 경우 다문화가족지원센터 방문교육의 일환으로 자녀생활서비스를 운영하고 있다. 자녀생활서비스는 농어촌에 거주하여 다문화가족지원센터 등에서 주관하는 집합교육에 참여하기 어려운 유아를 대상으로 자아 · 사회 · 정서 발달에 도움을 주는 방문교육사업이다. 안산이주민센터의 경우, 다문화 가정 아동과 대학생 간의 멘토링 활동을 통해 정서발달 교육 및 학습지도를 실시하는 멘토링 사업을 운영하고 있다. **신체 발달 및 건강 지원사업**의 경우 문화체육관광부가 주관하여 다문화가족과 일반 가족이 함께 어울릴 수 있는 생활체육 활동을 운영하고 있다. 지방정부의 경우, 다문화 가정 신생아에게 무료 예방접종을 지원하거나 다문화 결혼이주여성의 건강검진, 관치, 자녀 출생 시 진료비를 지원하고 있다. 그 외에도 위스타트(We Start) 사업 중 글로벌 아동센터를 중심으로 다문화 가정 유아를 지원하고 있다(육아정책연구소, 2011).

　이와 같이 다문화 가정의 수가 늘어남에 따라 정부는 각 부처별로 다양한 지원사업을 운영하고 있다. 그러나 다문화 가정은 정보의 접근성이 낮아 혜택을 충분히 누리지 못하고 있으며, 빈곤 문제 역시 심각하여 실질적인 도움을 받기 어려운 것으로 보인다. 이를 위해서 현재 각 부처와 기관에서 다양하게 실시하고 있는 사업을 총괄할 부처를 선정하여 전체적인 사업을 평가하고 결과에 따라 재편성하는 등

개편 작업이 우선되어야 할 것이며, 서비스 수혜자인 다문화 가정을 대상으로 구체적인 홍보를 실시하여 보다 많은 가정과 유아가 혜택을 누릴 수 있도록 해야 할 것이다.

3) 북한이탈주민 가정과 유아

북한이탈주민은 1990년대 중반, 북한의 식량 사정 악화를 계기로 꾸준히 그 수가 증가하기 시작하여 2010년에는 총 입국자 수가 2만 명을 넘어섰다. 2005년 이후 지속적으로 증가 추세를 유지하다 2012년 이후부터 입국 인원 감소 추세를 보여 2018년에는 1,137명이 입국한 것으로 나타났다(e나라지표 홈페이지).

북한이탈주민은 평균 4~5년의 해외 체류를 하게 되는데, 이 기간 중 북송 위험 등 정착에 한계를 느끼는 상황에서 보다 나은 삶을 찾아 한국으로 입국하려는 시도가 증가하고 있는 것으로 나타났다. 또한 제3국 내 한국 공관에 들어간 탈북자들에 대한 우리 정부의 지원 및 한국에 기입국한 가족의 입국 지원 활동이 증가한 것 역시 국내 입국이 급증한 원인으로 보고 있다. 이 중 여성의 입국 비율은 1989년 이전에는 7%에 불과하였으나, 1997년 35%, 2000년 42% 등 꾸준한 증가 추세를 보이다가 2002년을 기점으로 남성의 입국 비율을 넘어서고 있으며, 2016년 8월에는 그 비율이 80%를 넘는 것으로 나타났다. 또한 최근에는 단독 입국자보다 가족 단위 입국자가 더 높은 비율을 차지하고 있는 것으로 나타났다(윤여상, 2003. 6. 26.). 여성 입국자와 가족 단위 입국자의 증가는 북한이탈주민 가정의 유아 증가로 이어질 것을 예상할 수 있다(강재희, 2010).

〈표 9-2〉 북한이탈주민 관련 추이   [단위: 명]

구분 \ 연도	2008	2009	2010	2011	2012	2013	2014	2015	2016	2017	2018	2019	2020
인원	2,803	2,914	2,402	2,706	1,502	1,514	1,397	1,276	1,418	1,127	1,137	1,047	229
남	608	662	591	795	404	369	305	251	299	188	168	202	72
여	2,195	2,252	1,811	1,911	1,098	1,145	1,092	1,025	1,119	939	969	845	157

출처: e나라지표 홈페이지.

북한이탈주민 가정은 북한 거주 경험과 탈북 과정, 국내 생활 적응 등 여러 어려움을 겪고 있다. 많은 북한이탈주민 가정은 재북 당시 식량 사정의 악화로 고통을 겪었으며, 이러한 식량난은 유아에게 직접적인 영향을 미쳐 성장·발달의 악화를 가져왔다(박순영, 2006; 이부미, 2003). 탈북 과정에서 북한이탈주민 가정은 극도의 불안과 위기를 경험하게 되는데, 특히 여성의 경우 성이 생존을 위한 도구로 전락하기도 하는 등 인권 문제가 심각한 상황에 놓여 있다(김영미, 2002; 이금순, 2006). 이러한 상황에서 유아가 태어나거나 양육되기도 한다. 제3국으로 이송되어 수용소에서 생활하게 되는 북한이탈주민 가정의 경우 열악한 환경으로 인해 건강을 해치거나 정신질환을 앓기도 하는 등 모든 탈북 과정은 유아에게 직접적인 위협이 되고 있다(Sakpichaimongkol, 2008. 10. 29.). 국내 입국 후에도 북한이탈주민 가정이 직면한 경제적 문제, 심리적 문제, 건강 문제 등은 낮은 사회경제적 지위에 머물게 함으로써 빈곤하게 만드는 요인이 되고 있다(장혜경, 김영란, 2001).

북한이탈주민은 입국 초기 12개월간 하나원에서 생활하게 된다. 하나원은 1999년에 설립되어 안성과 화천에 각각 설치되어 있다. 이곳에서 연령 및 성별을 고려하여 영아반, 유치반, 초등반, 청소년반, 성인 남성/여성반, 경로반으로 나뉘어 정규 프로그램 400시간과 자율참여형 보충 프로그램 351시간을 이수하게 된다. 예를 들어,

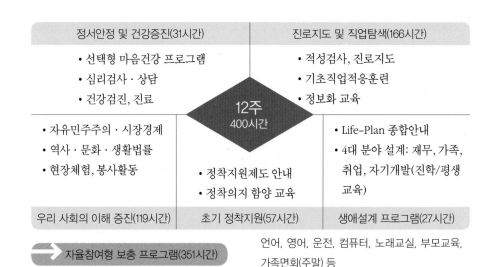

[그림 9-3] 하나원 교육과정

출처: 통일부(2017. 2. 3.).

모바일 기기 사용 방법, ATM 사용 방법, 컴퓨터 및 시장경제 교육, 직장예절 및 갈등관리 방법 등을 학습하게 된다.

하나원의 유아를 위한 교육에 대해서는 외부로 알려진 바 없으나, 이부미(2003)에 따르면 2001년 2월부터는 하나둘학교 유치반에서 유아들의 교육을 담당하고 있다. 하나둘학교 유치반에서는 다음과 같은 교육활동을 주로 수행한다(이부미, 2003).

- 마음 풀기: 신체활동, 동화 듣기, 텃밭 가꾸기, 동물 키우기, 음악 감상 및 동요 부르기
- 나들이 활동: 주변 산과 과수원 나들이, 동네 나들이, 전체 나들이
- 한글교육: 놀이를 통한 문자 교육
- 미술활동 및 매체 경험: 찰흙, 물감, 크레파스로 그림 그리기, 만들기, 만화영화 감상
- 생활교육: 차례 지키기, 정리정돈하기, 약속 지키기
- 놀이치료

하나원 퇴소 후 거주지가 정해진 북한이탈주민 가정의 경우 주거, 의료, 취업 등을 위한 지원금이 나온다. 정착금 지원의 경우 1인 세대 기준으로 총 800만 원이 지급되며, 주거의 경우 임대 아파트가 알선되고 1인 세대 기준 1,600만 원의 주거지원금이 지급된다. 생활이 어려운 북한이탈주민 가정의 생계급여의 경우 국민기초생활보장 수급권자로서 동일하게 지급된다. 정착장려금 차원에서 지원하는 취업지원금으로 직업훈련장려금, 자격취득장려금, 취업장려금 등이 일정 기준에 부합할 경우 지급된다. 이 외에도 의료급여 지원, 학자금 지원, 분야별 보호담당관을 통한 인력 서비스 제공 등이 이루어진다(통일부, 2019).

현재 북한이탈주민 가정의 초·중·고등학생을 위해 학교와 관련 민간단체를 중심으로 적응과 이해를 돕기 위한 프로그램을 개발하여 북한이탈주민 가정 학생과 일반 학생 대상의 교육을 추진하고 있다. 그러나 북한이탈주민 가정의 유아와 부모의 양육을 지원하기 위한 정책은 미흡한 실정이다. 따라서 북한이탈주민 가정의 유아를 위한 지속적인 정책 연구와 실현이 필요하다고 하겠다.

4) 장애아 가정과 유아

특수학교에 재원하는 장애영아는 123명, 장애유아는 918명, 일반학교에 설치된 특수학급에 재원하는 유아는 3,866명, 통합학급에 재원하는 유아는 1,752명, 특수교육지원센터의 지원을 받는 장애영아는 316명으로, 장애영아는 총 439명, 장애유아는 총 6,536명으로 나타났다(교육부, 2020). 또한 장애아 전문 어린이집에 재원하는 장애아동은 7,095명, 장애아 통합 어린이집에 재원하는 장애아동은 4,568명으로 나타났다(보건복지부, 2019).

현재 우리나라 유아교육체제가 이원화되어 있어 장애영유아를 위한 지원 역시 이원화되어 있다. 교육부를 중심으로 특수학교와 유치원에서 지방교육청, 특수교육지원센터로 연결되는 교육 분야와 보건복지부를 중심으로 지방자치단체, 장애아 전문 어린이집, 장애아 통합 어린이집, 일반 어린이집으로 연결되는 보육서비스로 구성된다.

1977년의 「특수교육진흥법」 제정 이후 특수교육의 기회는 꾸준히 확대되어 오고

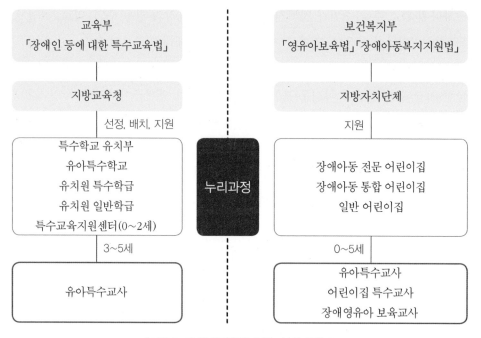

[그림 9-4] 장애영유아 교육 · 보육 운영도

출처: 육아정책연구소(2015).

있다. 정부는 특수교육발전 5개년 계획을 수립하였고, 현재 2018년부터 2022년에 해당하는 제5차 특수교육발전 5개년 계획이 실행 중이다.

그 내용을 살펴보면, 먼저 유아단계 특수교육 활성화를 위해 전일제 통합 형태의 통합유치원이 2017년도 기준 1개원에서 2022년 17개원으로 확대되고, 유치원 특수학급이 2017년 기준 731개에서 2022년 1,131개로 확대된다. 또한 특수교육대상유아의 통합교육 기회를 확대하기 위해 통합교육 거점기관(유치원, 특수교육지원센터)을 확대하고 통합교육을 실시하는 유치원에 대한 학급 정원 축소, 특수교육 보조인력 지원, 방과 후 과정 담당 인력 추가 배치 등의 지원을 확대한다. 유치원 교육과정에서 장애/비장애 유아가 함께 활동할 수 있는 프로그램을 연차적으로 개발하여 보급한다. 이를 위해 특수학교 유치원 운영모델을 개발하고 교수–학습자료를 지원한다.

장애영유아의 가정에서는 전문적 진단을 위한 대기 과정이 길고 복잡하며 비용 소모가 큰 점 등 장애 진단 과정에서 여러 어려움을 겪는 것으로 나타났다. 기관의 경우 진단 범주에는 포함되지 않으나 경계선에 있는 문제행동을 보이는 장애영유아로 인한 어려움을 호소하고 있었다(육아정책연구소, 2012). 이를 위해 특수교육대상자 진단 · 배치 체계를 향상시키기 위한 지원이 추진 중이다. 정확한 진단을 위해 국가 수준의 진단 · 평가 도구를 개발하여 보급하였고, 장애영유아 선정 및 배치를 위한 가이드북을 개발하였다. 또한 특수교육지원센터의 장애영유아의 조기발견 기능을 강화하였으며, 특수교육 의무교육 및 무상교육의 홍보를 위해 병의원, 보건소, 어린이집 등과 연계하여 홍보자료를 제작 보급하였다. 이 자료에 따르면, 5세 미만 장애영유아는 4개월, 9개월, 2세, 3세, 4세, 5세에 무료 건강검진을 실시하고, 장애가 의심될 경우 특수교육지원센터에서 진단평가를 받을 수 있도록 안내하고 있다.

장애영유아를 지원하는 대표적인 기관으로는 특수교육지원센터, 육아종합지원센터, 장애아통합보육지원센터가 있다. 이 기관들에서는 장애 진단평가 지원, 선정 배치 지원, 장애아 보육 관련 자료 제공 및 교사 상담, 장애아 통합어린이집 검색 서비스, 선별진단, 통합이해교육, 장애아 전담 교사 간 네트워크 지원, 부모상담 및 가족지원 사업 등의 기능을 수행하고 있다.

특수교육지원센터란?

「장애인 등에 대한 특수교육법」 제11조(특수교육지원센터의 설치·운영)와 「장애인 등에 대한 특수교육법 시행령」 제7조(특수교육지원센터의 설치·운영)에 의하여 설립된 기관으로 특수교육대상자의 조기발견, 특수교육대상자의 진단·평가, 정보 관리, 특수교육 연수, 교수–학습활동의 지원, 특수교육 관련 서비스 지원, 순회교육, 가족지원 등의 업무를 수행하는 기관입니다.

특수교육지원센터는 하급 교육행정기관이나 특수학교, 특수학급이 설치된 일반 초·중·고등학교 또는 관할 지역의 관공서(장애인복지관 포함) 등 특수교육대상자를 비롯한 지역주민의 접근이 편리한 곳에 설치되며, 담당 업무를 전담하는 특수교육 분야의 전문인력이 배치되어 있습니다. 특수교육지원센터의 진단평가 과정에서 장애가 의심되는 영유아 또는 학생이 이전에 의료적 진단을 받지 아니한 경우에는 이에 대한 의료적 진단을 보건소, 병원 또는 의원에 의뢰하고, 의료적 진단을 보건소, 병원 또는 의원에 의뢰한 경우에는 그 비용을 부담합니다.

장애유아 보호자 또는 유치원장(보호자 동의)	• 장애가 있거나 장애가 있다고 의심되는 영유아 발견 시 진단·평가 의뢰

▼

교육감 또는 교육장	• 특수교육지원센터에 진단·평가 의뢰

▼

특수교육지원센터	• 진단·평가에 회부된 후 30일 이내에 진단·평가 시행 • 진단·평가 과정에서 보호자의 의견 진술 기회 충분히 보장 • 선정 여부 및 필요한 교육 지원 내용에 대한 최종 의견을 작성하여 교육장 또는 교육감에 보고

▼

교육장 또는 교육감	• 특수교육지원센터로부터 최종 의견을 통지받은 때부터 2주 이내에 특수교육대상자로의 선정 여부 및 교육 지원 내용을 결정하여 보호자에게 통보(시·군·구 특수교육운영위원회에서 대상 선정 및 학교 지정·배치 심사) • 특수교육대상자의 선정 결과 및 학교 지정·배치를 신청인에게 서면 통지

▼

유아 또는 보호자	• 배치된 학교에 취학

특수유아 선정 배치 및 지원도
출처: 국립특수교육원 홈페이지; 서울특별시교육청 홈페이지; 육아정책연구소(2015b).

장애아동으로 등록된 이후 소득과 장애 수준에 따라 월 2만 원부터 20만 원까지의 장애아동수당을 받는다. 어린이집에 다니는 유아의 경우 기본적으로 무상보육료를 지원받고, 이 중 종일제 보육을 신청하는 경우 장애아동 시간연장형 보육료를 지원받는다. 이 밖에도 장애아동 양육수당(기관 미이용아동의 경우), 장애 검사비 지원, 장애인 보장구 급여 등 재정적인 지원을 받게 된다. 장애아동 가족의 경우 소득에 따라 돌보미에 의해 돌봄서비스를 받을 수 있으며, 소득에 관계없이 문화교육 프로그램, 가족캠프, 상담서비스, 생활지도 등 휴식지원 서비스를 받을 수 있다. 이 밖에도 월 22만 원 정도의 바우처 카드로 지정된 기관에서 발달재활 서비스를 받을 수 있으며, 월 16만 원 정도의 심리상담 바우처를 6개월간 받을 수 있도록 발달장애인 부모 심리상담을 지원하고 있다. 이 밖에도 방송요금, 교통비, 고속도로 통행료, 문화활동과 관련된 요금 감면 혜택을 받을 수 있다(보건복지부, 2020).

장애아동 가정과 장애아동을 위한 지원은 다각적으로 실시되고 있다. 그러나 현재의 장애영유아 지원 정책들에 대해 전문가들은 교육과 보육의 이원화로 인해 장애유아 지원 업무 역시 이원화되어서 담당자들과 부모의 혼선을 야기하고 있다는 점을 문제점으로 꼽는다. 기관의 경우에는 특수교사에 대한 교사 처우와 기자재 등의 문제를, 장애아동 가정의 경우 부모 및 가정 중심 프로그램의 부족과 정보의 부족 문제를 꼽는다. 따라서 향후 정책-기관-가정의 협력관계를 구축하고 장애영유아를 위한 실제적인 지원을 강구해야 할 것이다.

5) 농어촌 가정과 유아

농어촌 가정은 농어촌에 거주하는 가정을 의미하는 말로, 현행 「농어업·농어촌 및 식품 산업 기본법」(축약 「농어업식품기본법」)에서 규정한 '행정구역상 읍·면·동 지역 중 정부가 별도로 선정하여 고시하는 지역'에 거주하는 가정을 의미한다. 이 지역들의 문제는 인구 급감, 특히 생산가능 인구의 감소로 인한 심각한 고령화가 대표적이며, 농림·어업 부문의 경제 쇠퇴와 농가 부채 증가로 인해 경제 상황 역시 지속적으로 악화되고 있는 형편이다. 더불어 학교의 소규모화로 인한 교육 여건 악화, 학력 격차 등 복합적인 문제가 나타나고 있다. 유아의 경우, 유아교육기관으로의 접근성이 낮고 이를 지원하기 위한 교육 인프라 구축이 부족하며 가계 수입의 불안정으로 인한 교육비 부담이 지속적으로 지적된다(한국교육개발원, 2008).

농어촌 지역 영유아와 유아교육기관에 대한 조사의 경우 육아정책연구소에서 실시한 2015년 조사가 거의 유일하다. 이에 따라 농어촌 지역의 영유아와 유아교육기관의 현황을 살펴보면, 2015년 기준 우리나라 0~5세 영유아 총 273만 3,315명 중 15만 2,414명, 즉 전체의 5.6%가 농어촌에 거주하고 있는 것으로 나타났다(육아정책연구소, 2015a).

유치원의 경우, 2014년 4월 기준 전체 8,826개원 중 2,989개원, 즉 33.9%가 농어촌 지역에 설립된 것으로 나타났다. 이 중 공립유치원은 전체 4,616개원의 52.5%인 2,424개원이, 사립유치원의 경우 전체 4,207개원의 13.4%인 563개원이 농어촌 지역에 있는 것으로 나타났다. 취원율의 경우 사립유치원보다는 국공립유치원에 다니는 유아의 비율이 높은 것으로 나타났다.

또한 어린이집의 경우 2014년 12월 기준으로 전체 4만 3,742개소의 18.9%인 8,265개소가 농어촌 지역에 있는 것으로 나타났다. 농어촌 지역에 소재한 어린이집은 전체 국공립어린이집 2,489개소의 23.6%인 587개소, 사회복지법인 어린이집은 전체 1,420개소의 53.1%인 754개소, 법인 단체 어린이집은 전체 852개소의 42%인 358개소, 민간어린이집은 전체 1만 4,822개소의 21.9%인 3,244개소, 가정어린이집은 전체 2만 3,318개소의 13.6%인 3,178개소, 부모협동어린이집은 전체 149개소의 16.1%인 24개소, 직장어린이집은 전체 692개소의 17.3%인 120개소이다. 이 중 사회복지법인-법인 단체-민간-국공립 어린이집 순으로 이용률이 높은 것으로 나타났다.

농어촌 가정을 위해 **농어촌 양육수당**과 **농어촌 여성 지원**을 하고 있다. 어린이집, 유치원, 종일제 아이돌봄 서비스를 이용하지 않는 미취학 영유아를 대상으로 월령별로 10~20만 원의 양육수당을 부모에게 직접 지급하고 있으며, 일반 양육수당과 비교할 때 12~23개월은 월 27,000원, 24~35개월은 56,000원, 36~47개월은 29,000원을 더 지원한다. 농어촌 여성 지원의 경우, 출산여성 농가 도우미 제도, 만성질환 예방을 위한 생활 속 건강관리 서비스를 제공하고 있다. 지방자치단체에 따라 결혼이주여성을 위해 한국어와 한국문화를 중점적으로 다루는 다문화여성대학을 운영하기도 한다.

이 밖에도 농림축산식품부에서는 유아교육기관이 없는 농어촌 지역에 3인 이상 20인 이하의 영유아를 보육하는 국공립어린이집을 설치하는 **'농촌 공동아이돌봄센터 사업'**과 보육시설이 없거나 접근성이 부족한 지역에 놀이 차량이 방문하여 놀잇감 및 도서를 대여하고 육아지원 프로그램을 지원하는 **'이동식 놀이교실 지원 사업'**, 농업에 종사하는 부모들이 농번기인 6~11월 중 4개월을 선택해 토요일과 일요일에 자녀를 맡기면 여성가족부 아이돌보미 등 보육교육을 받은 여성 인력이 종일 돌보아주는 서비스인 **'농번기 주말 돌봄방'**을 운영하고 있다.

 여기 보세**요!**

삶의 질 향상을 위해 농어촌에서 시행 중인 정책

• 농촌 공동아이돌봄센터
  −도시보다 영유아 숫자가 적어 운영이 어려운 농촌지역 소규모 어린이집을 지원하는 사업
  −대상: 현재 영유아 인원이 3인 이상 20인 이하인 어린이집
  −지원내용: 시설비, 운영비 지원
• 농번기 주말 돌봄방
  −농촌에서 주말 동안만 영유아를 마음 편히 맡기고 영농에 종사할 수 있도록 지원하는 사업
  −대상: 농촌지역에서 보육에 필요한 시설과 전문가를 갖춘 법인 및 단체
  −운영기간: 지역 영농여건에 따라 자율로 결정 가능(최대 6개월까지 지원 가능)
  −지원내용: 시설비, 운영비 지원

• 이동식 놀이교실
  - 보육시설이 없는 농촌마음을 놀이차량으로 방문해 놀잇감과 도서 등을 대여하고 육아프로그
    램을 지원하는 사업
  - 지원대상: 지방자치단체가 직접 운영하거나 위탁 운영하는 법인 단체 등
  - 지원내용: 인건비를 비롯한 차량 임차료, 프로그램 개발비 등의 운영비 지원

출처: 한국농촌경제연구원(2020. 6. 15.).

 참고문헌

강재희(2010). 새터민 유아 3명의 유치원 적응과정과 놀이의 특징: 입국 초기 하나원 시기를
    중심으로. 이화여자대학교 대학원 박사학위논문.

강재희, 엄정애(2008). 교양원이 경험한 북한 유치원 교육과정과 일과시간 운영. 유아교육학논
    집, 12(4), 277-297.

경기도교육연구원(2014). 경기도 교육복지 정책 분석 및 발전 방안: 경기도교육청 12대 교육복지
    과제를 중심으로. 경기: 경기도교육연구원.

교육과학기술부(2009). 2009년도 기본학습능력발달 교육지원 희망유아교육사를 통한 발달격차
    해소 기본계획. 서울: 교육과학기술부.

교육과학기술부, 한국교육개발원(2012). 교육복지우선지원사업 매뉴얼: 교육복지우선지원사업
    이렇게 합니다. 서울: 교육과학기술부, 한국교육개발원.

교육부(2009). 2009년도 기본학습능력발달 교육지원 희망유아교육사를 통한 발달격차 해소
    기본계획. 미간행 보도자료.

교육부(2013). 장애학생의 꿈과 끼를 키우는 행복교육 실현을 위한 제4차 특수교육발전 5개년 계
    획: 2013~2017. 서울: 교육부 특수교육정책과.

교육부(2017). 경제 사회 양극화에 대응한 교육복지정책의 방향과 과제.

교육부(2020). 2020년 특수교육통계.

교육인적자원부(2006). 다문화 가정 자녀 교육지원 대책. 서울: 교육인적자원부.

김경근(2005). 한국사회 교육격차의 실태와 대책. 교육사회학연구, 15(3), 1-27.

김연진, 이상희(2013). 아동복지의 이해(개정2판). 서울: 태영출판사.

김영미(2002). 탈북유아의 남한사회 적응에 관한 사례연구. 숙명여자대학교 대학원 석사학위

논문.

김인희(2006). 교육복지의 개념에 관한 고찰: 교육소외 해소를 위한 교육복지의 이론적 기초 정립에 관하여. 교육행정학연구, 24(3), 289-314.

박순영(2006). 성장발육: 생물인류학적 연구. 정병오, 전우택, 정진경 공편, 웰컴투 코리아. 서울: 한양대학교 출판부.

방하남, 김기헌(2003). 한국사회의 교육계층화: 연령코호트 간 변화와 학력 단계별 차이. 한국 사회학, 37(4), 31-65.

보건복지부(2019). 2019년 보육통계.

보건복지부(2020). 2020년 장애아동가족지원 사업안내.

보건복지부, 한국보건사회연구원(2013). 2013 아동종합실태조사.

여성가족부(2020). 제3차 다문화가족정책 기본계획(2018~2022) 2020년도 시행계획.

유경준, 최바울(2008). KDI 이슈분석: 중산층의 정의와 추정. KDI 재정 · 사회정책 동향: 2008 상 반기, 2(1), 84-96.

육아정책연구소(2009). 취약계층 영유아 통합적 육아지원 모형개발 및 시범적용.

육아정책연구소(2011a). 다문화가족 영유아 발달 실태 및 맞춤형 지원 방안.

육아정책연구소(2011b). 취약계층 영유아 통합적 육아지원모형매뉴얼개발.

육아정책연구소(2012). 장애영유아 통합보육 교육 현황과 선진화 방안.

육아정책연구소(2015a). 농어촌 지역 영유아 교육, 보육 실태 및 개선 방안.

육아정책연구소(2015b). 돌봄 취약계층 맞춤형 육아지원 방안 I : 장애영유아를 중심으로.

윤여상(2003. 6. 26.). 북한이탈주민 적응실태와 과제. 통일부통일교육원 세미나 미간행 자료 집. 서울: 통일부 통일교육원.

이금순(2006). 여성이주자의 사회적응과정 연구. 아시아여성연구, 45(1), 191-234.

이돈희(1999). 교육정의론(수정판). 서울: 교육과학사.

이부미(2003). 탈북가정 유아의 남한사회 적응과정에 대한 현장연구: 탈북 적응교육 훈련원 (하나원)을 중심으로. 유아교육연구, 23(2), 115-145.

임동진(2011). 저소득가정 영유아의 보육정책 실태 및 개선방안. 서울: 한국행정연구원.

장혜경, 김영란(2001). 이탈주민가족의 가족안정성 및 사회적응과 여성의 역할. 서울: 한국여성개 발원.

정은희(2015). 아동빈곤 현황과 정책방향. 보건복지포럼, 220(2), 47-55.

통계청(2016a). 가계 동향조사: 소득분배계수. http://www.index.go.krpotal/main/ EachDtlPageDetail.do?idx_cd=1407

통계청(2016b). 북한이탈주민 입국 현황. http://www.index.go.krpotal/main/EachDtlPage

Detail.do?idx_cd=1694

통일부(2017. 2. 3.). 북한이탈주민 눈높이에 더욱 가까워진 하나원 사회적응교육. https://www.unikorea.go.kr/unikorea/news/release/?boardId=bbs_0000000000000004&mode=view&cntId=47394&category=&pageIdx=

통일부(2019). 북한이탈주민 정착지원 실무편람.

한국교육개발원(2007). 교육복지투자우선지역 지원사업 운영 모델 개발 연구.

한국교육개발원(2008). 교육복지 마스터플랜 수립연구.

한국교육개발원(2019). 교육복지정책 평가 및 개선과제. 연구보고 RR 2019-12.

한국농촌경제연구원(2020. 6. 15.). [포스터] 농촌 삶의 질 이야기 NO.11_ 미래 지속 가능한 농어촌 삶의 질 향상, 영·유아 보육에서 시작한다. http://www.krei.re.kr/committee/selectBbsNttView.do?key=970&bbsNo=544&nttNo=132723&searchCtgry=&searchCnd=all&searchKrwd=&pageIndex=1&integrDeptCode=

한국보건사회연구원(2007). 분배구조 변화의 원인과 대응방안.

행정자치부(2015). 2015년 지방자치단체 외국인주민 현황 통계. 미간행 보고서.

홍봉선(2004). 우리나라 교육복지의 방향과 과제. 한국사회복지학, 56(1), 253-282.

Sakpichaimongkol, P. (2008. 10. 29.). 태국에 거주 중인 북한 난민 문제와 북한인권에 관한 국제적 시각과 과제. 국가인권위원회 북한인권 국제심포지엄 국제사회의 북한인권 인식과 과제 미간행 자료집(pp. 351-356). 서울: 대한상공회의소.

국립특수교육원 http://support.nise.go.kr

다누리 https://www.liveinkorea.kr/portal/KOR/page/contents.do?menuSeq=295&pageSeq=289 (2010년 1월 10일 인출)

드림스타트 http://www.dreamstart.go.krcontents/sub01_04_01.asp

복지로 https://www.bokjiro.go.kr

서울특별시교육청 http://www.sen.go.kr

위스타트 http://www.westart.or.kr

유니세프 한국위원회 http://www.unicef.or.kr

e나라지표 https://www.index.go.kr/unify/idx-info.do?idxCd=4225 (2020년 1월 10일 인출)

제10장

유아교육기관 운영 관리

1. 물적 요소

2. 인적 요소

3. 유아교육기관 지원기관

들어가기에 앞서

다음의 대화를 읽으면서 유아교육기관 운영 관리의 의미는 무엇인지 생각해 보세요.

> 교수자: '유치원' '어린이집' 하면 어떤 건물의 모습이 떠오르나요?
>
> 학습자: 그네, 미끄럼틀 등 안전한 시설이 갖추어진 놀이터, 낮고 아담한 울타리, 즐거운 노랫
> 소리가 들려오는 창문…….
>
> 교수자: 그런 아름다운 곳에 있는 사람들의 모습은요?
>
> 학습자: 해맑게 웃는 아이들, 친절한 미소의 선생님, 열심히 식사를 준비하시는 조리사 선생
> 님…….
>
> 교수자: 유치원과 어린이집 공간의 설계와 관리를 어떻게 해야 모든 사람이 행복을 느끼며 잘
> 지낼 수 있을까요?
>
> 학습자: 너무 어려운 것 아니에요? 그건 원장님이 하는 일이잖아요.
>
> 교수자: 그럴 수도 있겠군요. 유치원이나 어린이집은 어떤 기준을 가지고 지어야 할까요? 그
> 기준은 누가 어떻게 정해 놓았을까요? 어떤 사람들이 모여서 일을 하고 어떤 역할을
> 해야 할까요? 유아교육기관을 운영할 때 발생하는 크고 작은 문제에 도움을 줄 수 있
> 는 곳이 있을까요? 이 모든 것은 원장님이 알아야 할 사항인 것 같다고요? 미리 알아
> 두면 좋은 점은 없을까요?
>
> 학습자: 원장이 되면 어떻게 하겠다는 희망이 생길 것도 같아요.
>
> 교수자: 원장이 되겠다는 꿈을 품고 준비할 수 있겠다는 뜻이군요. 그것도 좋고요, 또한 이제
> 곧 유아교사가 될 여러분이 종일 머물면서 동료들과 함께 일하게 될 공간에 대해, 동
> 료들 간의 관계에 대해 관심을 갖고 미리 알아 둔다면 더 좋은 환경에서 사람들과 좋
> 은 관계를 맺으며 즐겁고 알차게 생활할 수 있을 것입니다.

유아교육기관을 세우고 운영하기 위해서는 여러 조건을 갖추어야 합니다. 이 장에서는 유아교육기관
을 짓고 잘 운영하기 위해서 기본적으로 갖추어야 할 물적 요소와 인적 요소를 살펴보고, 유아교육기
관 운영을 지원하기 위해 설치된 기관에 대해 알아보고자 합니다.

1. 물적 요소

유아교육기관을 짓고 운영하기 위해 갖추어야 할 물적 요소에 대해 유치원과 어린이집으로 나누어 살펴보면 다음과 같다.

1) 유치원

유치원의 물적 요소에 관련된 내용은 「유아교육법」과 「유아교육법 시행령」에 공시된 내용을 재구성하였다.

(1) 설립 자격

- **유치원, 아무나 설립할 수 있나요?**

개인이든 단체든 설립을 원하는 주체는 다 가능하지만, 신원 조회라는 관문을 통과해야 합니다. 다시 말해, 범죄 경력이 없어야 한다는 뜻이지요. 2016년 8월에 아동학대 전과자의 유치원 설립 금지 법안이 추진되었고, 2020년 1월에 「유아교육법 시행규칙」의 교육명령 조항이 신설되었습니다. 아동학대 관련 범죄로 형 또는 치료감호를 선고받아 확정된 사람이 제8조의2 제5호부터 제8호까지의 결격사유에 해당하지 않아 유치원을 설립하려면 아동학대 방지교육을 받아야만 한다는 것입니다. 제8조의2 제5호부터 제8호까지의 결격사유에 해당하면 설립신청할 수 없다는 것으로, 종합하면 「아동복지법」에 따른 아동학대 관련 범죄를 저지른 자의 경우 형 집행이 종료되거나 유예기간 후 20년이 지나야 설립신청을 할 수 있으며, 설립 이전에 반드시 아동학대 방지교육을 받아야만 한다는 뜻입니다.

[유아교육법 제8조의2(결격사유)]

제8조의2(결격사유) 다음 각 호의 어느 하나에 해당하는 사람은 유치원을 설립·운영할 수 없다. 〈개정 2021. 3. 23.〉

1. 미성년자·피성년후견인 또는 피한정후견인

2. 「정신건강증진 및 정신질환자 복지서비스 지원에 관한 법률」제3조 제1호의 정신 질환자

3. 「마약류 관리에 관한 법률」제2조 제1호의 마약류에 중독된 사람

4. 파산선고를 받고 복권되지 아니한 사람

5. 금고 이상의 실형을 선고받고 그 집행이 종료(집행이 종료된 것으로 보는 경우를 포함한다)되거나 집행이 면제된 날부터 5년(「아동복지법」제3조 제7호의2에 따른 아동학대 관련 범죄를 저지른 경우에는 20년)이 지나지 아니한 사람

6. 금고 이상의 형의 집행유예를 선고받고 그 유예기간 중에 있는 사람. 다만, 「아동 복지법」제3조 제7호의2에 따른 아동학대 관련 범죄로 금고 이상의 형의 집행유 예를 선고받은 경우에는 그 집행유예가 확정된 날부터 20년이 지나지 아니한 사 람을 말한다.

7. 제32조에 따라 유치원의 폐쇄명령을 받고 5년이 지나지 아니한 사람

8. 제34조에 따라 300만 원 이상의 벌금형이 확정된 날부터 2년이 지나지 아니한 사 람 또는 「아동복지법」제3조 제7호의2에 따른 아동학대 관련 범죄로 벌금형이 확 정된 날부터 10년이 지나지 아니한 사람

9. 제8조의3에 따른 교육명령을 이행하지 아니한 사람

[본조신설 2020. 1. 29.]

[유아교육법 시행규칙 제2조의5(교육명령)]

제2조의5(교육명령) ① 「유아교육법」(이하 '법'이라 한다) 제8조의3 제1항에 따라 유치원을 설립ㆍ운영하기 위하여 아동학대 방지를 위한 교육을 받아야 하는 사람(이 하 '아동학대 방지교육 대상자'라 한다)은 교육감에게 유치원을 설립ㆍ운영하려는 사실을 서면으로 통지해야 한다. 〈개정 2021. 7. 16.〉

② 제1항에 따른 통지를 받은 교육감은 아동학대 방지교육 대상자에게 다음 각 호의 어느 하나에 해당하는 기관 또는 단체(이하 '아동학대 방지교육기관'이라 한다)에 서 교육을 받을 것을 명령해야 한다. 〈개정 2021. 7. 16.〉

1. 법 제6조에 따른 유아교육진흥원

2. 「교육부와 그 소속기관 직제」제2조 제1항에 따른 중앙교육연수원

3. 「영유아보육법 시행규칙」제21조 제2항 각 호의 어느 하나에 해당하는 기관 또 는 단체

③ 법 제8조의3 제1항에 따라 교육명령을 받은 아동학대 방지교육 대상자는 40시간 이상의 교육을 받아야 한다. 이 경우 교육의 내용에 관하여는 「영유아보육법 시행규칙」 제21조 제3항 각 호를 준용한다.

④ 아동학대 방지교육기관의 장은 제3항에 따른 교육을 마친 사람에게 수료증을 발급하고, 교육 종료일부터 1개월 이내에 교육 실시 결과를 교육감에게 보고해야 한다. 〈개정 2021. 7. 16.〉

⑤ 아동학대 방지교육기관의 장은 법 제8조의3 제1항 후단에 따라 다음 각 호에 관한 비용으로서 교육감의 승인을 받은 비용을 아동학대 방지교육 대상자로부터 받을 수 있다. 〈개정 2021. 7. 16.〉

1. 강사수당

2. 교육교재 비용

3. 그 밖에 교육 관련 사무용품 구입 등에 필요한 경비

[본조신설 2020. 7. 30.]

[종전 제2조의5는 제2조의6으로 이동 〈2020. 7. 30.〉]

• **누가 유치원 설립 인가를 해 주나요?**

「유아교육법」에 따르면 교육감의 인가를 받아야 하지만, 지역에 따라 교육장에게 위임하는 경우도 있습니다.

유치원을 설립하기 위해서는 우선 일정한 자격을 갖추어야 한다. 국공립유치원의 경우 국가에서 직접 설립하는 것이기 때문에 설립 자격에 관련된 별도의 기준이 없으나, 사립유치원의 경우 설립 자격 기준이 있다. 사립유치원을 세울 수 있는 자격은 개인 또는 법인(사회복지법인, 학교법인, 종교법인 등)으로, 토지와 건물을 소유한 자로 「국가공무원법」 제64조에 해당되지 않고 신원 조사 결과 이상이 없어야 한다. 범죄 경력이 있을 경우 설립 자격 취득에 제약이 있으므로 각별히 주의해야 한다.

(2) 설립 지역

> • 유치원, 아무 곳에나 세울 수 있나요?
>
>   유흥업소, 숙박업소, 기타 유해업소 근처에는 세울 수가 없습니다. 유아들을 위한 좋은 환경이 중요하거든요.

유치원은 유흥업소, 숙박업소, 극장, 기타 유해업소 근처에 세울 수 없다. 유치원 출입문에서 직선거리 50m 이내를 절대 정화구역, 유치원 경계선으로부터 직선거리 200m 이내를 상대 정화구역이라고 하는데, 정화구역 안에 유해업소가 없어야 한다(「유아교육법」 제8조). 임대유치원은 설립 인가를 받을 수 없다.

(3) 건물 규정

> • 유치원, 몇 층까지 지을 수 있나요?
>
>   높이 세워도 괜찮습니다만, 교실은 3층까지만 설치할 수 있습니다. 그 이상 또는 그 이하(지하)의 층은 자료실, 교무실처럼 필요한 자원 시설만 위치할 수 있어요.

유치원 건물의 교실은 최대 3층까지 설치할 수 있다. 4층 이상은 교수-학습활동에 간접적으로 필요한 자원 시설(자료실, 원무실 등)로 활용할 수 있다. 유치원 시설로 3층 이상의 건물을 사용하는 경우에는 외부 바닥으로 통하는 직통계단 등 안전(피난) 시설을 갖추고, 「소방시설 설치 유지 및 안전 관리에 관한 법률」에 따른 소방검사를 필한 경우에 한하여 허용한다. 지하층은 유치원의 시설로 사용할 수 없다. 보통 교실의 기준 면적은 최소 $44m^2$(20명)로 원아 1인당 $2.2m^2$의 공간을 확보하여야 한다. $2.2m^2$는 약 0.6평으로, 싱글침대 1개 정도의 크기라고 생각하면 된다. 자세한 유치원 시설 설비 기준은 교육부 홈페이지에 제시되어 있다.

(4) 유원장(놀이터) 설비 기준

• 옥상에 놀이터를 설치해도 되나요?

옥상에 벽과 지붕이 없으면 안 됩니다. 지하 체육시설도 원칙적으로 불허하고요.

놀이시설은 「어린이놀이시설 안전관리법」에 적합하도록 설치해야 합니다.

실외 놀이터는 아이들에게 개념 학습의 기회, 사회적 기술과 사회적 관계의 발달 기회, 창작활동에의 참여 기회, 놀이활동을 통해 즐기는 기회를 제공하는 매우 의미 있는 공간이다. 영아(0~2세)를 위한 공간과 유아(3~5세)를 위한 공간이 분리되어 위치하는 것이 좋고, 울타리와 지면을 다양하게 마련하여 아이들이 안전하고 즐겁게 놀이할 수 있도록 배려해야 한다. 실외에서 놀이할 때 필요한 놀이용품을 보관할 창고가 꼭 필요하고, 복합놀이기구, 동식물 기르기 공간, 휴식 공간 등 자연과 벗하며 유아들이 다양한 경험을 할 수 있도록 공간을 마련해야 한다. 실내 환경만큼이나 신경 써서 설치해야 하는 공간이며, 구체적인 실외 놀이터 설비 기준은 교육부 홈페이지와 각 교육청 홈페이지에 제시되어 있다.

유치원 실외 놀이터 전경

출처: (왼쪽) 대우유치원, (오른쪽) 동산유치원.

(5) 교재교구 설비 조건

교재교구는 교육감이 정하여 고시한 교구를 갖추어야 한다. 일반적으로 유치원 설비 기준이 되는 항목은 다음과 같다.

① 유치원 교구 기준

교재교구란 유아의 성장과 발달이라는 교육 목적을 담고 있는 놀잇감이다. 유아에게는 놀잇감도 교사만큼이나 중요하다. 놀잇감을 가지고 놀이하면서 친구들과의 사이도 좋아지고, 창의적인 사고도 기를 수 있기 때문이다. 유아들이 유치원 교실에서 즐겁게 놀이하기 위해서는 유아들이 좋아할 만한 흥미 영역을 마련하여 영역별로 연관 있는 놀잇감을 배치하면 된다. 엄마 · 아빠가 되어 보는 극놀이, 여러 가지 블록을 이용한 구성놀이, 동식물 관찰이며 실험을 할 수 있는 과학놀이, 책 보기와 읽기 · 쓰기를 할 수 있는 언어놀이, 바느질 등 재미있는 흥미 영역에 놀이를 더욱 재미있게 진행할 수 있도록 돕는 놀잇감을 제공해야 한다. 놀잇감 기준은 교육부 홈페이지나 각 교육청 홈페이지에 제시되어 있다.

② 유치원 교실 및 그 밖의 시설에 두는 설비 기준

유아들의 놀이가 잘 이루어지기 위해서는 놀잇감만으로는 부족하다. 교실 및 보건실, 급식실 등 교실 이외의 시설에 해당하는 적절한 시설 · 설비가 갖추어져야 한다. 유치원의 규모에 따라 설치되는 실은 다를 수 있으나, 기본적으로 교실, 자료실, 급식실 등은 갖추게 된다. 원아 및 교직원의 응급 처치 등이 신속히 이루어질 수 있도록 이용이 쉽고 통풍과 채광이 잘 되는 장소에 보건실을 설치하고 보건에 필요한 시설 및 기구를 갖추어야 하며, 유치원 원장이 원아에게 급식을 제공할 경우에는 「유아교육법」 제17조 및 동법 시행규칙 제3조에 규정된 시설과 설비를 갖추어야 한다. 1회 급식 유아가 100인 이상일 경우 면허를 받은 영양사 1인을 두어야 하지만, 급식 시설과 설비를 갖추고 급식을 실시하는 2개 이상의 유치원이 인접하여 있는 경우에는 공동으로 영양사를 둘 수 있다(「유아교육법 시행규칙」 제3조 제2항). 각 실에 비치해야 할 물품은 교육부 홈페이지나 각 교육청 홈페이지에 제시되어 있다.

(6) 유아 활동 공간 안전관리 조건

유아는 신체 특성상 환경오염 물질에 취약해서 환경오염 물질에 더 유해한 영향을 받는다. 아직 미성숙하고 성장하고 있는 세포를 가지고 있어 유해물질에의 노출이 더욱 위험할 수 있다. 특히 유아들은 입에 물건을 잘 넣기도 하고 체중당 호흡량, 소화관에의 화학물질 침투성 등이 성인보다 3~5배나 높다. 신진대사를 통한 화학

물질 제거 및 배출 능력이 약해서 체내 축적성이 강하기 때문에 유아들이 활동하는 공간 시설별 환경안전관리 기준을 준수하여야 한다. 자세한 사항은 어린이 활동공간 환경안전진단 홈페이지에 제시되어 있다.

2) 어린이집

어린이집의 물적 요소에 관련된 내용은 「영유아보육법」 「영유아보육법 시행령」 「영유아보육법 시행규칙」에 공시된 내용을 재구성하였다.

(1) 설립 자격

> • 어린이집, 아무나 설립할 수 있나요?
>
> 개인이든 단체든 설립을 원하는 주체는 다 가능하지만, 자격을 갖춘 원장이 반드시 있어야 합니다. 어린이집의 유형은 매우 다양한데, 유형별로 원장 자격 취득 조건이 다릅니다. 300인 이하의 일반 어린이집을 설립하려면 일반 어린이집 원장 자격(보육교사 1급 자격을 취득한 후 3년 이상의 보육 경력을 가진 자)을, 20인 이하의 가정어린이집을 설립하려면 가정어린이집 원장 자격(보육교사 1급 자격을 취득한 후 1년 이상의 보육 경력을 가진 자)을 취득하면 됩니다.
>
> • 누가 어린이집 설립 인가를 해 주나요?
>
> 「영유아보육법」에 따르면 국공립어린이집은 국가나 지방자치단체에서 직접 설립하고, 국공립 이외의 어린이집을 설치 · 운영하려는 자는 특별자치도지사 · 시장 · 군수 · 구청장의 인가를 받아야 합니다.

어린이집을 설립하기 위해서는 우선 일정한 자격을 갖추어야 한다. 어린이집을 세울 수 있는 자격은 국가나 지방자치단체, 개인 또는 법인(사회복지법인, 학교법인, 종교법인 등)으로, 설립하는 사람이 결격 사유가 없어야 한다. 심신이 미약하거나 아동학대와 같은 중범죄 이력 등은 결격 사유가 된다. 설립은 누구나 할 수 있지만, 어린이집 운영을 위해서 필수적으로 있어야 하는 인적자원은 원장으로서 원에 1인이 있어야 한다. 어린이집 원장이 될 수 있는 경로는 여러 가지가 있다.

어린이집 원장은 일반 어린이집 원장과 특수목적 어린이집 원장(가정어린이집, 영아 전담 어린이집, 장애아 전문 어린이집 등)이 있는데, 원장이 되기 위해서는 보건복지부 장관이 검정 · 수여하는 국가자격증을 받아야 한다(「영유아보육법」 제21조). 일반 어린이집 원장이 되기 위해서는 보육교사 1급 자격을 취득한 후 3년 이상의 보육 관련 경력이 있으면 된다. 그 외에도 3~5년 정도의 아동복지 업무에 해당하는 실무 경험이 있는 사람이라면 유치원 교사, 초등교사, 사회복지사, 공무원, 간호사도 일반 어린이집 원장이 될 수 있다. 특수목적 어린이집에 해당하는 가정어린이집, 영아 전담 어린이집, 장애아 전문 어린이집 원장의 자격은 일반 어린이집 원장 자격보다 완화된 조건으로 취득할 수 있다.

특수목적 어린이집 원장 자격 취득 조건은 다음과 같다.

- 가정어린이집: 보육교사 1급 이상의 자격을 취득한 후 1년 이상의 보육 업무 경력이 있는 자
- 영아 전담 어린이집: 간호사 면허를 취득한 후 5년 이상의 아동 간호 업무 경력이 있는 자
- 장애아 전문 어린이집: 대학에서 장애인복지 및 재활 관련 학과 전공을 이수한 후 장애영유아 어린이집에서 2년 이상의 보육 업무 경력이 있는 자

(2) 설립 지역

- 어린이집, 어느 곳에나 세울 수 있나요?

어린이집 역시 유흥업소, 숙박업소, 기타 유해업소 근처에는 세울 수 없습니다. 국공립어린이집은 보육 계획에 따라 도시 저소득 주민 밀집 주거 지역 및 농어촌 지역 등 취약지역, 일정 세대 이상의 공동주택을 건설하는 주택지역에 우선 설치해야 합니다. 직장어린이집의 경우도 일정 규모 이상(상시 여성 근로자 300명 이상 또는 상시 근로자 500명 이상) 사업장의 사업주는 직장어린이집을 의무적으로 설치해야 합니다.

「영유아보육법」에 따르면, 어린이집은 보육 수요, 보건, 위생, 교통, 안전, 환경 등을 충분히 고려하여 쾌적한 환경을 갖춘 곳에 설립해야 하고, 위험시설로부터 50m 이상 떨어진 곳에 위치해야 한다.

(3) 건물 규정

> • **어린이집, 몇 층까지 지을 수 있나요?**
> 5층 이하여야 합니다. 건물 전체를 어린이집으로 사용하는 경우는 1층에서 5층까지 보육실을 둘 수 있지만, 영아반의 경우 1층 배정이 우선입니다.

어린이집의 구조 및 설비는 그 시설을 이용하는 영유아의 특성에 맞도록 하여야한다. 보육실을 포함한 시설 면적은 유아 1인당 $4.29m^2$ 이상이어야 한다. 영유아가 주로 생활하는 실내 공간인 보육실, 영유아의 급식과 간식을 위생적으로 조리할 수있는 조리실, 영유아를 위생적으로 씻길 수 있는 목욕실, 화장실 등이 기본적으로 구비되어야 하고, 슬라이딩 도어 혹은 영유아가 쉽게 열 수 있는 특수문 설치가 바람직하며, 내부 관찰이 가능해야 한다. 또한 문의 가장자리는 손 끼임 방지 고무패킹이나 완충 장치 등이 있어야 하고, 안전사고에 대비하여 문턱을 없애야 한다. 창문은 외부 충격에 강한 강화유리를 사용하고 환기, 채광, 통풍을 고려하여 커튼이나블라인드를 설치하도록 한다. 난방의 적정 온도는 20~22℃, 습도는 50~60%를 유지한다.

(4) 유원장(놀이터) 설비 기준

> • **옥외 놀이터는 반드시 설치해야 하나요?**
> 보육 정원 50명 이상인 어린이집(12개월 미만의 영아만을 보육하는 어린이집은 제외한다)은 영유아 한 명당 $3.5m^2$ 이상의 규모로 옥외 놀이터를 설치하는 것을 원칙으로 합니다. 지역적 특수성에 따라 옥외 놀이터를 설치하는 것이 불가능한 경우에 옥내 놀이터를 설치할 수는 있으나 지하층에는 놀이터를 설치할 수 없습니다.

옥외 놀이터에는 모래밭(천연 및 인공 잔디, 고무매트, 폐타이어 블록 또는 「어린이놀이시설 안전관리법」에서 정하는 기준에 적합한 것을 포함한다)에 6세 미만의 유아가 이용할 수 있는 대근육 활동을 위한 놀이기구 1종 이상을 포함하여 놀이기구 3종 이상을 설치하여야 한다. 어린이집의 놀이터, 놀이기구 및 어린이용품은 「품질경영 및 공산품안전관리법」 「어린이놀이시설 안전관리법」 및 「환경보건법」에서 정한 기준을 준수하여야 한다. 그 밖에 놀이터 설치에 필요한 구체적인 기준은 보건복지부 장관이 정한다.

(5) 유아 활동 공간의 환경 안전관리 조건

> • CCTV 설치는 필수인가요?
> 영유아의 안전을 위하여 폐쇄회로 텔레비전 설치는 필수입니다. 각 보육실, 공동놀이실, 놀이터(인근놀이터를 제외한다) 및 식당, 강당에 1대 이상씩 설치하되, 사각지대의 발생을 최소화할 수 있도록 설치되어야 합니다.

CCTV 설치는 의무사항이며, 소화용 기구와 비상구 등 비상재해에 대비한 시설도 갖추어야 한다.

지금까지 유치원과 어린이집의 물적 설비 기준에 대해 살펴보았는데, 유아교육에 남다른 애정을 가진 사람이 설립해야 한다는 점, 위험시설이 없는 곳에 설치해야 한다는 점, 유아의 성장 · 발달에 적합한 시설 · 설비를 구비해야 한다는 점, 무엇보다 유아들이 머무는 곳이기에 시설 설비 곳곳의 위생과 안전이 중요시된다는 점 등이 공통점이라 할 수 있다. 차이점이라 한다면, 유치원의 경우 교재교구 설비 기준이 어린이집에 비해 명확히 존재한다는 점과 어린이집의 경우 유치원보다 안전과 위생 관련 내용을 더욱 강조한다는 점이라 할 수 있다.

2. 인적 요소

유아교육기관의 물리적 요소가 잘 작동하여 영유아의 전인적인 성장과 발달에 일조하려면 인적 요소의 역할이 매우 중요하다. 유아교육기관의 인적 요소라 하면 기관에서 근무하는 교직원을 의미할 수 있는데, 유치원과 어린이집에 소속된 교직원의 유형은 기관의 규모나 특성에 따라 다소 차이가 있을 수 있다. 유치원의 경우 원장, 원감(일정 규모 이하의 유치원에는 원감을 두지 않을 수 있다), 교사 등의 교원과 교원 이외에도 촉탁 의사, 영양사, 간호사 또는 간호조무사, 행정직원 등 직원을 둘 수 있고, 어린이집의 경우에도 원장, 보육교사, 간호사, 영양사, 조리원, 그 밖의 보육교직원(의사, 사회복지사, 사무원, 관리인, 위생원, 운전기사, 치료사 등)을 둘 수 있다. 여기서는 유아교육기관 교원의 역할과 자질을 먼저 살펴보고, 기타 직원의 역할에 대해 알아본다.

교육의 질은 교사의 질에 좌우될 수 있을 정도로 교사는 중요한 역할을 한다. 교원의 역할은 유아교육기관의 유형이나 철학에 따라 다를 수 있지만, 일반적인 역할과 자질은 다음과 같다.

1) 교직원의 유형 및 역할

교직원의 유형 및 역할 중 원장, 원감, 교사의 역할은 곽덕영(1999)의 내용을 재구성하였다.

(1) 원장

원장은 유아교육기관의 전체적인 운영 및 관리에 대한 책임을 지며 기관을 대표한다.

① 관리자로서의 역할
- 유능한 인재를 배치하는 역할
- 교직원의 창의적 수행과 협동을 격려하는 역할
- 성공을 방해하는 장애물을 최소화하는 역할

• 학부모, 아동, 사회가 바람직하게 여기는 양질의 서비스를 제공하는 역할
• 교직원들을 지속적으로 동기화하고 활성화하는 역할
• 교직원들 간의 분위기 향상을 도모하는 역할
• 교직원들에게 일에 대한 인정과 충분한 보수를 제공하는 역할
• 교직원들이 아동이나 학부모를 이용하지 못하도록 통제하는 역할
• 교직원들이 편안히 일할 수 있는 물리적 환경을 제공하는 역할
• 안정적인 전문가 집단을 위한 근로 환경을 마련하는 역할

② 실제로 담당해야 할 구체적 역할(Thompson, 1989)
• 전반적인 운영 계획의 수립과 관리
• 교육 목표 설정 및 교육과정의 계획과 운영
• 교직원 채용 및 인사 관리
• 원아의 모집 및 관리
• 시설 및 설비의 관리
• 비품 및 교재교구의 구입과 관리
• 재정 관리
• 행정직 업무 처리 및 기록의 보관 유지
• 부모교육 및 부모와의 관계 유지
• 행정당국, 지역사회 관련 기관 및 단체들과의 관계 유지

(2) 원감

유치원의 경우 원감이라는 직책이 있지만, 어린이집은 원감이라는 직책이 따로 없고 주임교사가 원감의 역할을 대신하기도 한다. 또한 유치원이라 하더라도 규모가 큰 곳이 아니라면 원감을 따로 두지 않고 주임교사가 그 역할을 대신하기도 한다. 주임교사라는 정식 직책이 있는 것은 아니며, 경력 교사 중 가장 오랜 경력의 교사가 그 역할을 담당하는 것이 일반적이다. 원의 규모가 큰 기관의 경우 원감 밑에 연령별 주임교사를 두기도 한다. 원감의 역할은 원장을 보좌하여 교무 또는 원무를 관리하고 원아를 교육하며, 원장이 부득이한 사유로 직무를 유기할 때에는 그 직무를 대행하는 것이다.

① 일반적인 역할
- 교사 회의를 개최하고 다양한 문제와 개선 사항의 토의를 이끈다.
- 조직의 중간자로서 교육적 결정 사항 협의 또는 교사와 원장 간의 의견 조율 등을 담당한다.

② 원장 대리자로서의 역할
- 원장 부재 시 대리자의 역할로 책임을 맡는다.
- 원장이 승인하는 교사교육을 계획하고 추진하는 책임을 맡는다.
- 필요할 때 원장을 돕는다.

③ 학급 지원자로서의 역할
- 교육계획안 작성, 수업평가, 교실에서 이루어지는 유아지도에 대한 구체적인 지도 및 조언을 하고, 연간 행사 계획을 진행한다.
- 효과적으로 가르칠 수 있는 교육 방법을 계획하고 개별 교사교육을 실행한다.
- 유아들의 사회적 · 인지적 · 신체적 발달을 돕는 활동을 장려하고 보급한다.
- 교육활동에 필요한 시설, 설비와 비품 등의 체계적 관리에 주력한다.
- 유아의 영양을 위해 간식 계획을 확인하며 유아의 활동을 위해 전반적인 시설을 점검한다.

(3) 교사

유아교사는 소명감, 사람을 사랑하는 마음, 신체적 건강, 정신건강, 지도 기술에서의 다재다능함, 교양, 성숙한 지적 능력과 창의력, 강한 실천력 등의 자질이 필요하다. 또한 프로그램을 계획하고 실천하는 능력, 고도의 지적 전문성 · 직업윤리, 지속적인 전문적 성장 등이 필요하다. 교사의 일반적인 역할은 다음과 같다.

- 영유아의 신체적 · 심리적 관리
- 교육 목표 달성을 위한 적절한 교육과정의 계획 및 운영
- 비품, 교구, 교수-학습 자료의 구입, 제작, 활용
- 실내외 교육 환경의 조성과 활용

- 각 학급의 운영 및 관리
- 유아 관찰 및 평가
- 부모 면담 및 상담, 부모교육 실시

(4) 강사

유치원에서는 교육과정 운영에 필요한 경우 교사 외에 강사, 기간제 교사, 명예교사 등을 두어 유아교육을 담당하거나 보조하게 할 수 있다. 강사나 기간제 교사, 명예교사는 교원 대체 직종으로, 국공립 유아교육기관 원장이나 사립 유아교육기관 경영자가 임용하는 교원이다. 강사의 경우 원어민 강사, 스포츠 강사, 방과 후 특기적성 강사 등 유아교육 활동을 위해 필요하다고 간주되는 특수목적 활동을 지도하는 교원이다. 기간제 교사나 명예교사는 계약에 의해 일정 기간만 교원의 역할을 담당하는 특별교원으로, 정규교사 대체 역할이나 지원 역할을 담당한다.

(5) 기타 직원

① 간호사

어린이집의 경우 100명 이상의 영유아를 보육하는 대규모 기관은 간호사(간호조무사 포함) 1명을 두어야 한다. 영유아의 건강과 안전을 책임지고 위급 상황에 신속히 대처하는 역할을 담당한다.

② 영양사

영유아 100명 이상을 보육하는 어린이집이나 유치원의 경우 영양사 1명을 두는 것을 원칙으로 하되, 단독으로 영양사를 두는 것에 어려움이 있다면 같은 지역 내의 5개 기관이 공동으로 영양사를 두어 영유아의 균형 있는 식단 구성 및 영양 교육을 담당하도록 한다.

③ 조리원

영유아 40명 이상 80명 이하를 보육하는 어린이집이나 유치원의 경우 조리원 1명을 두며, 영유아가 80명을 초과할 때마다 1명씩 증원하도록 한다. 조리원은 영양사

가 계획한 식단에 따라 급식 및 간식을 위생적으로 조리하여 영유아에게 제공하는
역할을 한다.

④ 기사

부모가 유아교육기관까지 직접 영유아를 데리고 오갈 수 없는 형편일 경우 유치
원이나 어린이집 차량이 영유아의 거주지 근처까지 이동하여 등하원을 도울 수 있
는데, 이때 차량을 운전하는 기사를 유아교육기관 소속 직원으로 둘 수 있다. 영유
아의 안전한 등하원과 교통안전 지도를 책임지는 역할을 한다.

⑤ 행정직원

관련 교육청, 구청 등과 연계된 공문 처리 및 사무 업무, 원비 납부 등의 회계 업
무와 같은 행정적인 업무를 담당하는 행정직원을 둘 수 있다.

2) 교원의 복무 및 처우

(1) 유치원 교원의 복무 및 처우

유치원 교원은 「국가공무원법」 「교육공무원법」에 따라 휴가, 근무 시간, 보수 기
준을 다음과 같이 정하고 있는데, 사립유치원의 경우 개인이 설립한 경우가 많아 정
해진 기준을 모두 준용하지는 못하고 있는 실정이다.

① 휴가

교원의 휴가는 연가, 병가, 공가, 특별휴가로 구분된다. 연가는 정신적 · 육체적
휴식을 위하여 사용하는 휴가를, 병가는 질병으로 직무를 수행할 수 없을 때 사용하
는 휴가를, 공가는 국가기관의 업무 수행이나 법령상 의무 이행으로 사용하는 휴가
를 말하며, 특별휴가는 출산휴가, 경조사휴가, 육아휴가, 포상휴가 등을 말한다. 장
기휴가는 수업을 고려하여 부모 생신이나 기일을 제외하고는 방학 중에 실시하도록
한다. 어떠한 휴가이든 수업 결손이 발생하지 않도록 필요한 조치를 취하는 것이 필수이다.
휴가 중에는 긴급 시 연락이 가능하도록 연락 체계를 유지하여야 하며, 수업 및 담당
사무 등을 유치원장이 정한 자에게 인계하여 업무의 연속성을 유지하여야 한다.

② 근무 시간

유치원 교원의 근무 시간은 오전 9시부터 오후 5시까지인데, 교육과정 운영에 지장이 없는 범위 내에서 출근·퇴근 시간을 유치원별로 자율적으로 정할 수 있다. 사무 처리상 긴급을 요한다고 인정할 때에는 근무 시간 외의 근무를 명하거나 공휴일의 근무를 명할 수 있다.

③ 보수 기준

국공립유치원의 경우 국공립유치원 교사 호봉표와 제수당 규정에 의거해 월급을 지급한다. 해당 호봉에 담임수당, 명절휴가비, 정액급식비, 연구보조비, 정근수당, 교사 성과급 등 제수당을 더해서 월급을 지급한다.

사립유치원의 경우 사립유치원 교사 호봉표에 의거해 월급을 지급한다. 「유아교육법」 제26조 및 「유아교육법 시행령」 제32조에 의거해 사립유치원 교원의 사기 진작 및 처우 개선을 위하여 교원 통계 자료를 기초로 처우 개선비와 담임수당을 지원하고 있으며, 관련 예산은 시·도교육청에서 예산을 편성하여 집행하고 있다. 또한 사립유치원 교원 처우 개선비 지원 대상은 관할 교육청에 임용 보고된 자로, 교육공무원 정년을 초과하지 않고 사립학교교직원연금 또는 4대 보험에 가입되어 있어야 하며, 시·도교육청별 세부 지원 계획에 따라 지원 범위가 다를 수 있다. 유치원 교사 봉급표는 국가법령정보센터 홈페이지에서 '「공무원보수규정」 별표 11'을 참고할 수 있다.

④ 호봉 획정

유치원 교사는 교사호봉표에 따라 월급을 받게 된다. 따라서 호봉 획정이 중요한데, 정교사 2급 자격에 따른 호봉 산정은 4년제 대학졸업자의 경우 대체로 8호봉 내지 9호봉에서 시작하게 된다. 사범대학 유아교육과 졸업자(9호봉)인지, 그 이외 대학 유아교육과 졸업자(8호봉)인지에 따라 1호봉 차이가 난다. 유치원 교사는 3년제, 2년제 대학도 있으므로 2년제 대학 졸업자는 6호봉, 3년제 대학 졸업자는 7호봉으로 시작한다. 군대를 다녀온 남자 교사는 기본 호봉에서 군 경력이 가산되어 2호봉이 추가된다.

⑤ 승급

호봉은 1년마다 승급된다(4월 1일자, 9월 1일자). 2급 정교사에서 1급 정교사로, 1급 정교사에서 원감으로, 원감에서 원장으로 승진하기 위해서는 직급별 유치원 교사 경력 3년 이상을 충족하고 소정의 교육과정을 이수해야 한다. 법적 기준이 유아교사 경력 3년이지만, 승진 적체 인원이 많아 실제로는 최소 6~7년 이상의 경력이 요구되고 있는 실정이다.

⑥ 퇴직금의 지급

국공립유치원의 경우 퇴직금이 따로 있지 않고 교육공무원 연금이 퇴직금의 역할을 한다. 사립유치원의 경우도 사학연금에 가입하여 매달 연금을 납부하게 되는데,「사립학교 교직원 연금법 시행령」에 따라 사립유치원 교원이 퇴직 시 퇴직수당 청구를 하게 되면 퇴직금을 지급한다. 사학연금은 가입 후 10년 이상 장기 재직 시 퇴직연금으로 받거나 일시금으로 받을 수 있지만, 10년 미만 근무 시 일시 퇴직금으로 지급되고 있다. 만약 퇴직 시 퇴직 수당을 받지 않고 타 유치원으로 이직할 경우 사학연금을 단절 없이 이어 납부하는 것도 가능하다.

(2) 어린이집 교직원의 복무 및 처우

어린이집 유형이 다양한 만큼 어린이집 교사의 복무 및 처우도 매우 다양하다. 「근로기준법」의 규정을 준용하여 휴가, 근무 시간, 보수 기준을 다음과 같이 정하고 있는데, 민간어린이집의 경우 개인이 설립한 경우가 많아 정해진 기준을 모두 준용하지는 못하고 있는 실정이다.

① 휴가

휴가, 휴일, 휴식 등 근로 시간과 관련이 있는 사항에 대해서는「근로기준법」의 규정을 따르고, 고용, 산전·산후 휴가, 육아휴직 등과 관련이 있는 사항에 대해서는 「남녀고용평등과 일·가정 양립 지원에 관한 법률」의 규정을 따른다. 휴가는 보육 공백을 최소화할 수 있도록 순번제로 실시하고, 보수교육, 출산휴가 등으로 공백이 생기는 경우에는 대체교사를 배치할 수 있다. 근로자의 날(5월 1일)은 보육에 지장을 주지 않는 범위 내에서 교사 배치를 조정하여 운영하되, 근로자의 날 근무자에 대하여 휴일 근로수당을 지급한다.

② 근무 시간

보육교사의 근무 시간은 1일 8시간을 원칙으로 하고, 어린이집의 운영 시간을 고려하여 출퇴근 시간은 탄력적으로 운영할 수 있다. 기준 시간을 초과하여 근무하는 경우에는 「근로기준법」 등 관련 법령 규정에 의해 시간 외 수당을 지급한다. 보육교직원이 퇴직하고자 할 때는 최소한 1개월 전에 통보하여 후임자 채용에 차질이 생기지 않도록 하여야 하며, 징계나 원의 운영 사정상 부득이 해고하는 경우에도 1개월 전에 통보하는 것으로 한다.

③ 보수 기준

국고보조를 받는 어린이집(보육교직원 인건비 지원 어린이집)은 보건복지부의 「보육교직원 인건비 지급 기준」에 의해 보육교직원별 보수를 지급한다. 인건비 미지원 어린이집은 보건복지부 '보육교직원 인건비 지급 기준'을 참고하여 자율적으로 정할 수 있지만, 보육교직원의 보수를 불리하게 책정해서는 안 된다. 보육교직원 인건비 지급 기준은 중앙육아종합지원센터 홈페이지의 보육사업 안내를 참고할 수 있다.

보수는 특별한 규정이 있는 경우를 제외하고는 봉급표상 월지급액으로 하되, 신규 채용 및 퇴직 등의 경우에 있어서 발령일을 기준으로 일할 계산하여 지급한다.

④ 호봉 획정

초임 호봉은 1호봉으로 하되 어린이집에 근무한 경력 1년과 군 복무 기간 1년을 1호봉씩으로 하여 초임 호봉을 획정한다. 초임 호봉의 획정에 반영되지 아니한 1년 미만의 잔여 기간이 있는 때에는 그 기간을 다음 승급 기간에 산입한다.

⑤ 승급

호봉 간의 승급에 필요한 기간은 1년으로, 매년 1월 1일과 7월 1일자로 승급한다.

⑥ 퇴직금의 지급

1년 이상 근무하고 퇴직한 때에는 퇴직금을 지급하고, 지급액은 근속 기간에 따라 「근로자퇴직급여 보장법」의 규정에 의한 퇴직금 지급 기준에 의거해 지급한다.

3. 유아교육기관 지원기관

물적 요소와 인적 요소를 갖추고 유아교육기관을 잘 운영하려고 할 때 크고 작은 일들에 도움을 줄 수 있는 관계기관이 있다. 지역별로 존재하는 교육지원청과 육아종합지원센터, 전국 단위의 유아교육진흥원과 한국보육진흥원, 육아정책개발센터 등이 유아교육기관 운영 관리에 도움을 줄 수 있는 공적 기관이다. 여기서는 각 기관의 특징과 역할에 대해 살펴본다.

1) 유아교육진흥원

「유아교육법」 제6조 제1항에서는 "국가 및 지방자치단체는 유아교육에 관한 연구와 정보 제공, 프로그램 및 교재 개발, 유치원교원 연수 및 평가, 유아체험교육 등을 담당하는 유아교육진흥원을 설치하거나 해당 업무를 교육 관련 연구기관 등에 위탁할 수 있다."라고 명시하고 있다. 이러한 총칙에 따라 현재 우리나라에는 14개 시·도(강원, 경기, 광주, 대구, 대전, 부산, 서울, 울산, 인천, 전남, 전북, 제주, 충남, 충북)에서 유아교육진흥원을 운영하고 있다. 대표적인 예로, 서울특별시교육청 유아교육진흥원의 설립 목적, 운영 방향, 주요 사업 등은 다음과 같다.

(1) 설립 목적

유치원 교육과정 운영 조력, 교수–학습 방법 지원, 유아체험교육 지원 등을 통한 유아교육 진흥 및 문화 격차 최소화, 저출산 문제 해소, 사교육비 절감을 목적으로 하고 있다.

(2) 운영 방향

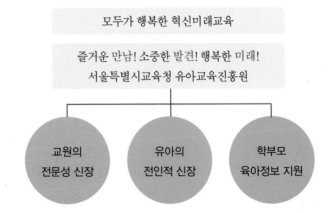

모두가 행복한 혁신미래교육

즐거운 만남! 소중한 발견! 행복한 미래!
서울특별시교육청 유아교육진흥원

교원의
전문성 신장

유아의
전인적 신장

학부모
육아정보 지원

- 주요 추진 과제
  - 누리과정 내실화를 위한 유아교육 연구 · 연수
  - 창의 · 인성을 기르는 유아 체험교육 프로그램 운영
  - 교육의 질 제고를 위한 유아교육 프로그램 및 교재교구 개발 보급
  - 행복 교육공동체 구축을 위한 유아교육 정보 제공

[그림 10-1] 유아교육진흥원의 운영 방향

출처: 서울특별시교육청 유아교육진흥원 홈페이지.

(3) 주요 사업

주요 사업으로 연수 지원, 프로그램 개발 및 교재교구 개발, 체험교육 운영, 교육 정보 제공, 평가를 통한 프로그램 운영의 질적 향상을 적극 도모하고 있다. 서울특별시교육청 유아교육진흥원 홈페이지에 자세한 사항이 제시되어 있다.

2) 교육청과 교육지원청

교육청은 「지방교육자치에 관한 법률」에 따라 국가행정사무 중 시 · 도에 위임하여 시행하는 사무로서 교육 · 학예에 관한 사무를 집행하는 기관이다. 또한 교육지원청은 하나 또는 2~3개 이상의 기초자치단체를 관할 구역으로 하는 지방교육행정기관이다. 교육지원청은 시 · 도 교육청의 하급 교육행정기관으로, 교육장(3급 상당)의 감독 아래 시 · 도의 교육 · 학예에 관한 사무를 일부 분장하며, 관할 구역 내 공

립 · 사립의 초등학교 · 중학교 · 기술학교 · 유치원 등의 운영 · 관리에 관한 지원 등을 하고 있다. 우리나라에는 1개의 특별시교육청(서울특별시교육청), 6개의 광역시교육청(부산광역시 · 대구광역시 · 인천광역시 · 광주광역시 · 대전광역시 · 울산광역시 교육청), 1개의 특별자치시교육청(세종특별자치시교육청), 8개의 도교육청(경기도 · 강원도 · 충청북도 · 충청남도 · 전라북도 · 전라남도 · 경상북도 · 경상남도 교육청), 1개의 특별자치도교육청(제주특별자치도교육청)이 있다. 교육지원청은 교육청 산하 1~3개의 기초자치단체를 관할 구역으로 나누어 지원하기 때문에 그 수는 훨씬 많다. 서울특별시교육청을 예로 들면, 11개의 교육지원청(동부, 북부, 강서양천, 성동광진, 서부, 중부, 강남서초, 성북강북, 남부, 강동송파, 동작관악)이 소속되어 있다. 각 교육청 홈페이지에 그 역할 및 기능에 대한 자세한 사항이 제시되어 있다.

3) 한국보육진흥원

「영유아보육법」 제8조에서는 "보육서비스의 질 향상을 도모하고 보육정책을 체계적으로 지원하기 위하여 한국보육진흥원(이하 '진흥원'이라 한다)을 설립한다."라고 명시하고 있다. 이와 관련하여 현재 우리나라에서는 보건복지부 산하 공공기관으로서 비영리 재단법인 한국보육진흥원이 설립되어 운영되고 있다. 한국보육진흥원 홈페이지에 설립 목적, 비전 및 전략, 주요 사업에 대한 자세한 사항이 제시되어 있다.

(1) 설립 목적

효과적인 보육 관련 사업 수행을 통한 보육의 질 향상과 체계적인 보육정책 지원을 통한 영유아와 부모, 보육교직원 등 수요자의 만족에 기여하는 것을 목적으로 설립되었다.

(2) 주요 사업

주요 사업으로는 어린이집 평가제의 계획, 실행, 사후 관리 업무를 진행하며, 자격 제도 및 자격증 교부 업무, 시간제 보육 운영, 공공형 어린이집 운영 지원, 드림스타트 운영 지원, 중앙육아종합지원센터 위탁 운영 등이 있다.

4) 육아종합지원센터

육아종합지원센터는 보육 및 양육에 관한 정보의 수집 · 제공 및 시간제 보육서비스 제공 등을 위하여 보건복지부 장관과 지방자치단체의 장이 설치 · 운영하는 육아지원 기관이다(「영유아보육법」 제7조). 우리나라에는 2016년 현재 총 90개의 육아종합지원센터가 설치 · 운영되고 있었는데, 2021년 현재 총 122개소로 무려 32개소(36%)가 증가하였다. 중앙 및 시도센터가 19개소, 서울 25개소, 경기 21개소, 경상남북도 10개소, 경기북부 8개소, 부산 8개소, 전라남북도 7개소, 충청남북도 6개소, 울산 5개소, 인천 5개소, 강원 3개소, 광주 2개소, 대구 1개소, 제주 1개소, 대전 1개소가 설치 및 운영되고 있다. 한국보육진흥원이 위탁 운영 중인 중앙육아종합지원센터가 전국 각 지역의 육아종합지원센터를 지원하는 거점 역할을 하고 있다. 중앙육아종합지원센터 홈페이지에 자세한 사항이 제시되어 있다.

(1) 설립 목적
지역사회 내 육아지원을 위한 거점 기관으로서 어린이집 지원 · 관리 및 가정양육 보호자에 대한 맞춤형 지원을 목적으로 보육 컨설팅, 교직원 상담 및 교육 등 어린이집 지원 기능과 부모에 대한 상담 및 교육, 일시보육 서비스 등 가정양육 지원 기능을 하는 지역 내 One-stop 육아지원 서비스를 제공하기 위해 설립되었다.

(2) 주요 사업
주요 사업으로는 어린이집 보육지원, 가정양육지원, 기타 보육 정보 제공 사업 등을 진행하고 있다.

5) 육아정책연구소

육아정책연구를 체계적이며 통합적으로 수행하고 육아 관련 정책 사업을 효율적으로 지원하기 위하여 설립된 국무조정실 산하 경제 · 인문사회연구회 소속 국가정책 연구 기관인 육아정책연구소는 선도적인 육아 정책의 수립과 실현을 모색하는 기관이다. 육아정책연구소 홈페이지에 자세한 사항이 제시되어 있다.

(1) 설립 목적

국가인적자원 육성을 위한 육아정책연구를 종합적 · 체계적으로 수행하고 유아교육과 보육의 발전을 위한 합리적 정책 방안을 제시함으로써 우리나라가 육아선진국으로 도약하는 데 기여함을 목적으로 하고 있다.

(2) 주요 사업

육아 관련 현안 및 정책 방안 연구, 육아지원 프로그램 및 교재 개발, 육아지원 인력 자격 제도의 관리 및 교육 훈련, 육아 정책 관련 국내외 정보의 공유 및 관리, 기타 육아 정책 관련 주요 사항 연구, '영차영차(유보통합 지원)' 프로젝트 추진 등을 주요 사업으로 진행하고 있다.

 참고문헌

곽덕영(1999). 유아교육기관 운영 관리의 이론과 실제: 유치원 · 어린이집 · 가정탁아 · 놀이방. 서울: 학문사.

Thompson, P. (1989). *The nature of work*. London: Macmillan.

「영유아보육법」(법률 제18415호 공포일 2021. 8. 17. 시행일 2021. 8. 17. 일부개정)
「영유아보육법 시행규칙」(보건복지부령 제788호 공포일 2021. 3. 30. 시행일 2021. 10. 1. 일부개정)
「영유아보육법 시행령」(대통령령 제32014호 공포일 2021. 9. 24. 시행일 2021. 9. 24. 타 법개정)
「유아교육법」(법률 제18193호 공포일 2021. 6. 8. 시행일 2021. 9. 9. 일부개정)
「유아교육법 시행규칙」(교육부령 제242호 공포일 2021. 7. 16. 시행일 2021. 7. 16. 일부개정)
「유아교육법 시행령」(대통령령 제31880호 공포일 2021. 7. 13. 시행일 2021. 7. 13. 일부개정)

교육부 http://www.moe.go.kr
국가법령정보센터 http://www.law.go.kr
보건복지부 http://www.mohw.go.kr

보육인력 국가자격증 http://chrd.childcare.go.kr

서울특별시교육청 http://www.sen.go.kr

서울특별시교육청 유아교육진흥원 https://seoul-i.sen.go.kr

어린이 활동공간 환경안전진단 http://www.eco-playground.kr

육아정책연구소 http://www.kicce.re.krkor

중앙육아종합지원센터 http://central.childcare.go.kr

한국보육진흥원 https://www.kcpi.or.kr

제11장

우리나라 주요 유아교육정책

1. 유아교육정책의 개념 및 형성 과정
2. 우리나라 유아교육정책의 실제
3. 향후 우리나라 유아교육정책의 방향과 과제

다음의 대화를 보면서 유아교육정책이 무엇인지, 왜 유아교육정책에 관심을 가져야 하는지 생각해 보세요.

학습자: 유치원 교사가 되려고 하는데 유아에 관한 것이나 교육 방법을 배우는 게 중요하지 않을까요? 왜 유아교육정책에 대해 배워야 하지요?

교수자: 유아교육정책은 유아교육내용, 학부모 지원, 유아교육기관 운영 지원 및 관리, 교사자격제도, 유아교육비용 지원 등 국가에서 우리나라 유아교육에 대한 국민의 요구에 따라 마련하고 실행하는 교육 관련 지침입니다. 이러한 정책을 교사도 잘 알아야 유아를 잘 교육하고, 부모와 협력하고, 교사의 책임뿐 아니라 권리를 찾아 누릴 수 있습니다.

학습자: 대표적인 유아교육정책에는 어떤 것이 있나요?

교수자: 최근 가장 대표적인 유아교육정책이라면 바로 누리과정이겠지요. 누리과정은 유아기 교육의 중요성과 저출산 문제해결을 위해 정부가 유치원이나 어린이집에 다니는 모든 유아에게 무상교육을 제공하는 정책입니다. 한편으로는 유치원과 어린이집의 만 3~5세 교육과정을 통일한 공통교육과정 개발 정책이기도 합니다. 이 정책은 이전의 다른 정책에 비해 수혜를 받는 대상을 유아교육기관에 다니는 모든 유아로 규정함으로써 가장 영향력이 큰 유아교육정책이라고 할 수 있습니다.

학습자: 유아교육정책은 어떻게 만들어지나요? 한번 만들어진 정책은 변하지 않는 건가요?

교수자: 교육정책이란 '공공정책(public policy)'으로서 교육활동을 위해 국가나 공공단체가 국민 또는 교육 관련 집단 및 수혜 집단을 대상으로 전개하는 교육 지침입니다. 따라서 교육정책은 변화하는 정치, 경제, 사회 환경 속에서 국민의 교육에 대한 요구에 따라 형성되고 집행되며 또다시 수정되는 과정을 반복하면서 지속적으로 변화하게 됩니다.

학습자: 교사도 유아교육정책을 수립하는 과정에 참여할 수 있나요?

교수자: 물론이죠. 교사를 위한 복지 관련 정책뿐 아니라 더 좋은 교육을 하기 위해 필요한 유치원 운영, 인력 지원, 유치원 평가 등 교사의 의견은 유아교육정책을 만드는 데 중요한 역할을 합니다. 그래서 정책을 만드는 과정에서 교사의 의견을 청취하려고 정부에서도 노력을 합니다. 그러니 여러분이 유아교육정책에 관심을 갖는 것이 유아교육 발전에 기여하는 것이지요.

유아교육정책을 다루는 데 있어서 보건복지부 소속의 어린이집 관련 보육정책까지 다루기에는 내용이 너무나 방대하므로, 이 장에서는 최근의 교육부 중심 유아교육정책을 중점적으로 알아보고자 합니다.

1. 유아교육정책의 개념 및 형성 과정

교육정책이란 '공공정책(public policy)'으로서 교육활동을 위해 국가나 공공단체가 국민 또는 교육 관련 집단 및 수혜 집단을 대상으로 전개하는 교육의 지침을 말한다(정일환, 2000). 이러한 정의에 따르면, 유아교육정책은 국가나 공공단체가 유아교육의 수혜 대상인 유아, 학부모, 교사, 유아교육기관을 대상으로 전개하는 유아교육의 지침을 의미한다고 하겠다. 즉, 유아교육정책은 유아의 현재와 미래의 행복한 삶을 위해 필요한 지침을 만들고 실행하는 방법을 고민하는 것이다. 부모를 위해서는 정책을 통해 교육비 부담을 덜어 주고, 질적으로 우수한 유아교육기관을 선택하도록 도우며, 우수한 교사로부터의 교육을 받을 수 있는 방법을 모색하는 것이다. 또한 좋은 교사 양성을 위해 어떤 자격 기준과 양성 과정을 마련해야 하는지, 장학이나 현직 교육 관련 규정을 만들고 교사 복지 규정을 수립할 것인지 등을 고민하는 것이다.

유아교육정책은 한번 만들어지면 불변하는 것이 아니고, 정치적 상황이나 경제 및 사회 환경의 변화에 따라 달라지는 교육에 대한 국민의 요구에 의해 형성되고 집행되며, 또다시 수정되는 과정을 반복한다(서정화, 정일환, 황준성, 2013). 예를 들어, 1990년대 중반 이전에는 대부분의 유치원이 오전에만 운영되었으나 이후 기혼 여성의 경제 활동 증가로 인해 오후까지 운영하는 방과 후 과정에 대한 요구가 증가하였다. 이에 따라 방과 후 과정이 보다 효율적이고 유아들의 요구에 부응하여 운영될 수 있도록 하기 위한 정책이 필요하게 되었다. 이를 위해 정부에서는 「유아교육법」 제27조에 의거하여 국가 및 지방자치단체가 방과 후 과정을 운영하거나 연간 180일 이상의 수업 일수를 초과 운영하는 유치원에 대해 대통령령으로 정하는 바에 따라 교육 환경 개선비, 인건비, 교재교구비, 필요 경비 등 운영에 드는 경비를 보조할 수 있도록 정하고 다양한 방식의 지원 정책을 실시하였다. 이처럼 유아교육정책은 사회적 상황에 따른 국민의 요구 변화에 발맞추어 지속적으로 변화하는 것이다.

이러한 유아교육정책은 정책 입안자의 판단에 의해 단독으로 이루어지는 것이 아니라, 사회문제 및 요구가 발생했을 때 이것을 사회적 쟁점으로 논의하고 대다수의 관련인이 필요로 하는지를 파악한 후 정부 정책으로 수립하는 과정을 통해 이루

2008년 당시 교육과학기술부는 종일제 이용 유아가 급증하면서 종일제 교육의 질적 운영을 위한 정책 방안으로 '종일제 특성화교육과정 운영을 위한 활동 자료'를 개발하였습니다. 개발된 자료는 '유아 과학창의교육 활동 자료' '유아 에너지교육 활동 자료'와 '유아 세계시민교육 활동 자료' 등 3편입니다. 이 자료들은 유치원 교사의 방과 후 교육 부담을 덜어 주고, 전문 분야 교육을 도모하는 차원에서 관련 전문가를 교육한 후 유치원에 방문하여 교육을 직접 실시하도록 하는 틀로 운영되었습니다. 예를 들어, '유아 에너지교육' 의 경우 에너지 분야 전문 인력풀을 구축함으로써 특정 유치원에서 신청하면 교육이 가능한 전문가가 유치원을 방문해 방과 후 과정을 통하여 교육부가 개발한 교육 활동을 선정하고 유아에게 교육하는 방식으로, 일종의 종일제 운영 개선 정책에 의한 것이라고 할 수 있습니다.

유아 과학창의교육 활동 자료   유아 에너지교육 활동 자료   유아 세계시민교육 활동 자료

어진다.

　캠벨과 동료들(Campbell, Ronald, & John, 1971)은 교육정책의 형성과 집행 과정에 관한 개념적 틀을 [그림 11-1]과 같이 제시하였다(서정화 외, 2014에서 재인용).

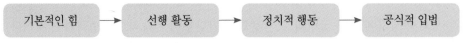

[그림 11-1] 정책 형성 과정

출처: 서정화 외(2014)에서 재인용.

여기 보세요!

첫 공통 유아교육과정인 누리과정 정책이 마련된 과정을 사례로 들어 정책 입안 과정을 알아볼까요?

누리과정 정책 입안 과정

1단계-기본적인 힘: 저출산으로 인한 경제활동 인력의 부족이 국가 경제에 매우 위험한 요인으로 작용할 수 있다는 위기의식이 대두되어 유아교육 단계에서 출산율을 높이기 위한 정책의 필요성이 대두되었습니다. 또한 1991년에 「영유아보육법」이 제정된 이후 유치원과 어린이집으로 이원화된 유아교육기관 체제에 따른 예산 낭비와 부작용을 해소하기 위한 정책의 필요성도 누리과정 정책 입안의 기본적인 힘으로 작용하였습니다.

▼

2단계-선행 활동: 한국교육개발원 주관으로 외부 유아교육 및 재정 전문가에게 '만 5세 공통과정(현재 누리과정) 도입을 위한 법적 · 재정적 가능성 검토' 연구를 의뢰하여 누리과정 정책의 필요성과 구체적인 방향을 제시하는 연구보고서를 작성하였습니다.

▼

3단계-정치적 행동: 누리과정 정책의 방향과 내용에 대해 공청회 등을 열어 이해당사자인 학부모, 유치원 관계자, 보육시설 관계자 등과 정책 방향을 조정하고 협의하였습니다.

▼

4단계-공식적 입법: 「유아교육법」과 「영유아보육법」의 관련 조항을 개정하여 유치원과 어린이집의 교육과정을 동일하게 통일하고, 초등학교 취학 전 3년간의 유아교육비 및 보육비를 모든 유아에게 지원하는 법적 근거를 마련하였습니다.

만 5세 공통교육과정 도입을 위한 법적 · 재정적 가능성 검토 보고서

출처: 서정화 외(2014)에서 재인용.

1단계인 기본적인 힘이란 국내외 교육의 흐름이나 정치적 · 경제적 · 사회적 변화에 의해 새로운 정책의 필요성 및 개정의 필요성이 대두되는 것을 말한다. 2단계인 선행 활동은 국가에서 관련 정책 연구를 위탁하여 전문 연구기관이나 연구자에 의한 연구보고서를 만들어 정책의 방향을 제시하는 단계이다. 3단계인 정치적 행동은 형성 과정에 있는 정책에 관련된 이해관계자, 관련 기관, 정당 및 언론기관 등의 압력 및 여론이 형성되어 정책 결정 및 방향을 조성하는 단계이다. 마지막으로, 4단계인 공식적 입법 단계에서는 행정부나 입법부가 구체적인 계획안을 수립하고 이를 입법화하거나 정책으로 확정하게 된다.

2. 우리나라 유아교육정책의 실제

OECD에는 교육위원회가 있어 회원국의 교육 상황을 조사하고 평가하는 작업을 주기적으로 합니다. 1998년 우리나라를 방문한 OECD 위원들이 한국의 유아교육 현황에 대해 정리한 내용과 권고 사항을 발표하였는데, 이러한 권고 사항은 향후 우리나라 유아교육정책 개선에 도움을 주었습니다. 보고서의 내용은 OECD가 우리나라 유아교육의 특성과 한계점을 어떻게 평가했는지를 보여 줍니다. 우리로서는 외부의 시각을 통해 다시 한번 우리나라 유아교육의 실제를 검토해 보고 발전적인 방향의 수립을 실천하는 데 유용한 자료를 제시한 것입니다.

첫째, OECD가 한국문화를 보는 시각은 대가족 제도, 부모에 대한 효도, 교사에 대한 존경심, 가족에 대한 충성심이 매우 높다는 점에서 긍정적인 반면, 순종을 요구하는 사회 분위기, 사회 통제를 위해 질서를 강조하는 문화는 개선이 필요하다고 하였습니다.

둘째, 우리나라의 태교부터 시작하는 조기교육의 문제를 지적하였고, 정규 교육과정 외 특별교육과정에 대한 부모의 과도한 기대가 큰 것은 유아에게 부담을 주므로 사교육에 대한 교육부의 적극적 대처가 필요하다고 권고하였습니다.

셋째, 유아교육에 대한 정부의 지원이 충분치 않아 민간 의존도가 높다는 점을 지적하면서 국가 재정 지원의 증대 및 유아교육에 대한 투자의 효과를 분석하는 연구가 필요하다고 하였습니다.

넷째, 여성의 역할에 대해 일·가정 양립을 위한 책임이 남성에 비해 월등히 높다고 지적하였습니다. 따라서 육아휴직 제도 등 일·가정 양립을 위한 정책의 확대가 필요하다고 권고하였습니다.

다섯째, 유아교육과 보육의 이원화로 인해 교사양성제도 및 교육과정이 통일되지 않아 많은 문제점이 있다고 지적하였습니다. 따라서 정부가 나서서 해당 부처 통합을 비롯한 유보통합을 위해 노력할 것을 권고하였습니다.

OECD의 권고안은 이후 우리나라 유아교육정책 수립에 많은 영향을 주었다. 특히 2000년대 이후 보다 체계적인 정책 수립을 위해 교육부 주관으로 유아교육정책위원회를 구성하여 정책 연구보고서를 발간하였으며, 이러한 정책 제안 가운데 많은 부분이 실제 정책으로 구현되었다.

교육부를 중심으로 유아교육정책의 혁신적인 발전이 시작된 2009년 '유아교육 선진화 추진 계획'부터 현 2019 개정 누리과정의 모태가 된 2011년 '누리과정', 2013년 '유아교육발전 5개년 계획'에 이르기까지의 주요 정책 결정 과정을 알아보면 다음과 같다.

1) 누리과정 시행

2011년 5월 2일에 대통령 특별담화를 통해 '만 5세를 위한 공통교육과정' 시행이 발표되었다. 공통교육과정의 시행에는 두 가지 차원의 내용이 담겨 있다. 하나는 유아기 자녀를 둔 부모의 양육비 부담을 경감하기 위해 유치원이나 어린이집에 다니는 모든 만 5세 유아에게 무상교육을 지원한다는 것이며, 다른 하나는 유치원과 어린이집의 이원화된 교육과정을 공통교육과정으로 동일하게 한다는 것이다. 이 정책은 2012년에 만 3, 4세로 확대되어 현재까지 유치원이나 어린이집에 다니는 유아에게 교육비를 지급하고 있으며, '누리과정'이라는 공통교육과정이 유치원과 어린이집에 동일하게 적용되고 있다.

무상교육과 공통교육과정을 유치원 및 어린이집에서 운영한다는 내용을 담은 누리과정 정책을 시행하게 된 배경은 다음과 같다.

첫째, 날로 심각해지고 있는 저출산 문제의 해결은 유아교육에 대한 투자에서부터 시작해야 한다는 인식의 공유이다. 우리나라 출산율은 1980년에 2.1명이었으나 2015년을 기준으로 현재 1.2명인 것으로 나타났다. 더욱 심각한 것은 젊은 사람들의 혼인율도 급속히 감소하고 있다는 점이다. 이에 따라 저출산 초고령화 사회로의 진입 속도가 점차 더 가속화되고 있는 시점에서 양육 부담을 덜어 주고 생애 초기부터 양질의 교육과 돌봄을 제공해야 한다는 점에서 누리과정의 안정적인 시행은 중요한 의미를 갖는다.

둘째, OECD에서도 권고하였듯이, 우리나라 유아교육과 보육의 이원화는 재정적 낭비와 소모적 논쟁을 불러왔다. 따라서 선진국의 방향에 맞추어 교육기관, 행정부서, 교사 자격, 교육과정 등의 일원화를 통한 영유아교육의 질적 개선과 안정화가 필요하다.

여기 보세요!

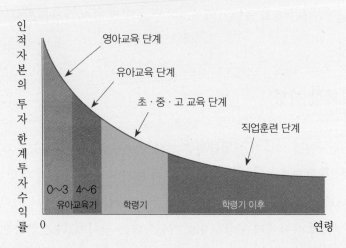

헤크만(2006)의 국가 공적 투자 대비 연령별 경제적 효과

이 그래프에서 보는 바와 같이, 같은 비용을 생애주기별로 투자했을 때 투자 비용 대비 효과가 가장 큰 시기는 영유아기임을 알 수 있습니다. 따라서 국가의 유아교육에 대한 투자가 중요하다는 것을 알 수 있습니다. 이 연구는 교육학자가 아닌 경제학자에 의해 이루어졌다는 점에서 더욱 의미가 있습니다.

출처: Heckman (2006).

셋째, 유아교육이 잘되었을 때 가져올 수 있는 국가 경제적 효과 때문이다. 경제학자 헤크만(Heckman, 2006)의 연구 결과에 따르면, 전 생애 가운데 유아기에 공적 재정을 투자하는 것이 가장 높은 경제적 효과를 가져온다. 이는 유아교육에 대한 국가 재정 투자의 실효성을 증명해 주는 것이다.

넷째, 교육 투자 대비 효과가 큰 유아기부터 질 높은 보편교육을 시작하는 것이 중요하므로 동일 연령의 유아가 어느 유아교육기관을 다니더라도 동질의 교육을 받을 수 있도록 해서 유아교육의 공공성을 강화하고자 하는 것이다.

2) 유치원 교육을 위한 첨단 과학기술 적용

선진화 추진 계획에서는 급속한 기술적·사회경제적 패러다임의 변화에 대한 능동적인 수용이 필요하다는 점에서 로봇을 활용한 유아교육 접근으로 r-Learning의 적용을 제안하였다. 구체적으로는 '교사도우미 로봇의 도입'을 제안한 것인데, 실제 일선 교육청은 한국과학기술원과 협력하여 유치원에 '아이로비' '제니보' 등의 교육 도우미 로봇을 개발하여 보급하였다. 이 로봇들은 유치원에서 동화구연하기, 동요 부르기, 대화하기가 가능하며, 출석 점검과 행사 소개, 일정 관리 등 교사의 업무 보조 역할도 할 수 있다. 유치원 내 로봇을 이용한 r-learning에 대한 연구와 교육은 지속되고 있으나, 현재 보급률이 높은 편은 아니다.

유치원 교육을 위한 로봇 도우미

출처: (왼쪽) 네이버 지식백과 '아이로비 로봇'.
　　　(오른쪽) 네이버 지식백과 '삶의 질을 높여주는 서비스 로봇'.

3) 공립 단설유치원 확충

정부가 유치원 설치와 관련하여 추진하는 대표적인 정책은 **공립유치원 확충**이다 (최은영, 김정숙, 송신영, 2013). 과거 공립유치원은 경제적 측면에서 사립유치원이 설치되기 어려운 지방 지역이나 소도시를 중심으로 초등학교 병설유치원의 형태로 주로 설립되었다. 병설유치원의 경우 3학급 이하의 소규모가 대부분으로, 이 경우 원감이나 원장 발령이 안 되어 소수의 교사가 학급 운영뿐 아니라 유치원 운영을 책임지게 된다. 물론 초등학교 교감 및 교장이 유치원 원감이나 원장을 겸직하기는 하지만, 실제적으로는 기관 운영에 있어 적극적인 개입에 한계가 있다는 것이 문제점으로 지속해서 제기되어 왔다. 이에 유아 수요가 많은 지역에 단설유치원(단독설립유치원)을 설치하여 유아교육전공 원감 및 원장을 발령하고 고유의 유아교육 운영 체제를 마련하도록 노력해 왔다. 이러한 단설유치원 설립 계획을 보다 적극적으로 실현할 수 있도록 2012년에 「유아교육법 시행령」을 개정하여, 도시개발사업, 택지개발사업 등으로 인구가 유입돼 초등학교를 신설하는 경우 신설 초등학교 정원의 4분의 1 이상에 해당하는 수의 유아를 수용할 수 있는 공립유치원을 설립하도록 하였다. 이러한 개정 법령에 따라 서울 등의 대도시에도 공립 단설유치원이 설치되고 있는 상황이다.

4) 유아 학비 지원

2012년 5세 누리과정의 도입과 2013년 3~5세로의 확대 이후 유치원이나 어린이집을 이용하는 3~5세 유아에게 소득 수준에 상관없이 학비를 지원하고 있다. 유치원의 설립 유형에 따라 실질 교육비를 고려하여 지원하는데, 국공립유치원에 다니는 유아에게는 월 6만 원, 사립유치원과 어린이집에 다니는 유아에게는 월 24만 원, 저소득층에게는 월 최대 10만 원을 지원하고 있다. 또한 유아 학비 지원 대상자 중 방과 후 과정을 다니는 유아의 경우 국공립유치원은 월 5만 원, 사립유치원은 월 7만 원을 지원하고 있다. 유아 학비 지원 체계를 표로 제시하면 〈표 11-1〉과 같다.

〈표 11-1〉 유아 학비 지원 체계

연령	구분	지원 범위
만 3~5세	유아 학비 (기본과정)	• 공립 · 사립 유치원 및 어린이집에 다니는 유아 • 취학 대상 아동이 취학을 유예하는 경우, 유예한 1년에 한해서만 만 5세 아동 무상교육 지원 • 만 2세 아동 중 조기입학을 희망하는 1, 2월생으로 만 3세 반으로 취원한 원아
	방과 후 과정비	• 유아 학비 지원 대상자 중 방과 후 과정(1일 8시간 이상 시설 운영) 이용자에게 방과 후 과정비 지원

출처: 최은영, 이진화, 오유정(2014), p. 37.

5) 유치원 평가

유치원의 교육 능력 및 교육 서비스의 질적 수준을 제고하고 학부모의 알 권리를 보장하여 유치원 선택권을 확대한다는 목적으로 2008년부터 유치원 평가가 전면 실시되고 있다. 국공립 및 사립 유치원 등 모든 유치원은 3년 주기로 평가를 받아야 한다.

2021년 현재 적용된 5주기 유치원 평가 방법을 제시하면 [그림 11-2]와 같다.

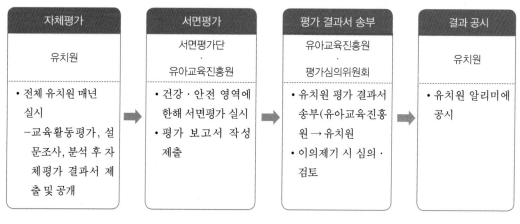

[그림 11-2] 유치원 평가 방법

출처: 교육부(2021).

5주기 유치원 평가 공통 지표는 〈표 11-2〉와 같다.

🦕 〈표 11-2〉 5주기 유치원 평가 공통 지표

평가 영역	평가 지표	평가 항목
I. 교육과정 등	1-1. 교육계획 수립	1-1-1. 국가 수준의 공통 교육과정을 바탕으로 유치원 실정 및 유아의 특성을 반영한 교육계획을 수립한다.
		1-1-2. 가정과 지역사회와의 협력과 참여를 포함하여 교육계획을 수립한다.
	1-2. 일과운영	1-2-1. 놀이와 활동을 융통성 있게 운영한다.
		1-2-2. 성, 신체적 특성, 장애, 종교, 가족 및 문화적 배경 등으로 인한 차별이 없도록 운영한다.
	1-3. 교수·학습 및 평가	1-3-1. 유아가 놀이에 대한 흥미와 관심을 갖고 자발적으로 놀이하도록 지원한다.
		1-3-2. 유아의 특성 및 변화 정도와 교육과정 운영에 대한 평가를 실시하고 평가 결과를 다음 계획에 반영한다.
	1-4. 교사와 유아 상호작용	1-4-1. 교사는 유아의 요구나 질문에 적절하게 반응한다.
		1-4-2. 교사는 유아의 정서 상태, 놀이 선호나 특성 등을 파악하여 언어적·비언어적으로 반응하고 지원한다.
	1-5. 방과 후 과정 운영	1-5-1. 방과 후 과정을 적절하게 계획하여 운영한다.
		1-5-2. 방과 후 과정을 위한 환경을 갖추고 있다.
II. 교육환경 및 운영관리	2-1. 놀이 공간의 다양성	2-1-1. 다양한 놀이와 활동이 가능하도록 실내외 공간을 구성한다.
	2-2. 시설·설비의 적합성	2-2-1. 실내외 시설·설비가 유아의 발달 수준에 적합하다.
	2-3. 놀이자료의 구비 및 관리	2-3-1. 다양한 놀이와 활동이 가능한 놀이자료를 구비하고 별도의 공간에서 체계적으로 관리한다.
	2-4. 행·재정관리	2-4-1. 유치원운영위원회를 구성·운영한다.
		2-4-2. 유치원생활기록부 작성 및 관리지침에 따라 생활기록부를 작성·관리한다.
		2-4-3. 유치원 예산·회계를 체계적으로 관리한다.
III. 건강· 안전	3-1. 시설 및 환경	3-1-1. 실내 공간을 청결하고 안전하게 관리한다.
		3-1-2. 실외 공간을 청결하고 안전하게 관리한다.
		3-1-3. 수도시설 공간을 청결하고 안전하게 관리한다.
		3-1-4. 전기 및 가스를 안전하게 관리한다.
		3-1-5. 안전시설 및 용품을 충실히 관리하고 사용법을 숙지한다.
	3-2. 건강 및 안전 증진	3-2-1. 질병 및 상해 관리가 적절히 이루어진다.
		3-2-2. 건강 및 안전 증진을 위한 예방 관리 및 교육을 실시한다.

	3-3. 급·간식 건강 및 안전	3-3-1. 균형 잡힌 급·간식 계획을 수립·제공하며, 식자재 관리를 적절하게 한다.
		3-3-2. 조리 및 배식 과정이 안전하고 위생적이다.
		3-3-3. 급·간식 운영 및 사후 관리가 위생적으로 이루어진다.
	3-4. 등·하원 안전	3-4-1. 등·하원 계획 및 지도가 안전하게 이루어진다.
		3-4-2. 어린이통학버스 관리 및 운행이 안전하게 이루어진다.
IV. 교직원	4-1. 원장의 전문성	4-1-1. 원장은 전문성을 갖고 조직운영과 수업 지원을 위해 노력한다.
		4-1-2. 원장은 원의 구성원과 지역사회와의 협력을 위해 노력한다.
	4-2. 교직원의 전문성	4-2-1. 교육과정과 방과 후 과정을 담당하는 교직원은 서로 협력하여 전문성 향상을 위해 노력한다.
	4-3. 교사의 업무지원	4-3-1. 교사의 업무지원을 위한 공간, 시설, 설비 및 자료를 적정하게 갖추고 있다.
		4-3-2. 교사는 교육과정 준비를 위한 시간을 확보하고 있다.
	4-4. 교직원 복지	4-4-1. 교직원의 직무공간에 원활한 업무 수행을 위한 적절한 설비가 있다.
		4-4-2. 교직원 처우에 대한 규정이 있으며 이에 따라 교직원의 복지를 향상시키기 위해 노력하고 있다.

출처: 부산광역시 유아교육진흥원 홈페이지.

6) 방과 후 과정 운영

기혼여성의 취업 및 핵가족화로 인한 자녀 양육 지원에 대한 요구가 급증하면서 1990년대 중반부터 방과 후 과정이 운영되고 있다. 「유아교육법」 제2조 제6항에 따르면, 방과 후 과정은 '교육과정 이후에 이루어지는 그 밖의 교육활동과 돌봄활동'을 뜻한다. 방과 후 과정을 운영하거나 연간 180일 이상의 수업 일수를 초과 운영하는 유치원에 대하여는 대통령령으로 정하는 바에 따라 국가 및 지방자치단체가 교육환경 개선비, 인건비, 교재교구비, 필요 경비 등 운영에 드는 경비를 보조할 수 있다고 정하고 있다.

방과 후 과정 지원을 위해 교육부가 추진한 사업으로는 '3세대 하모니 사업' '엄마품 온종일 돌봄교실'이 있다.

3세대 하모니 사업은 중고령 여성이 사회활동에 참여할 수 있도록 하고 유치원이 보다 효율적으로 운영될 수 있도록 보조인력을 지원하는 것을 목적으로 도입되었다.

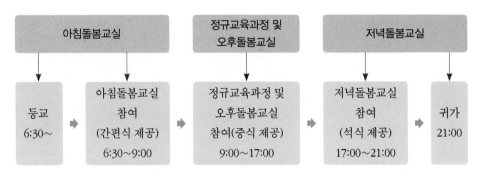

[그림 11-3] 엄마품 온종일 돌봄교실 운영 개요

출처: 최은영 외(2013), p. 54.

3세대 하모니로 선발되면 1일 4시간 기준 2만 원의 활동비가 지원되며, 유치원별로 이루어진다. 이 사업은 현재 교육청별로 지속되는 곳도 있고 중단된 곳도 있다.

엄마품 온종일 돌봄교실은 유치원생과 초등학생 자녀를 둔 저소득층 및 맞벌이 부모가 안심하고 생업에 종사할 수 있도록 아침부터 저녁 늦게까지 돌봄과 교육 서비스를 제공하는 것으로, 운영 체계는 [그림 11-3]과 같다.

3. 향후 우리나라 유아교육정책의 방향과 과제

앞 절에서는 2000년대 이후 우리나라 유아교육의 핵심 정책에 대해 알아보았다. 1982년에 유아교육의 진흥을 위해 제정된 「유아교육진흥법」과 2004년에 제정된 「유아교육법」, 그리고 2011년 누리과정 공포 및 2019년 누리과정 개정으로 이어진 유아교육정책은 저출산 대비, 인재 양성, 일 · 가정 양립이라는 국가적인 과제를 실현하는 데 매우 중요한 기반으로서 발전을 거듭해 왔다. 정책은 불변하는 것이 아니라 사회적 · 개인적 요구와 변화에 따라 지속적으로 개선되어야 한다. 이런 점에서 향후 우리나라 유아교육정책이 나아가야 할 방향과 과제를 제시하면 다음과 같다.

첫째, 저출산 · 고령화 문제를 해결할 수 있는 방향으로의 시각 및 관점으로 유아교육정책을 마련하는 것이 필요하다. 1970년대 '둘만 낳아 잘 기르자.'는 표어가 최근에는 '엄마, 나도 동생을 낳아 주세요.'와 같이 변하였다. 이제는 다자녀 출산을 권장하는 사회가 된 것이다. 저출산과 고령화는 생산 인구의 감소에 따라 저성장의 위험 요인이 되므로 국가 경쟁력 확보를 위해 시급히 해결되어야 할 문제이다. 저출산 현상의 중심에 자녀 양육의 어려움, 일과 양육을 병행하기 어려운 사회구조 등의 문제가 깔려 있다. 따라서 가장 긴밀한 양육자의 손길이 필요한 유아기 자녀 양육과 교육에 대한 적극적인 지원이 이루어져야 한다. 이를 위해서는 사회의 변화에 적극 대응할 수 있는 유아교육정책에 대한 지속적인 연구와 실천이 필요하다.

둘째, 유아교육과 보육의 통합은 유아의 입장에서 무엇보다 중요한 과제이다. 어떤 유형의 기관을 선택하더라도 동질의 교육과 돌봄을 받을 수 있도록 교사 자격, 교육과정, 기관 설치 기준 등을 동일하게 하는 것이 중요하다. 나아가 국가 예산의 낭비를 막고 부모의 유아교육에 대한 만족도를 높이기 위해서도 필요하다. 1991년 「영유아보육법」과 2004년 「유아교육법」의 제정으로 더욱 공고해진 유아교육과 보육의 이원화 체제를 거시적인 안목과 실질적인 영유아교육의 효율적 운영을 위해 통합할 수 있도록 지속적인 노력이 이루어져야 한다.

셋째, 공립유치원 확충과 사립유치원에 대한 지원 확대가 필요하다. 누리과정을 통해 유아교육이 초등교육과 동일한 보편교육의 체제를 마련하였다고는 하지만 여전히 사립유치원 의존도가 높으며, 국공립유치원과 사립유치원 간 교사 임금 수준, 학부모의 추가 부담, 교사의 근무 연수의 차이로 인한 교육 안정성 등에서 차이가 있다. 향후 이러한 차이를 좁히고, 좋은 교사가 오래 근무하여 전문성을 키우며, 학부모의 추가 부담 없이 아동이 양질의 교육을 받을 수 있도록 하는 국공립유치원의 확충 및 사립유치원에 대한 지원 확대의 구체적인 정책 마련이 필요하다.

참고문헌

교육부(2021). 유치원 5주기 평가 매뉴얼. 세종: 교육부.

서정화, 정일환, 황준성(2013). 한국 교육정책 현안과 해법. 경기: 교육과학사.

이돈희(1999). 교육정의론(수정판). 서울: 교육과학사.

정일환(2000). 교육정책론: 이론과 적용. 서울: 원미사.

최은영, 김정숙, 송신영(2013). 2013 유아교육정책의 성과와 과제. 서울: 육아정책연구소.

최은영, 이진화, 오유정(2014). 2014 유아교육정책의 성과와 과제. 서울: 육아정책연구소.

Heckman, J. (2006). Skill formation and the economics of investing in disadvantaged children. *Science, 312*(5782), 1900–1902.

네이버 지식백과 https://terms.naver.com

부산광역시 유아교육진흥원 https://home.pen.go.kr/child/cm/cntnts/cntntsView.do?mi=10730&cntntsId=434

찾아보기

조형숙(Cho, Hyung Sook)
미국 펜실베이니아 주립대학교 유아교육 전공 박사
현 중앙대학교 유아교육학과 교수

〈주요 저서〉
우리 아이 잘 키우는 20가지 행복육아의 법칙(정민사, 2014)
영아 발달(공저, 학지사, 2016) 외 다수

김현주(Kim, Hyun Ju)
중앙대학교 유아교육 전공 박사
현 대림대학교 유아교육과 교수

〈주요 저서〉
유아교사를 위한 논리 · 창의 교육(개정판, 공저, 정민사, 2013)
유아교사론(4판, 공저, 정민사, 2018) 외 다수

김명하(Kim, Myung Ha)
중앙대학교 유아교육 전공 박사
현 안산대학교 유아교육과 교수

〈주요 저 · 역서〉
우리동네 어린이도서관 101% 활용법(봄날, 2010)
보육학개론(공저, 정민사, 2020) 외 다수

김명정(Kim, Myoung Jung)
중앙대학교 유아교육 전공 박사
현 배화여자대학교 유아교육과 교수

〈주요 저서〉
영유아음악교육(공저, 공동체, 2017)
2019 개정 누리과정에 기초한 유아미술교육(공저, 학지사, 2020) 외 다수

유아교육개론(2판)
Introduction to Early Childhood Education (2nd ed.)

2017년 2월 25일 1판 1쇄 발행
2021년 2월 25일 1판 4쇄 발행
2022년 1월 30일 2판 1쇄 발행

지은이 • 조형숙 · 김현주 · 김명하 · 김명정
펴낸이 • 김진환
펴낸곳 • ㈜ **학지사**

　　　　　04031 서울특별시 마포구 양화로 15길 20 마인드월드빌딩
대표전화 • 02-330-5114　　팩스 • 02-324-2345
등록번호 • 제313-2006-000265호

홈페이지 • http://www.hakjisa.co.kr
페이스북 • https://www.facebook.com/hakjisabook

ISBN 978-89-997-2571-5　93370

정가 20,000원

출판 · 교육 · 미디어기업 **학지사**

간호보건의학출판 **학지사메디컬** www.hakjisamd.co.kr
심리검사연구소 **인싸이트** www.inpsyt.co.kr
학술논문서비스 **뉴논문** www.newnonmun.com
교육연수원 **카운피아** www.counpia.com